大直径盾构隧道穿越圆形风井施工关键技术研究与应用

姚占虎　张亚洲　李　辉　著

上海科学技术出版社

内 容 提 要

本书以南京纬三路过江通道工程为依托，全面介绍了大直径盾构隧道穿越圆形风井施工新技术，重点从临江敏感环境超深圆形风井基坑围护体系施工技术、水下开挖及水下大体积混凝土封底施工技术、盾构机适应性改进及穿越风井施工技术、工序转换过程超深基坑稳定性控制技术等四个方面进行了系统的梳理，并结合现场实测数据进行了分析。

本书理论与实践相结合，可为国内外盾构工程建设提供参考借鉴，可供从事盾构隧道工程相关的工程技术人员、科研人员及高等院校相关专业的师生参考学习。

图书在版编目（CIP）数据

大直径盾构隧道穿越圆形风井施工关键技术研究与应用 / 姚占虎，张亚洲，李辉著. -- 上海：上海科学技术出版社，2022.1
　ISBN 978-7-5478-5576-8

Ⅰ.①大… Ⅱ.①姚… ②张… ③李… Ⅲ.①隧道施工－盾构法 Ⅳ.①U455.43

中国版本图书馆CIP数据核字(2021)第267336号

大直径盾构隧道穿越圆形风井施工关键技术研究与应用
姚占虎　张亚洲　李　辉 著

上海世纪出版(集团)有限公司 出版、发行
上海科学技术出版社
(上海市闵行区号景路159弄A座9F－10F)
邮政编码201101　www.sstp.cn
上海雅昌艺术印刷有限公司印刷
开本787×1092　1/16　印张11.75
字数：190千字
2022年1月第1版　2022年1月第1次印刷
ISBN 978－7－5478－5576－8/TV·32
定价：85.00元

本书如有缺页、错装或坏损等严重质量问题，请向工厂联系调换

前 言

随着城市建设的快速推进、交通需求的增加,我国盾构法水下隧道不断朝大直径、长距离方向发展,如已建成的南京长江隧道工程、南京纬三路过江通道工程及在建的南京和燕路过江通道工程、江阴靖江长江隧道工程,其隧道外径均达14.5m(含)以上,盾构段长度均在3km以上。正在规划的琼州海峡跨海通道工程、台湾海峡隧道工程,长达数十千米甚至上百千米。为满足长距离盾构隧道在运营期间的通风、疏散需要,隧道中部往往需设置1个或多个中间风井。受限于水下隧道特殊的环境条件,中间风井往往实施难度大、盾构穿越风险高,国内大直径盾构隧道穿越圆形风井施工尚无先例可循。如果按照以往地铁工程建设中小直径盾构穿越风井常用的"到站接收、平移、再始发"施工工艺,在风井临江、富水条件下,端头井加固受影响、施工空间有限,到站接收及再始发风险极大。在风井基坑实施及盾构穿越风井过程中一旦发生工程事故,将会导致工期延后、建设成本增加,甚至会危及周边建(构)筑物和人民生命财产安全。因此,如何确保中间风井安全建设、盾构机高效通过是目前普遍关注的技术难题。

在南京纬三路过江通道超大直径盾构隧道穿越梅子洲风井工程实施过程中,项目团队在调研国内外深基坑工程实例、盾构穿越风井施工案例基础上,结合理论研究、数值模拟开展了大量的现场试验和监测,依托该工程项目进行科研攻关,创造性地提出一系列施工新技术并在工程中成功应用。这一系列施工新技术实现了盾构机在不换刀具前提下对掌子面混凝土结构一次性立体切削,成功规避了系统风险,确保了工程的顺利、安全、如期实施。该工程为国内首创大直径盾构一次性穿越圆形风井的成功案例。

本书以南京纬三路过江通道工程为依托,全面介绍了大直径盾构隧道穿越圆形风井施工新技术,重点从以下几个方面进行了系统的梳理:

（1）临江敏感环境超深圆形风井基坑围护体系施工技术。通过水泥土优化配比试验、超深旋喷桩施工技术参数试验、超深高压旋喷桩方案可行性及设备配套研究、超深旋喷桩成桩质量和加固效果的现场检测技术研究，确保了超深旋喷桩加固的施工质量。通过成槽泥浆配比优选、钢筋笼分块吊装技术研究、地连墙幅间连接方式分析、盾构洞身范围内玻璃纤维筋设置，解决了超深圆形风井地下连续墙成槽难度大、垂直度控制要求高、接头渗漏风险大、钢筋笼制作吊装难度大、钢筋与接头对盾构施工影响大等问题。结合基坑降水技术，确保了基坑底板的稳定性，有效控制了下部承压含水层的风险，同时减少了降水工作量，加快了工期，减少了费用。

（2）梅子洲风井水下开挖及水下大体积混凝土封底施工技术。通过采用自主研制的搅吸式水下土体开挖设备，结合贝雷架施工平台及水下可视化探测技术，实现了超深圆形风井基坑水下安全、高效开挖。通过对混凝土配合比设计、预埋导管布置方案、混凝土浇筑顺序及浇筑速度、大体积水下混凝土浇筑技术及安全控制、基坑水下混凝土平整度及水溶性检测手段的研究，实现了水下大体积混凝土高质量浇筑。

（3）盾构机适应性改进及穿越风井施工技术。通过盾构机适应性改造、盾构机穿越地连墙方案研究、管片与洞门连接部位密封技术研究、盾构机穿越井底段混凝土配合比研究及盾构机刀具磨损影响分析，实现了盾构机的安全、快速穿越。

（4）工序转换过程超深基坑稳定性控制技术。针对盾构穿越过程中梅子洲风井围护与主体结构的响应问题，采用荷载结构分析方法对梅子洲风井建设施工及其盾构机破井过程中的稳定性做出评价，提出合理的支护技术参数和措施，并根据实测数据进行分析，确保工程施工期的结构稳定性。

本书凝练了大直径盾构隧道穿越圆形风井施工技术的理论和实践经验，以期对未来类似条件下的盾构隧道工程修建提供借鉴，也希望有助于工程界和学术界在地下工程领域的不断创新和探索。

由于作者水平有限，书中难免出现错漏之处，有些提法也有待商榷，敬请专家和读者批评指正。

作者
2021年12月

目 录

第1章 绪论 ... 1

1.1 长大盾构隧道发展现状 ... 1
- 1.1.1 盾构隧道的起源及其在国外的发展 ... 1
- 1.1.2 我国盾构隧道的发展 ... 2
- 1.1.3 长大盾构隧道的发展趋势 ... 4

1.2 盾构区间风井及过站施工方法发展现状 ... 4
- 1.2.1 区间风井建设的发展现状 ... 4
- 1.2.2 区间风井过站施工方法的发展现状 ... 6

1.3 国内外超深圆形基坑应用现状 ... 7
- 1.3.1 圆形深基坑发展现状 ... 7
- 1.3.2 圆形基坑技术特点及发展趋势 ... 10

1.4 依托工程项目背景及大直径盾构隧道穿越圆形风井主要风险 ... 11
- 1.4.1 依托工程项目背景 ... 11
- 1.4.2 大直径盾构隧道穿越圆形风井主要风险 ... 19

第2章 临江敏感环境超深圆形风井基坑围护体系施工技术 ... 25

2.1 关键技术问题 ... 25
- 2.1.1 临江敏感环境基坑降水风险高 ... 25
- 2.1.2 超深旋喷桩加固施工难度大 ... 26

  2.1.3 超深圆形基坑地连墙施工质量控制难 ················ 28
2.2 临江敏感环境超深圆形风井"抽水-回注"施工技术 ············ 29
  2.2.1 基坑"抽水-回注"理论研究 ························ 29
  2.2.2 基坑"抽水 回注"施工工艺 ························ 36
  2.2.3 基坑"抽水-回注"施工质量控制 ···················· 38
2.3 临江敏感环境超深圆形风井高压旋喷加固施工技术 ·········· 39
  2.3.1 注浆加固理论研究 ································ 39
  2.3.2 现场试桩 ·· 41
  2.3.3 高压旋喷加固施工工艺 ···························· 42
  2.3.4 高压旋喷加固施工质量控制 ························ 44
  2.3.5 高压旋喷加固施工质量检测 ························ 45
2.4 临江敏感环境超深圆形风井可切削地连墙施工技术 ·········· 46
  2.4.1 可切削地连墙可行性研究 ·························· 46
  2.4.2 槽幅间连接技术 ·································· 50
  2.4.3 可切削地连墙施工工艺 ···························· 53

第3章 圆形风井水下开挖及水下大体积混凝土封底施工技术 ······ 63

3.1 关键技术问题 ·· 63
  3.1.1 超深圆形风井水下开挖施工难度大 ·················· 63
  3.1.2 超深圆形风井水下混凝土封底技术要求高 ············ 64
3.2 总体思路 ·· 65
  3.2.1 超深圆形风井水下开挖 ···························· 65
  3.2.2 大体积混凝土水下浇筑 ···························· 65
3.3 工艺流程与施工方法 ·· 66
  3.3.1 水下开挖施工工艺 ································ 66
  3.3.2 水下开挖安全保证措施 ···························· 76
  3.3.3 水下大体积混凝土封底施工工艺 ···················· 79
  3.3.4 水下开挖及大体积混凝土封底实施效果 ·············· 88

第 4 章　大直径盾构连续穿越风井关键技术 ········· **89**

4.1　关键技术问题 ········· 89
4.2　盾构机适应性改进技术 ········· 90
4.2.1　纬三路过江通道盾构机简介 ········· 90
4.2.2　盾构机穿越梅子洲风井前刀盘刀具配置 ········· 91
4.2.3　盾构机穿越梅子洲风井前刀具优化 ········· 94
4.3　盾构机穿越梅子洲风井施工方案比选 ········· 95
4.3.1　盾构机穿越梅子洲风井施工方案一 ········· 95
4.3.2　盾构机穿越梅子洲风井施工方案二 ········· 101
4.3.3　盾构机穿越梅子洲风井施工方案对比分析 ········· 104
4.4　盾构穿越素混凝土强度优化分析 ········· 105
4.5　盾构机穿越梅子洲风井施工技术 ········· 106
4.5.1　盾构穿越梅子洲风井掘进作业工序 ········· 106
4.5.2　盾构穿越梅子洲风井关键控制技术 ········· 108
4.5.3　回填凿除及管片拆除 ········· 115
4.6　施工质量与安全保证措施 ········· 118
4.6.1　盾构掘进质量保证措施 ········· 118
4.6.2　盾构掘进安全保障措施 ········· 120

第 5 章　工序转换过程梅子洲风井稳定性控制技术 ········· **121**

5.1　关键技术问题 ········· 121
5.2　梅子洲风井工序转换过程的数值模拟 ········· 121
5.2.1　梅子洲风井工程概况 ········· 121
5.2.2　计算采用参数 ········· 122
5.2.3　计算方法（荷载结构法） ········· 122
5.2.4　计算模型及边界条件 ········· 122
5.2.5　施工分析过程 ········· 124
5.2.6　风井结构受力计算结果 ········· 127
5.3　风井稳定性控制技术 ········· 146

第6章 现场监测及监测数据分析 147

6.1 监测点分布设置 147
6.2 监测项目 148
6.2.1 围护结构的变形 149
6.2.2 围护结构的内力 151
6.3 监测要求 153
6.3.1 监测频率要求 153
6.3.2 监测报警要求 154
6.4 监测结果分析 155
6.4.1 围护结构变形分析 155
6.4.2 围护结构应力分析 164
6.5 监测与数值计算结果对比分析 174
6.6 监测结论 175

第7章 总结与展望 177

参考文献 179

第1章 绪　　论

1.1　长大盾构隧道发展现状

1.1.1　盾构隧道的起源及其在国外的发展

盾构法隧道施工的灵感来自一种甲壳类软体动物——凿船贝,它的外形像蠕虫,身体的前端有白色的小贝壳,通过壳肌的伸缩,可以带动贝壳旋转,从而将木材锉下来作为食物。它的这种行为对海洋中的船舶造成了严重的破坏,这也是"凿船贝"这个名字的由来。法国工程师布鲁诺尔仔细地观察了凿船贝的行为,发现除了旋转的贝壳,它还从体内分泌一种液体,涂在孔壁上形成保护壳,用来抵抗木板潮湿膨胀带来的压力。受此启发,1825年他发明了世界上第一台矩形盾构机(隧道断面为 $11.4\,m \times 6.8\,m$),并将其应用于伦敦泰晤士河隧道施工,经过18年的不断努力,458 m 的河底隧道施工完成。为了表彰他的突出贡献,英国维多利亚女王授予其爵士爵位。如今,这条隧道已成为伦敦地铁系统的一部分,每天有无数伦敦人匆忙地穿过这条绚丽的隧道。

1869年,伯洛(Burlow)和格雷特(Great)首次采用圆形断面盾构机,进行泰晤士河上第二条隧道的建造。随后格雷特在1887年南伦敦铁道隧道施工中使用了盾构和气压组合工法获得成功,这为现在的盾构工法奠定了基础。

20世纪60~80年代盾构工法继续发展完善,成绩显著。1960年,英国伦敦开始使用滚筒式挖掘机,同年美国纽约最先使用油压千斤顶盾构;1964年,日本琦玉隧道中最先使用泥水盾构;1969年,日本东京首次实施泥水加压盾构施工;1972年,日本开发土压盾构成功;1981年,日本开发气泡盾构成功;1988年,日本开发泥水式双圆搭接盾构工法成功。这一时期开发了多种新型盾构工法,以泥水式、土压式盾构工法为主。

20世纪末以来,盾构隧道逐渐向长距离化、大直径化方向发展。1993年,英法两国采用直径8 m的土压盾构机共同建造了长48 km的英吉利海峡隧道；1996年，采用直径14.14 m大直径泥水盾构机修建的日本东京湾隧道（长15.1 km）竣工完成；2004年，修建完成的荷兰绿色心脏隧道开挖直径达到14.87 m；2007年，莫斯科银松森林保护区的Silberwald隧道建成通车，这是全球首条"公铁合建"的大直径盾构隧道，采用直径14.2 m的混合式泥水盾构施工，隧道全长2.1 km；2013年，西雅图SR99隧道采用直径17.45 m土压平衡盾构机始发掘进，Bertha号为当时世界上最大直径的盾构机；2016年，新西兰Waterview Connection双线海底隧道采用直径14.5 m的盾构机掘进完成，总长4.5 km，是有史以来奥克兰最大的公路工程、新西兰最长的隧道；2020年，意大利SantaLucia隧道采用直径15.87 m的大直径土压平衡盾构机施工完成，掘进长度达到7 551 m。

1.1.2 我国盾构隧道的发展

20世纪50年代初，我国首条用盾构机掘进的隧道修建完成——东北阜新煤矿用直径2.6 m的手掘式盾构及小混凝土预制块修建疏水巷道。1957年，北京市下水道工程采用直径2.0 m和2.6 m的盾构进行施工。1966年，上海打浦路越江隧道工程开始施工，该工程采用我国第一台直径10.2 m的超大型网格挤压盾构掘进，辅以气压稳定开挖面，掘进总长1 322 m；1980年，上海市进行了地铁1号线试验段施工，研制了一台直径6.41 m的刀盘式盾构掘进机，后改为网格挤压型盾构掘进机，在淤泥质黏土地层中掘进隧道1 230 m；1987年，上海市南站过江电缆隧道工程采用我国第一台加泥式土压平衡盾构机，该盾构机开挖直径4.35 m，掘进长度583 m；1989年，延安东路隧道建成通车，全长2 261 m，隧道外径11 m，突破了盾构施工需要其盾构直径1.5倍厚土层的技术难关，成功地穿越了覆土7 m的黄浦江底浅土层，创造了世界盾构推进史上新纪录；1990年，上海地铁1号线工程全线开工，18 km区间隧道采用7台直径6.34 m土压平衡盾构掘进机，每台盾构月掘进200 m以上，地表沉降控制在－3~＋1 cm；1996年，上海延安东路隧道南线工程1 300 m圆形主隧道采用从日本引进的直径11.22 m泥水加压平衡盾构掘进机施工；同年，广州地铁1号线8.8 km区间隧道采用2台直径6.14 m泥水加压平衡盾构和1台直径6.14 m土压平衡盾构进行施工。

进入21世纪之后，随着我国城市地下空间开发和大型交通隧道的大量建设，盾构工法凭其安全经济、施工高效、风险可控、对周围环境影响更小等诸多优点,已成为我国地铁、电信、电力、上下水道等城市隧道修建的主要工法,盾构隧道技术在我国进入飞跃的发展阶段。2003年,上海地铁8号线首次采用双圆隧道新技术,从日本引进2台$\phi 6520\text{mm}\times W11120\text{mm}$双圆形土压盾构,掘进黄兴路站—开鲁路站2.6km区间隧道;2004年,上海上中路越江隧道工程引进世界最大直径14.87m泥水加压盾构,在黄浦江掘进施工2条隧道,隧道结构为双层4车道;2008年,武汉长江隧道贯通,隧道全长3.3km,直径11.38m;2009年,南京市纬三路过江通道工程(现名南京定淮门长江隧道)开工,隧道全长7.4km,盾构直径为14.5m(图1-1),该工程局部覆土仅为0.6D(D为盾构直径),是当时国内挑战最多、技术难度最大、技术难点最多、工程地质条件最复杂的世界级工程;2014年,扬州瘦西湖隧道贯通,其盾构段全长1.2km,直径14.5m,采用单管双层方案,上下层各布置两条车道;2018年上海市轨道交通13号线三期贯通运营,隧道区间以250m小半径侧穿运营中磁浮的桩基,距离桩基边仅1.49m,盾构掘进时要求墩柱沉降不超过2mm,且差异沉降不超过1mm,对盾构隧道施工精度提出了极高要求。同年开始施工的和燕路过江通道项目盾构开挖直径为15.03m,盾构段长2976m,如图1-2所示,穿越长江大堤、冲槽段、断裂带等不良地质,为全国水压最高(高达0.79MPa),全国首例大直径盾构穿越断层(5条)、岩溶地层的过江通道。2020年建成通车的大型水下隧道香港屯门—赤鱲角隧道掘进长度为4.2km,开挖直径达到17.6m。同年,北京东六环改造工程正式开工,线路全长9160m,其中盾构区间7346m,采用开挖直径16.07m的泥水平衡盾构,单次掘进距离4771m,如图1-3所示,隧道穿越富水砂层,最高水土压力达7.5bar以上,对盾构机掘进控制、盾体密封工艺等要求极高,该项目的设计施工代表大直径泥水平衡盾构机在超长距离高密富水砂层环境掘进施工技术的进一步突破。

(a) 盾构贯通

(b) 隧道洞口

图1-1 南京纬三路过江通道

图1-2 和燕路过江通道项目

图1-3 北京东六环改造工程

1.1.3 长大盾构隧道的发展趋势

随着国家海洋战略、区域经济一体化、国家大通道建设计划的逐步实施，以及盾构设备质量的提高和成本的下降，盾构法已经成为目前穿越江海大型隧道及城市地铁隧道的主流施工方法，正朝着大断面、高水压、长距离、复杂地层和精细化施工方向发展，大直径盾构隧道建设前景良好、潜力巨大。

目前代表性大型隧道主要有香港屯门—赤鱲角隧道(外径17.6 m)、江阴靖江长江隧道(外径15.5 m)、北京东六环(京哈高速—潞苑北大街)改造工程(外径15.4 m)、武汉三阳路隧道(外径15.2 m)、南京长江五桥夹江隧道(外径15.0 m)、汕头苏埃隧道(外径14.5 m)、南京纬三路过江通道(外径14.5 m)、南京和燕路过江隧道(外径14.5 m)等。在未来10～30年内，我国计划建造5条世界级海底隧道和近百座水下隧道，这些海底隧道包括辽宁大连到山东烟台的渤海海底隧道，上海到浙江宁波的杭州湾水下隧道，连接香港、澳门与广州、深圳、珠海的伶仃洋海底隧道，连接广东和海南两省的跨越琼州海峡的海底隧道，以及连接福建和台湾两地的跨越台湾海峡的海底隧道。可以预见，我国今后相当长的一段时期内都将处于长大水下隧道高速发展时期，而大直径盾构隧道技术必将在这些长大跨江越海的工程建设中发挥重要作用。

1.2 盾构区间风井及过站施工方法发展现状

1.2.1 区间风井建设的发展现状

对长距离隧道来说，因盾构检修、隧道通风、路线中途改变掘进方向、运营期通风逃生等需要设置的竖井，称为中间竖井。由于盾构要在中间竖井内实现到达、始发,所以到达方向的内空间尺寸及始发方向的内空间尺寸均应满足作业要求。此外,按照一些设施的特殊需要,有时也要设置中间竖井,如下水道的合流点、电力线的接合点等,但是这些竖井的尺寸完全取决于设施安装的需要。表1-1为国内区间风井建设案例。

表1-1 国内区间风井建设案例

工程名称	深度(m)	主要地层	围护形式及施工方法
武汉地铁4号线越江区间风井	48	粉细砂 强风化泥岩	塑性混凝土防渗墙+"两墙合一"地下连续墙逆作法施工
兰州轨道交通1号线奥世区间中间风井	45.1	黄土 卵石	厚钢筋混凝土地下连续墙,逆作法分层开挖施工
青岛地铁8号线观科区间1号风井	43.3	微风化流纹岩	倒挂井壁法施工+喷锚支护
福州南站风井	26.2	强风化凝灰岩	土钉墙+岩石锚杆+静力爆破开挖
杭州地铁16号线临农区间风井	34	粉土 砂卵石	地下连续墙顺作法施工
佛山地铁2号线南湖区间风井	35.15	粉土 中风化砂岩 圆砾	明挖顺作,地下连续墙+竖向6道混凝土斜撑
福州地铁2号线厚桔区间中间风井	41.6	黏土 砂卵石	地下连续墙+两级基坑开挖(一级干挖,二级水下开挖封底)
上海地铁18号线沪南—御桥站区间中间风井	25.7	黏土夹粉砂	明挖顺作法施工,地下连续墙+内支撑围护结构
厦门海沧隧道中间风井	51.2	淤泥 残积黏性土 强风化花岗岩	北侧采用钻孔灌注桩+支撑围护,明挖法施工;南侧采用暗挖复合式衬砌结构
长沙地铁3号线阜灵区间西岸风井	43.7	黏土 粉土 强风化砂岩 强风化泥灰岩	地下连续墙

盾构区间风井的施工方法较多地采用沉井和挡土墙围护。沉井施工有排水下沉、不排水下沉和气压沉箱工法,挡土墙围护有钢板桩、柱列桩和地下连

续墙工法。

由于沉井的工程造价较低，当附近的地表沉降控制要求不高，开挖深度较浅时，竖井应尽量采用沉井方案。适宜采用沉井法施工的竖井开挖深度应视地质条件而定。在容易产生流砂的砂质粉土、粉砂、黏质粉土中，或者在坑底难以稳定的淤泥质黏性土中，在实施井点降水及其他辅助施工条件后的竖井开挖深度在 15 m 以内；采用不排水下沉的沉井宜控制在 25 m 以内；以气压沉井工法可施工更深的竖井。

挡土墙工法分为钢板桩、SMW 工法桩、地下连续墙等几种工法。其中，钢板桩、SMW 工法桩均是辅以横梁支撑的组合工法；对地下连续墙矩形竖井而言，为横梁支撑；圆形竖井为圆形支撑或无支撑。

在日本，球体盾构是构筑竖井的一种特殊工法。其特点是用预制管片现场拼接井筒下沉，到达设计深度后转向实施横向隧道，实现竖井隧道一体化施工，具有井壁薄、工期短、成本低等优点。但是受限于当前设备及施工技术条件，仅在日本的一些小直径盾构隧道中应用，国内尚未见相关案例报道。

1.2.2 区间风井过站施工方法的发展现状

大直径盾构进出风井面临的风险有两个：其一为土的风险，即防止洞门凿除后土体坍塌。现常用的做法是将洞门处的土体加固改良，常用的措施有注浆、旋喷、搅拌、素混凝土地下连续墙、素混凝土围护桩、冻结法、降水固结等技术，以提高土体自稳能力。其二为水的风险，常用的措施有出洞时的橡胶帘布止水工艺，进洞时的橡胶帘布、气囊法及水中进洞工艺等，同时在盾构进出洞处设置降水井加以配合。盾构机穿越风井时，应注意从盾构掘进作业工序、盾构推进速度、盾构纠偏量、同步注浆压力、浆液质量、盾尾油脂压力等方面进行控制，同时应在过程中对风井地下围护结构进行实时监测。国内风井过站施工案例见表 1-2。

表 1-2 国内风井过站施工案例

工程名称	围护结构形式	穿越措施
厦门地铁 1 号线区间风井	单排深 15 m、ϕ600 @ 450 mm 旋喷桩加固，砂浆锚杆+钢筋网片+I18 工字钢喷射混凝土初支护，C40 模筑混凝土二衬	清除侵限锚杆+增强竖井井壁支撑（五道 I22b 工字钢圈梁加满堂横撑）+管控盾构施工参数+加强监测

(续表)

工程名称	围护结构形式	穿越措施
南京地铁TA15标龙蟠路隧道	$\phi 800@600$ mm 三重管旋喷桩止水帷幕+护壁型钢支撑	I22b工字钢焊接+固结注浆
北京地铁7号线豆各庄—黑庄户站区间风井	$\phi 1000@1400$ mm 钻孔灌注桩+3道钢管内支撑体系。风井进、出洞门范围钢筋采用玻璃纤维筋	三重管高压旋喷桩加固,洞门采用橡胶帘布、折页板加钢板止水槽止水
天津地铁1号线双林—李楼站区间风井	地下连续墙+支撑,双排高压旋喷桩+三轴搅拌桩加固	利用砂浆回填风井后盾构机直接穿越
北京地铁6号线二期物资学院站—北关站中间风井	钢筋混凝土围护桩,洞门采用玻璃纤维筋混凝土桩	"先隧后井"施工方法
常州茶山站—聚湖路区间风井	三轴搅拌桩旋喷加固+超前预注浆	导台钢结构定位+弧形钢板辅助止水
长沙市地铁3号线灵官渡—阜埠河区间风井	地连墙+三轴搅拌桩旋喷加固	回填C20细石混凝土+M7.5砂浆后穿越

目前国内区间风井过站施工运用较多的为"土体加固+止水"相结合的方法,北京地铁6号线由于前期征地问题采用"先隧后井"的施工方法。该方法施工要求低、成本较低,能够一定程度上减少渗漏水风险。同时,采用"先隧后井"法施工,盾构隧道贯通后进行中间风井施工,增加了拆除管片的工作,提高了风井施工风险。另外,由于中间风井施工占用盾构隧道铺轨车行进线路,延长了风井施工周期。

长沙市地铁3号线灵官渡—阜埠河区间采用泥水盾构法实施,区间于湘江东、西岸各设置一座区间风井。考虑湘江西岸风井周围地层为高渗透性富水地层,为降低施工风险,采用先在风井内回填砂浆+细石混凝土后盾构穿越的施工技术。施工过程中地表沉降量控制良好,有效防止地下渗水,提高了施工效率,确保了工程安全。

1.3　国内外超深圆形基坑应用现状

1.3.1　圆形深基坑发展现状

在国外,圆形深基坑工程主要应用于排水隧道中,如日本排水隧道、墨西哥东部排污隧道及芝加哥排水隧道竖井工程。国内在输水隧道、电力隧道、大桥锚碇基础等工程中应用了圆形竖井，深度一般不超过 40 m。轨道交通车站端头井、越江隧道因空间使用要求，大多采用矩形布置。圆形竖井和矩形竖井在相同开挖深度下，圆井地墙厚度和深度均明显小于矩形竖井，30 m 直径的圆形竖井插入比大多在 0.5 左右。典型案例见表 1-3～表 1-5。

表 1-3　国外圆形竖井案例

项目名称	竖井深度	圆形竖井	土层	方案	地墙厚度/深度
日本东京江户川排水隧道	71.5 m	$D=36.6$ m	砂	明挖逆作	2 100 mm 110 m（+30 m）
日本横滨今井川排水隧道	62 m	$D=26.2$ m	砂	明挖逆作	1 200 mm 93.1 m
日本东京神田川排水隧道	60 m	$D=30$ m	砂	明挖逆作	160 mm 110 m
墨西哥东部污水排水隧道	23～153 m	$D=12\sim16$ m	土层 岩层	明挖逆作 钻爆法	—
芝加哥 TARP 排水隧道	83 m	$D=11$ m	岩层	钻爆法	—

表 1-4　国内圆形竖井案例

项目名称	竖井深度	直径	土层	方案	地墙厚度/深度
南水北调穿黄隧道	50.5 m	19.6 m	砂	明挖逆作	1 500 mm 76.6 m
上海彭越浦泵站	26.5 m	61.6 m	黏土/砂	明挖逆作	800 mm 37.5 m
上海复兴东路越江电缆隧道浦西井	32.8 m	18 m	黏土/砂	明挖逆作	800 mm 45.8 m
上海复兴东路越江电缆隧道浦东井	28.7 m	16 m	黏土/砂	明挖逆作	800 mm 36.4 m
上海世博 500 kV 变电站	34 m	—	黏土/砂	暗挖逆作	1 200 mm 57.5 m

(续表)

项目名称	竖井深度	直径	土层	方案	地墙厚度/深度
武汉阳逻长江公路大桥锚碇基础	46 m	73 m	卵/砾石	明挖逆作	1500 mm 60.5 m
上海环球金融中心塔楼基坑	13.85～25.89 m	102 m	黏土/砂	—	1000 mm 31.55～33.55 m

表 1-5 国内矩形竖井案例

项目名称	竖井深度	直径	土层	方案	地墙厚度/深度
上海地铁 4 号线修复	41.5 m	矩形	黏土/砂	明挖顺作	1200 mm 65 m
上海地铁 12 号线汉中路	33 m	矩形	黏土/砂	明挖顺作	1200 mm 62 m
上海地铁 13 号线淮海中路	31 m	矩形	黏土/砂	明挖顺作	1200 mm 71 m
上海北横通道筛网厂井	35 m	矩形	黏土/砂	明挖顺作	1200 mm 70 m
上海青草沙输水隧道	37.3 m	矩形	黏土/砂	明挖顺作	1000 mm 39 m
上海中心大厦	31.1 m	矩形	黏土/砂	明挖顺作	1200 mm 45 m

(1) 日本横滨今井川排水隧道：今井川流域位于横滨市保土谷区，该区域20世纪50年代开始进行城市化步伐，急剧的城市化进展使得区域整体的保水排水功能降低，1956—1994年间，低洼处发生过8次大规模水淹灾害。为减轻水灾，实施河流和下水道的综合治水措施，新建今井川排水隧道。隧道埋深45～85 m，始发竖井采用圆形布置，深度约62 m、壁厚2500 mm。该竖井采用明挖逆作方案。基坑采用地下连续墙围护，墙厚1200 mm、墙深93.1 m，插入比约为0.5，基坑由上向下依次分层开挖，逐层施工环梁。

(2) 穿黄隧道输水隧道始发竖井：南水北调中线以盾构隧道倒虹吸方案下穿黄河，其位于黄河北岸滩地的竖井为盾构机始发井，平面上为两个圆形，内径为 16.4 m,竖井中心距为 28 m。竖井上部为粉砂、细砂,性质较差;中部为细砂、中砂,性质较好;下部位于粉质黏土层。基坑采用地下连续墙围护,铣槽机施工,墙厚为 1 500 mm、深度为 76.6 m,插入比约 0.5。内衬墙厚度为 800 mm,明挖逆作施工。基坑开挖过程中,沿深度方向 3 m 一节分层开挖,并及时浇筑内衬。围护墙外侧 10 m 处设一圈水泥土止水帷幕。工程实施过程中,井底涌水量较大,最终被迫采用水下开挖封底技术。

当前国内外特深竖井的实施难点主要集中在特深地墙、深基坑稳定、深基坑地下水控制等关键点上。国内外特深竖井主要采用圆形方案,其优点是在外侧均匀荷载作用下,构件沿环向轴心受压状态,受力合理;基坑开挖阶段可采用明挖逆作内衬墙方案,无须设置支撑,作业空间大,基坑变形小,但外部荷载不均匀时,构件环向轴压受力容易变差。矩形方案的优点是空间利用率高,但它以受弯剪为主,水土压力大时受力非常不利;开挖时需设支撑,作业空间小,基坑变形大。

1.3.2 圆形基坑技术特点及发展趋势

1) 圆形基坑技术特点

(1) 圆形基坑与传统的矩形基坑相比,存在一定的技术优势:

① 从结构受力的角度看,在平面上将支护结构布置成圆形或近似圆形,它把常规的直线形支护结构改进成曲线形,充分利用了土的拱效应,降低了作用在支护结构上的土压力,且基坑施工过程中墙体间协调变形的能力较强。

② 圆形围护结构可将作用荷载基本上转化为内部压力,可以充分发挥混凝土抗压性能好的特点。

③ 圆形基坑的整体稳定性是从空间受力状态来考虑,当土体向基坑内滑动时,除了滑移面上土体间的摩阻力,土体在圆形梁向上还有相互挤压作用,可阻止圆形基坑发生失稳。这种圆形挤压的效应在平面支护结构中是不存在的,所以圆形基坑具有更好的稳定性。因稳定性依赖环周向力,所以无须横向支撑。

④ 圆形基坑通常采用地下连续墙作为圆形深基坑的支护结构。在实际工程实践中,圆形地下连续墙挡土开挖不同于一般条形地下连续墙挡土开挖,具有较高的空间结构性,易于承受开挖引起的侧压力荷载,墙体变形小,而且环向应力的存在提高了槽段的接头质量,减小了发生渗漏的可能性。

⑤ 支护结构经济合理,减少建设投资。

(2) 圆形基坑与矩形基坑相比同时也存在以下局限性:

① 特别强调围护墙施工的准确性,包括位置方向及垂直性。

② 从圆形基坑与矩形基坑结构受力模型分析,圆形基坑在施工过程中一旦某幅槽段或内衬由于控制不当出现问题,将会破坏整个基坑的受力模式而给基坑带来灾难性后果。矩形基坑在出现上述情况下,可通过及时在外侧补强加固及对水平支撑局部加固处理而不至于基坑倾覆,也不会影响基坑的受力模式。

③ 圆形基坑内衬或环梁属大直径环状结构超大体积混凝土,设计和施工中稍有考虑不周或控制不到位,将会因温度应力和干缩应力等产生开裂出现大的质量事故。

④ 圆形基坑地连墙钢筋带有一定的弧度,加工制作存在一定的难度。

2) 圆形基坑发展趋势

根据调研的工程实例可以看出,圆形超深基坑应用越来越多,这种基坑已广泛应用于地下空间开发的各个领域,有河流污水泵站、越江电缆隧道、城市超高层建筑的地下室、超长跨度桥梁锚碇坑等,并且圆形基坑直径越来越大,有的已经突破 100 m,如上海环球金融中心塔楼,其基坑直径 102 m,开挖深度越来越深,如武汉阳逻长江大桥锚碇基础开挖深达 42 m,未来圆形基坑的发展趋势逐渐向着超深超大的方向发展。

1.4 依托工程项目背景及大直径盾构隧道穿越圆形风井主要风险

1.4.1 依托工程项目背景

1) 纬三路过江通道工程概况

南京市纬三路过江通道工程位于南京市区,是长江南京段第二个过江隧道,上游距纬七路过江隧道工程约 4 km,下游距老南京长江大桥约 5 km,是南京城市快速路网的组成部分,起自南京市江东北路与定淮门大街交叉口,向西跨越江南滨江大道、长江、江北滨江大道,止于浦珠路,全长约 8 km,如图 1-4 所示。南京市纬三路过江通道工程采用双管双层、X 形 8 车道盾构隧道方案,盾构直径为 14.93 m;盾构管片外径 14.5 m、内径 13.3 m,管片宽度 2 m,厚度 600 mm;设计速度为 80 km/h,双向八车道标准建设。N 线全长约 7.014 km,

隧道长 4.7 km,其中盾构隧道长 3.557 km;S 线全长约 7.363 km,隧道长 5.1 km,其中盾构隧道长 4.135 km。双管双层盾构隧道内分上下两层,每层布设 2 个车道,同层同向行车,上下层对向行车。全线共建风塔 3 座,N 线江南、江北各建一座风塔;S 线在江北和 N 线共用同一风塔,在梅子洲单建风塔。工程主要包括浦口接线道路、收费广场、管理中心及服务区、过江盾构隧道、岸上工作井及明挖段、江南接线道路。建设工期 4 年,工程投资预算 57.7 亿元,工程于 2016 年 1 月正式通车。

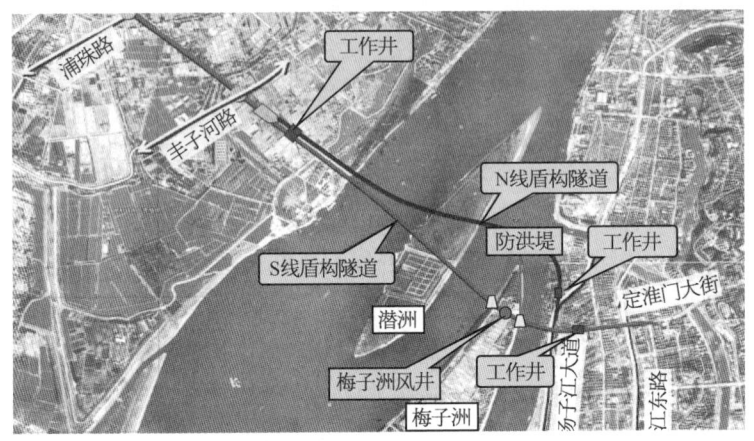

图 1-4　南京纬三路长江隧道平面展布图

2) 梅子洲风井工程概况及特点

南京市纬三路过江通道是中国长江流域上工程技术难度最大、挑战性最大的工程之一,面临着许多世界级技术挑战。其中,梅子洲风井实施及大直径盾构隧道水下穿越施工是南京市纬三路过江通道工程控制性工程之一。

位于梅子洲洲尾的梅子洲风井平面呈圆形(图 1-5 和图 1-6),外径为 29.2 m,采用粮仓的建筑造型,寓意五谷丰登,和江南风塔的一帆风顺造型遥相呼应,表达了南京人民对未来生活的美好期盼(图 1-7)。

梅子洲风井地下 7 层(含上下行车道层),地上 5 层。施工期设计地面标高 8.000 m,运营期上部建筑一楼地坪标高 12.000 m。梅子洲风井内设新风井、排风井、排烟道、紧急疏散楼梯及消防电梯各一座,另设置两座电缆井。在施工阶段,梅子洲风井作为盾构施工的中间检修井,必须满足盾构检修所需的空间要求;在运营阶段,作为中间通风井的同时还作为紧急情况下人员疏散逃生的通道,具有多重功能。梅子洲风井标准层平面示意如图 1-8 所示。

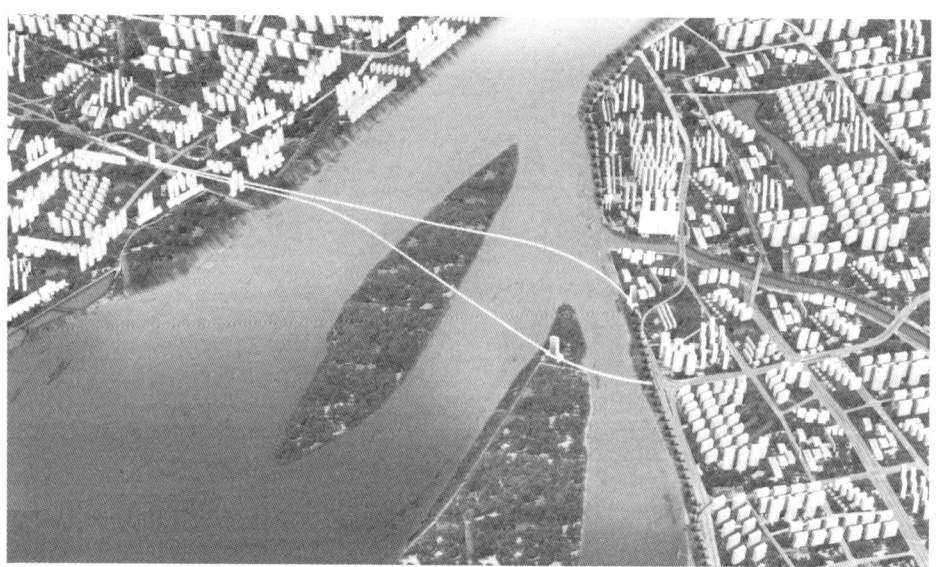

图1-5 梅子洲风井地理位置

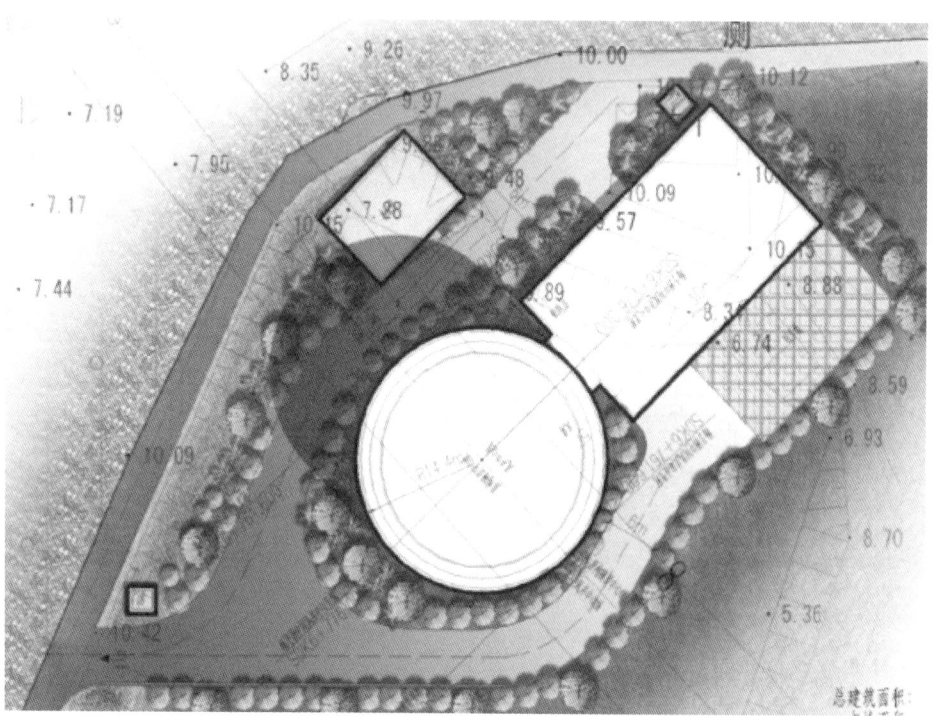

图1-6 梅子洲风井平面布置图

图 1-7 梅子洲风井立面效果图

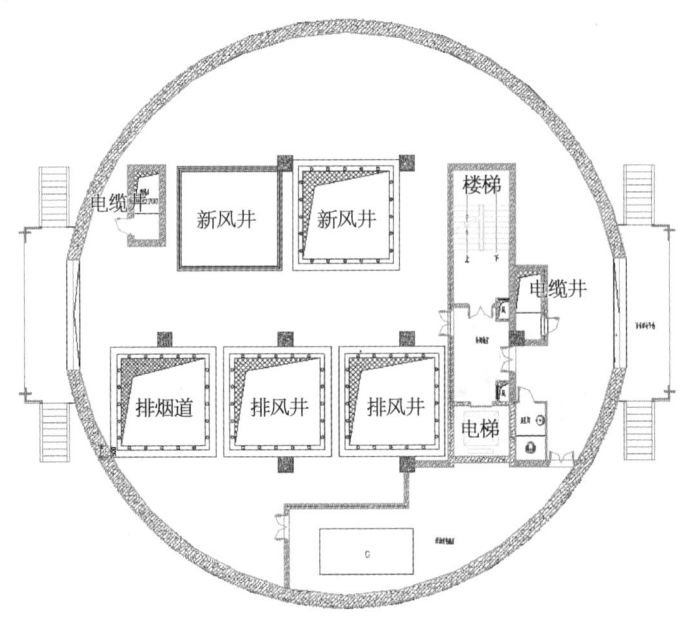

图 1-8 梅子洲风井标准层平面示意图

梅子洲风井的外径为 29.2 m、内径为 26.8 m、底板埋深约为 21.152 m、基坑开挖深度达 44.452 m,风井中心处盾构隧道埋深约为

23.417 m。围护结构主要包括高压旋喷桩、地下连续墙、环梁支撑及内衬墙和混凝土填充。高压旋喷桩直径为 1 200 mm、加固深度为 45.898 m。地下连续墙厚为 1 200 mm、深度达 63 m，地下连续墙与主体结构内衬墙形成叠合墙，作为永久结构的一部分。设置包括顶冠梁在内的四道钢筋混凝土环梁，顶冠梁截面尺寸为 1 200 mm×2 500 mm，环梁尺寸为 1 200 mm×1 500 mm。封底由下至上分为 7 526 mm 厚 C35 素混凝土及 17 474 mm 厚 C20 素混凝土层。梅子洲风井基坑纵剖面及横剖面示意如图 1-9 和图 1-10 所示。

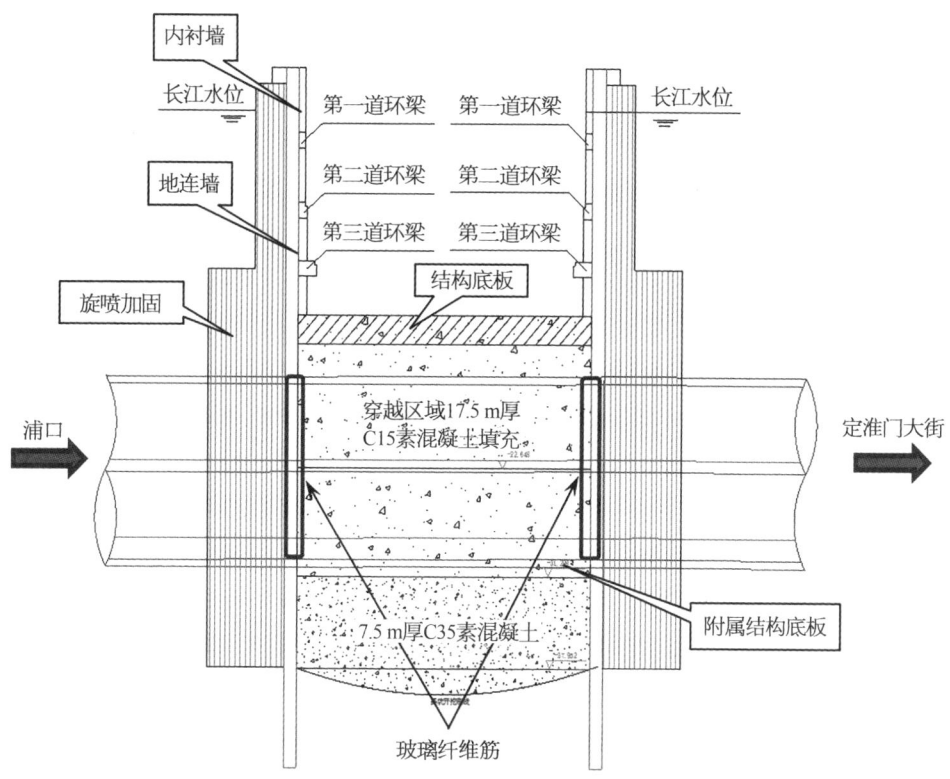

图 1-9 梅子洲风井基坑纵剖面示意图

梅子洲风井临近长江，距其西侧的防洪子堤最小净距约为 18.0 m。风井位于梅子洲洲尾一水塘中，场地周边无重要建筑物与重要管线。水塘水深 2~3 m，塘底标高 4.76 m，水塘周边场地标高为 8.58~10.6 m，风井以西约 20 m 为长江梅子洲防洪子堤，堤顶标高 9.88~10.6 m。梅子洲风井

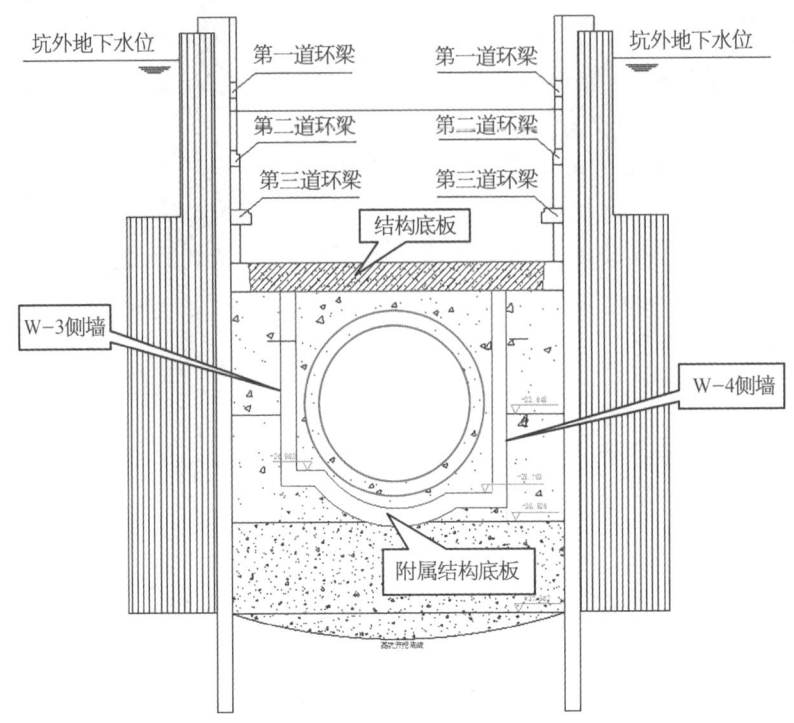

图 1-10 梅子洲风井基坑横剖面示意图

处于长江漫滩区,场地所在区域气候湿润、雨量充沛、降水时间长,且紧临长江,对区域地下水的形成补给起了重要的作用,上层潜水的水位为天然地面下 0.00 m,下部承压水主要接受长江江水补给,承压水水头与长江水位齐平。

梅子洲风井地质条件复杂,根据设计勘探资料,梅子洲风井所处位置第四系土层深厚,以淤泥质粉质黏土、粉质黏土、粉砂、含砾中砂及圆砾混卵石为主,在 30 m 以下的粉砂土层中超深地下墙、超深旋喷桩施工极为困难。地下水水位高,存在潜水和承压水,承压水主要为④层粉细砂及⑥层卵砾石,其渗透性及富水性好,承压水与长江水互为补排关系,基坑开挖进入了承压水层中,无论是超深地下墙、超深旋喷桩施工、基坑开挖、承压水降水都具有极大的难度和风险。梅子洲风井处地质纵断面如图 1-11 所示,主要地层特征见表 1-6。

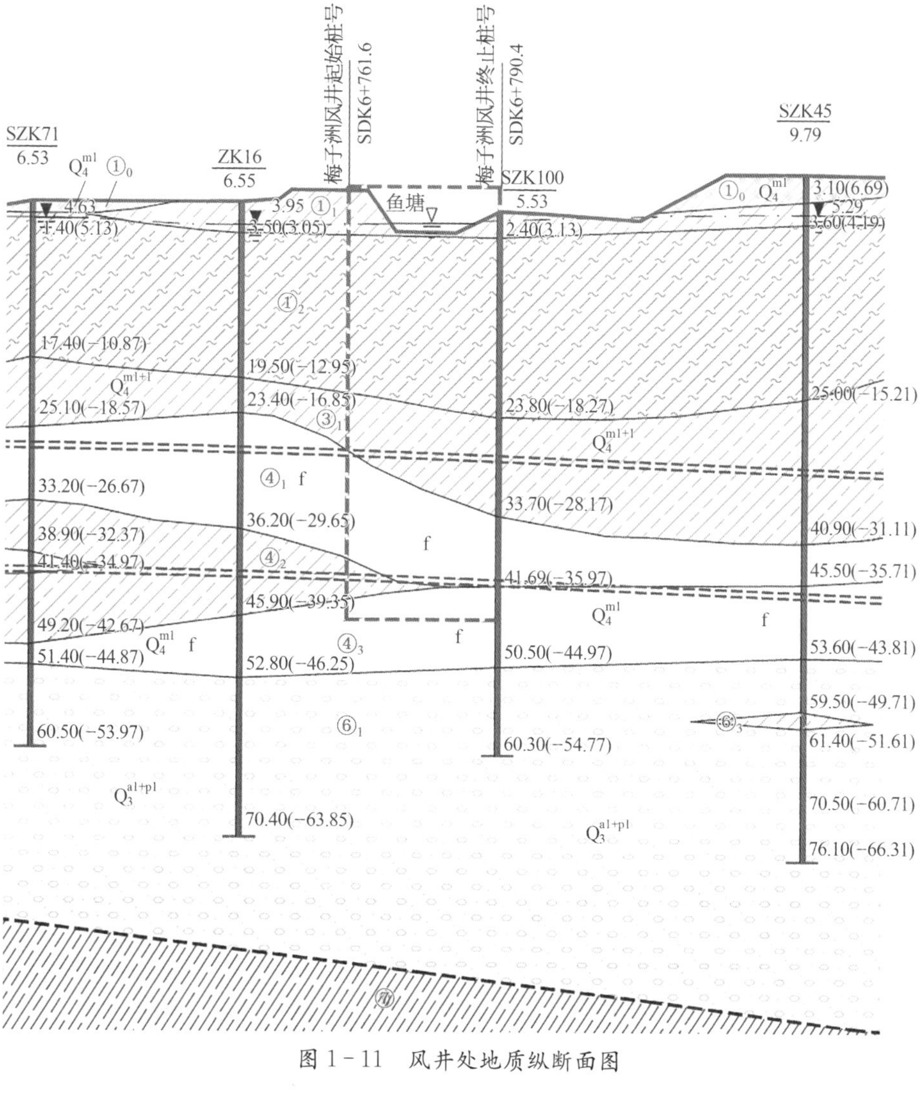

图 1-11 风井处地质纵断面图

表 1-6 地层特征表

地层代号	地层名称	状态	工程特性	承载力特征值 f_{ak}(kPa)	含水率 w(%)	重度 γ(kN/m³)	压缩模量 E_s(MPa)	C(kPa)	φ(°)	标贯击数 N(击)	垂直渗透系数 k_v(m/d)	水平渗透系数 k_h(m/d)
①₁	黏土	软塑	具中等压缩性,较低强度,工程性质较差	100	37.7	18.5	4.08	28	6.4	4.7	0.01	0.05
①₂	淤泥质粉质黏土	软塑	具高压缩性,低强度,厚度变化较大,工程性质差	60	40.8	17.9	2.86	16	2.1	3.2	0.02	0.10
③₁	粉质黏土	软塑-流塑	低中等压缩性,较低强度,工程性质较差	100	37.5	17.9	3.28	20	2.5	12.4	0.05	0.20
④₁	粉砂	稍密-中密	具中等偏低压缩性,低强度,工程性质差	120	27.6	18.4	13.00	6	30.0	18.4	6.3	6.3
④₂	粉质黏土夹粉砂	软塑	具中等压缩性,较低强度,工程性质差	120	34.8	18.1	3.67	19	4.0	13.3	0.05	0.20
④₃	粉砂	中密	具低压缩性,较低强度,工程性质一般	120	23.8	20.2	18.38	6	30.3	25.1	6.5	6.5
⑥₁	圆砾混卵石	密实	具低压缩性,高强度,工程性质好	700	—	20.60	—	0	40.0	>50	35	35

1.4.2 大直径盾构隧道穿越圆形风井主要风险

梅子洲圆形风井工程的深度不仅在国内,甚至世界均属罕见,可供借鉴的工程案例及经验很少,且大直径盾构隧道穿越圆形风井也是首次实施案例,加上场地工程及水文地质条件复杂,施工中将遇到很多技术难题。

1) 超深旋喷桩加固施工难度大

风井地基加固采用 $\phi 1\,200@900\,\text{mm}$ 三重管高压旋喷桩,共计 1 402 根(图 1-12 为旋喷桩布置图),主要目的是确保能够顺利地进行地连墙成槽及盾构穿越施工。坑内加固为地连墙周边 3 m 范围内的高压旋喷桩加固,坑外加固为地连墙周边 3.6 m 范围内的加固,两侧加固为盾构穿越方向 10.5 m 范围内的地基加固。地连墙内 3 m 及地连墙外 3.6 m 范围内的竖向加固深度为 36.5 m(标高为 +8.00~−28.5 m),其余的坑外加固为 45.898 m(标高为 +8.00~−37.898 m)。高压水压力要求大于 20 MPa,加固土体 28 d 无侧限抗压强度设计要求达到 1.0 MPa,且应具有很好的均匀性,土体渗透系数小于 10^{-6} cm/s。梅子洲风井地下工程地质条件复杂,国内已经施工的旋喷桩深度一般都在 30 m 以内,本工程超深旋喷桩施工工艺控制困难,对设备的性能要求高,实施难度大。

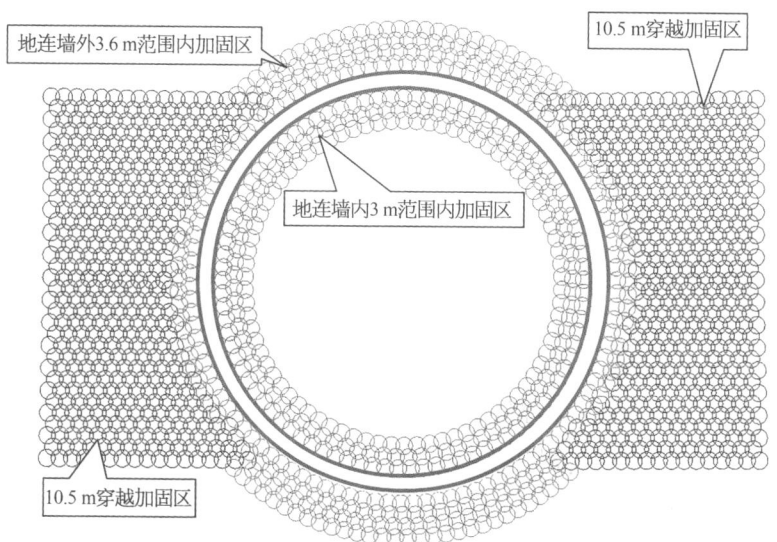

图 1-12 基坑加固平面图

2) 超深圆形基坑地连墙施工质量控制难

(1) 超深地下连续墙成槽难度大。

梅子洲风井紧邻长江防洪子堤,上部主要为淤泥、粉质黏土、粉细砂地层,围护结构采用地下连续墙,底部嵌入卵石层,深度达 62.452 m。虽然在地下连续墙的内外两侧都设置了三轴搅拌桩槽壁加固,但受限于施工工艺,槽壁加固无法深入穿透承压含水层;由于承压含水层和长江存在近距离的水力联系,导致承压含水层的水头压力、水力梯度较大,对成槽过程中的泥浆相对密度和性能、槽壁稳定性等造成影响;在地下连续墙施工成槽过程中,三轴搅拌桩施工深度范围内可以有效减小地下水水头压力,但无法控制三轴搅拌桩以下部位泥浆护壁效果减弱、槽壁变形等问题。在高水压作用下,施工中槽壁的侧壁水土压力全靠泥浆来支撑,槽壁极易缩径和坍塌失稳,成槽难度较大;下部粉砂、粉质黏土互层段,成槽易出现扩孔和偏斜;深部卵砾石层为主要的承压含水层,孔隙大,水平渗透系数和垂直渗透系数均较大,成槽时存在泥浆渗漏、卡斗、成槽效率低下等风险,一旦成槽失败,很难补救。

(2) 超深地下连续墙接头渗漏风险大。

由于超深地下连续墙的接缝止水对基坑开挖的安全至关重要,特别是开挖进入高承压含水层中时,坑内外会有较大水头差,一旦发生围护接缝渗漏水的险情,堵漏工作极其困难,将对基坑安全和周边环境带来致命的影响。地下连续墙接缝渗漏因素有:槽段垂直度控制不够精确导致随着开挖深度增加,两相邻地墙横向错位增大,咬合面积减小,地墙接缝止水能力降低。二期槽段铣槽施工后,黏附在一期地墙混凝土接头面上的泥皮、泥渣未清除干净,二期地墙钢筋笼入槽、浇筑混凝土后与一期槽段接头处形成泥土夹层。浇筑前槽段内清槽不理想,沉渣过厚,混凝土浇筑时接头处形成夹泥接缝。常规地下连续墙施工需要锁口管或接头箱进行槽段接头处理,但是超深地下连续墙锁口管或接头箱的起拔难度大,而且起拔过程中出现锁口管拔断或埋管的风险概率大。现有的圆形地连墙接头形式约有十来种,包括铣接法、双凹槽预制钢筋混凝土构件接头法、V 形钢板接头、H 形钢板接头、凸形异形接头管接头、墙工字形槽段接头等。所选择的合适接头应同时满足地下墙接头强度要求、接头止水防渗要求和满足接头装置安全起拔要求,也是超深地下墙施工成功的关键点之一。

(3) 超深地下连续墙钢筋笼制作、吊装难度大。

由于钢筋笼精度不足会引起拼接困难,钢筋笼强度不足引起变形,影响入槽;焊接质量不合格也会造成吊装钢筋松动或脱落。本工程采用 1 200 mm 厚地下连续墙,钢筋笼焊接工作量大,钢筋笼制作质量不佳,易引起钢筋笼对接困难,引发吊装过程中的变形、钢筋松动、脱落,甚至引发钢筋坠落或钢筋笼整体散架,导致安全质量事故。由于本工程地连墙深度大,在一期槽段施工时,标准幅同一幅地连墙要下放两次钢筋笼才能够浇筑混凝土,钢筋笼对接时间长,风险大。同时,本工程钢筋笼重量大,如果采用的吊装设备与抬吊工艺配合不佳将导致失衡问题,场地地基承载力不满足钢筋笼吊装荷载要求,也会造成场地破坏,产生大面积的沉降。此外,由于特殊幅槽段中上下都是钢筋骨架,中间是玻璃纤维筋骨架,由于不同材料搭接,对施工质量要求极高。因此,如何在施工中确保钢筋笼吊装的安全施工,是本工程的重点之一。

(4) 地下连续墙实施需考虑其对盾构掘进的影响。

本工程风井基坑实施后,盾构机将从风井穿越,先后两次穿越地下连续墙。由于本工程盾构开挖直径达 14.93 m,盾构刀盘将对 10 幅地墙、8 处地下连续墙接头进行切削。如采用传统工艺,地下连续墙的钢筋、幅间接头均会对盾构施工造成极大影响。以往大直径盾构隧道穿越钢筋混凝土地下连续墙时,采用人工凿除的方法,在超深圆形风井下盾构隧道施工过程中操作难度大、风险高、工期长,极易造成洞口土体坍塌及涌水事故。因此,如何使得盾构机能够直接切削地下连续墙不间断掘进,避免破洞作业,减少了施工风险,加快盾构机通过效率,同时保证地下连续墙的受力性能十分重要。

(5) 临江敏感环境基坑降水风险高。

梅子洲风井毗邻长江,风井以西距长江梅子洲防洪子堤仅 20 m 左右,场地分布有④层粉细砂和⑥层卵砾石承压水,且设计地连墙墙底标高 -54.452,进入卵砾石层 $8\sim9$ m,未形成有效隔断帷幕,场地承压水与长江水互为补排关系,若仅采用降水方案,在降深很小时,影响半径可能已经超过防洪堤堤身范围,如何保证在降水开挖过程中不产生较大墙体位移、流砂、流土现象,底板不发生突涌,对施工中的降水方案及运行提出了更高的要求。

(6) 超深圆形风井水下开挖施工难度高。

风井位于梅子洲尾部一水塘中,左邻长江,右临夹江。地层以淤泥质粉质黏土和粉细砂层为主,地质条件差;场地内地下水以松散类孔隙承压水为主,具有较大的渗透性及富水性。基坑开挖深度达 46.452 m,如果采用常规干挖法开挖至坑底时,为防止坑内突涌危及基坑及结构安全,需将承压水头降低近 30 m。由于基坑坑底位于强透水的卵砾石层,距离长江防洪子堤很近,承压水与长江江水存在直接水力联系,持续降水将会引起长江防洪堤的破坏并对地连墙产生不良影响,因此降水难度及风险极大。经过综合比选后采用了水下开挖工艺:当开挖深度在 11.0 m 以浅时,采用明挖顺作方式,依次分层分块开挖坑内土体并浇筑相应的环梁结构;随后,向坑内注水并以水下开挖方式完成坑内剩余土体的开挖。如此,由于坑内采用水下开挖,基坑内外侧水位基本一致,在开挖过程中,不存在基底突涌风险;此外,由于坑内水压力对地连墙具有支撑作用,可有效改善地连墙的受力状态,并增加基坑及围护结构的稳定性。

然而,作为一种特殊的基坑开挖方式,水下开挖具有难度大、专业性强的特点。其重难点有:

① 设备要求高。由于水下开挖施工时,底泥需采用挖掘机械、专用高压冲刷设备进行扰动破碎,并采用抓斗或抽吸设备而运出,设备均为高压作业,其密封性能要求极高,研制、加工周期较长。因此,如何利用既有设备进行科学合理的加工改造,高效研发专用水下开挖成套设备至关重要。

② 开挖深度深、面积大。由于井口开挖面积达 80.152 m^2,水下开挖深度达 31.952 m,施工平台至坑底深度约 50 m,开挖深度超深,如何进行合理分区及分层开挖以提高挖土效率是需要考虑的问题。

③ 开挖深度及侧壁清理情况难以直接观察。由于水下开挖过程中,所有作业人员、作业设备均在地面施工平台作业,底泥在设备扰动作用下发生悬扬,侧壁清理情况很难直接观察。侧壁清理不净时,引起回填混凝土与围护墙之间形成夹泥,将会在盾构穿越及内部结构实施时形成渗水通道,影响施工安全。因此,如何进行水下坑底开挖深度及侧壁清理情况探测十分重要。

(7) 水下大体积混凝土封底施工难度大。

水下大体积混凝土封底是指在水下将混凝土直接浇筑到水下指定部位的施工技术,水下混凝土封底施工工艺广泛应用于桥梁、铁路、大型水运工程等深水墩基础施工。

南京纬三路过江通道梅子洲风井设计标高在 $-8.000 \sim -36.452$ m 范围内土体采用水下开挖,开挖到设计标高后清除墙壁泥浆后清底,再用导管法灌注混凝土进行逐仓封底,通过封底大体积混凝土与地连墙黏结为一体,克服承压水产生的水浮力作用,待盾构穿越后,为井内管片拆除、井内主体结构施工提供干作业的施工环境。

水下大体积混凝土封底施工主要存在以下重难点问题:

① 混凝土方量大,施工机具非常规。由于本工程水下混凝土一次性连续

浇筑方量大,需连续浇筑共计 9 196.7 m³,同时采用的混凝土施工机械,如料斗、导管及施工平台等均属非常规机具,需特殊购置或自行制作。且浇筑混凝土的导管直径、布置、提升速度等施工工艺应进行合理设计。

② 施工场地狭小,场地内施工组织困难。梅子洲风井位于梅子洲尾部一水塘中,左邻长江,右临夹江,场地狭小,而混凝土连续灌注需求量较大,场地内需同时停放 4 台大型汽车泵及 50 辆混凝土罐车,场地内的施工组织较为困难。

③ 两种不同强度混凝土分层、连续浇筑。为满足后期盾构穿越需要,设计采用了两种不同强度 C35、C20 混凝土分层、连续浇筑,两种混凝土的调配、衔接施工十分重要。

④ 交通条件差,混凝土供应困难。梅子洲地处江心洲,该处由于环境、生态等原因无法修筑高标准的施工便道,如此大方量、连续浇筑的混凝土供应成为本工程的难点。

(8) 盾构机适应性改造及穿越圆形风井施工难度大。

南京纬三路过江通道梅子洲风井基坑实施后,盾构机穿越过程中将依次经历软土—高压旋喷加固区—地下连续墙—井内素混凝土—地下连续墙—高压旋喷加固区—软土的多次切削转换,施工工况十分复杂。穿越风险主要体现在以下几个方面:①盾构穿越过程中经历的不同强度的切削转换,对盾构设备及施工控制提出了极高的要求,尤其是盾构将对 10 幅地墙、8 处地下连续墙幅间接头进行切削,高强度的混凝土、高韧性的玻璃纤维筋及玻璃纤维板接头,对刀盘刀具的性能提出了挑战。②由于风井呈圆形,在刀盘刚接触地连墙的时候,仅盾构中心部分承受高强度的地下连续墙混凝土,其余部分仍处于高压旋喷加固体中;而当刀盘中心部分穿过地连墙开始切削风井中素混凝土时,刀盘两侧仍然处于高强度的地连墙范围。这样的受力状态,极其容易引起刀盘受力不均,引起刀盘变形、刀具脆断、刀盘卡死等现象。③盾构穿越风井时,不可避免地对地下连续墙造成破坏、扰动,容易导致地连墙墙幅之间的接缝张开,形成地下水渗漏通道,不仅给后续施工带来风险,甚至会对永久叠合结构的防水造成不利影响,影响风井的正常使用。④盾构在靠近风井施工及离开风井时,将会对周围地层造成一定的扰动,引起周围土体沉降,如果沉降过大,将对风井结构造成不利影响。因此,如何对盾构机进行合理的适应性改造,并对盾构施工参数进行有效控制,将是盾构高效、安全穿越风井的重要因素。

（9）工序转换过程超深基坑稳定性控制风险大。

风井从水下开挖，到盾构机通过，再到地下水抽干排放、破除素混凝土，需经过复杂的工序转换过程。在此过程中，风井将承受复杂多变的荷载作用，对风井结构安全影响极大。梅子洲风井设计为圆形，由于存在拱效应，盾构穿越前后围护结构的受力变形将会更加复杂。风井围护结构在施工后，由于外围水土压力作用处于承力状态，当盾构穿越时，素混凝土被开挖，地连墙部分被破坏，风井的整个支护结构将发生较大程度的应力和变形调整，特别是地连墙部分被开挖破除，圆形拱效应影响较大。因此，对于梅子洲风井支护结构，盾构穿越前后地连墙、内衬墙、冠梁和环梁的内力状态变化情况及支护结构的稳定性评估，都是影响梅子洲风井建设的关键性难题。

第2章 临江敏感环境超深圆形风井基坑围护体系施工技术

基坑工程是土木工程中经常遇到，也是最为复杂的技术领域之一。基坑工程具有"地区性"的特点，因此基坑工程在施工过程中必须充分重视结合当地的工程经验与地质条件，做到因地制宜。随着土力学理论、计算软件、测试仪器及施工机具和施工工艺的不断发展，基坑工程技术正在不断地发展和完善。目前，国内已发展了多种符合我国国情的、实用安全的基坑支护方法，施工工艺得到不断完善。

基坑围护结构设计与工程施工密切相关，除围护结构本身的设计外，其他影响基坑安全和稳定性的土工问题和施工因素，如降水、加固、围护施工等也是至关重要的，因此也需要在施工中明确具体技术要求。

2.1 关键技术问题

2.1.1 临江敏感环境基坑降水风险高

地下水是深基坑工程研究的核心问题之一，尤其是在沿江沿海软土地区，地下水多与江海水存在水力联系，地下水是基坑工程失稳破坏的关键因素，也是导致基坑工程事故最直接的原因之一。根据王曙光、蒋红星、叶琳昌等的统计数据显示，与地下水有关的基坑事故约占总事故的45%～70%。

目前的研究及工程实践也表明，承压含水层（地下水）对深基坑工程的施工安全性具有重要的影响。从近年来上海、南京、广州地区地铁车站深基坑施工的实际情况来看，多数深基坑工程事故与承压水处理不当有关，承压含水层（地下水）已成为导致深基坑工程事故的关键因素之一。例如，上海轨道交通4号线越江隧道区间因冷冻设备出现故障造成承压水涌入隧道造成直接经济损失1.5亿元，南京地铁2号线元通站因承压水处理不当导致基坑涌水事故等。

近年来，随着过江隧道、海底隧道、城市地铁工程等重大基础设施工程建设的快速发展,一些专家学者对承压水问题进行了相关的研究,并逐渐从理论研究转向工程应用。经过多年的研究与工程实践,在深基坑工程承压水的渗流理论、控制技术与降水施工方面的研究都有了一定的进展,人们逐渐认识到了承压水的特点,并逐渐重视承压水的影响,但在承压水的渗流(稳态与非稳态)机理、出险机理及对周围环境的影响等方面对承压水的认识仍处于较为肤浅的阶段,对承压水的认识与控制缺乏有效的方法与措施,导致目前地铁深基坑工程因承压水处理不当引起的工程事故仍然频频发生。因此,在超深圆形基坑工程施工中,深入了解承压水的特征和建立完善的承压水控制策略,已成为亟待解决的重要课题。

梅子洲风井毗邻长江,风井以西距长江梅子洲防洪子堤仅 20 m 左右,场地分布有④层粉细砂和⑥层卵砾石承压水,且设计地连墙墙底标高－54.452,进入卵砾石层约 8～9 m,未形成有效隔断帷幕,场地承压水与长江水互为补排关系,若仅采用降水方案,在降深很小时,影响半径可能已经超过防洪堤堤身范围,如何保证在降水开挖过程中不产生较大墙体位移、流砂、流土现象,底板不发生突涌,对施工中的降水方案及运行提出了更高的要求。

2.1.2　超深旋喷桩加固施工难度大

在超深基坑工程中,搅拌桩、旋喷桩的应用主要在于两个方面:地连墙外围的止水帷幕和土体加固,土体加固又包括围护结构外土体的加固及坑底被动区的加固。

目前,日本陆上的机械成孔直径可达 1 000 mm,最大钻深可达 40 m;日本海上的机械有多种,成孔直径可达 2 000 mm,最多有 8 根搅拌轴(2×4),可一次成孔 8 个,一次性施工加固体面积可达 9.5 m^2,加固深度已达 70 m,加固海底软土工程量远大于陆地软土工程量。我国目前常用的水泥土搅拌桩直径为 500～600 mm(单轴搅拌)和 700 mm(双轴搅拌),加固深度一般在 20 m 以内;超深三轴搅拌桩也已经应用于实际工程的止水帷幕和软基处理中,这种工法的处理深度已经达到 60 m 以上,该工法采用连续接长的钻杆和适应硬层钻进的锥形镶齿螺旋钻头及整套施工技术,为复杂地层开发超深三轴水泥土搅拌桩技术创造了条件,如在上海轨道交通 10 号线一期工程 110 kV 溧阳路主变电所工程,外侧采用 48 m 超深三轴搅拌桩形成止水帷幕,连续墙控制在 35 m,通过止水帷幕垂直隔断微承压水。超深三轴搅拌桩为全新工艺,对于超大全封闭基坑的隔水效果尚待验证。搅拌桩技术在我国的发展已有 20 年,但真正得到广泛应用研究不过 10 年,虽然该技术已经渗透到土木工程的各个领域,然而由于种种原因搅拌桩存在不少问题,出现了不少的工程事故,给予人们深刻的教训。

高压旋喷注浆法的基本种类有单管法、二重管法、三重管法和多重管法等。日本于 1973 年公布了单管高压旋喷注浆法(CCP 工法),20 世纪 70 年代末至 80 代中,日本又相继开发并推广应用了双管高压旋喷注浆法(JGS 工法)、三管高压旋喷注浆法(GJG 工法)及多重管的 SSS-MAN 施工工法(super soil stabilization management),80 代末至 90 代又相继开发并推广应用了以两个水平反向高压(30 MPa)大流量(300 L/min)水泥浆喷嘴喷射注浆的 Super Jet 工法、用压缩空气和超高压水(压力 40 MPa 以上)同轴喷射进行一次切割同时用压缩空气和超高水泥浆(压力 40 MPa 以上)同轴喷射进行二次喷射切割的 RJP 工法。同期,MJS(metro jet system)旋喷注浆法研制成功,该工法水平、垂直、倾斜全方位喷射注浆,注浆过程中在钻杆内设置泥浆吸取管抽取泥浆,同时在喷头位置设置了孔内压力监测装置。该工法加固直径可达 5.0 m,最大垂直加固深度较原来的 30 m 提高到 80 m,最大水平加固长度也可达 50 m。自 20 世纪 90 年代开始,日本又将喷射注浆法和深层搅拌法结合,先后研发成功了 JACSMAN(jet and churning system management)工法、DMSWM(deep mixing by spreadable wing method)工法和 J&C(jet and compaction)工法,这些旋喷搅拌注浆工法泥浆污染少,加固体直径最大可达 4.0 m。日本研究发明的单管高压旋喷注浆法、双管高压旋喷注浆法、三管高压旋喷注浆法及其他新型喷射注浆工法很快就传到了欧洲、美洲、非洲及亚洲其他地区,成为世界上应用最广泛的岩土工程技术之一。

我国在 1972 开始引进并自主开发喷射注浆技术,现已大量应用于各种工程实践,取得了显著的经济效益和社会效益,一是引进试验阶段(1972—1975 年),二是研究应用阶段(1976—1986 年),三是多向发展阶段(1987 年至今)。随着高压旋喷注浆的应用范围的扩展,国内相关厂家及工程技术人员相继研制了多种新型设备,较为典型的有 HPJM-A1 型旋喷搅拌机、XPB-90 型超高压旋喷注浆泵、DJ-60 型振孔高喷机、SGP-3 型三重管高压旋喷桩机等。国内用于高压旋喷注浆的钻机,多数是利用岩心钻机改制而成的,往往存在钻机的转速和提升速度不能与旋喷工艺的最佳参数相匹配的缺陷,双管、三管钻具在应用中密封的可靠性差,使用寿命短,容易出现泄漏、串浆等现象,孔内事故较多。

高压旋喷桩作为基坑止水帷幕已经被广泛采用,近十年工程实例较多,有效加固深度一般认为 20～30 m,但国内在多项工程中采取特殊的技术措施,使旋喷桩加固深度达到了 50 m 以上。例如,上海轨道交通 4 号线董家渡修复工程开发出一种双高压旋喷工法,使旋喷桩径达到了 1 800 mm,加固深度达到 50 m,这些指标在国内已有的普通三重管旋喷技术难以达到;上海 500 kV 世博地下变电站工程中施工二重管高压旋喷桩时,采用 ϕ110@2 mm PVC 套管护壁,成功实施了 50 m 超深高压旋喷桩,桩径 1 000 mm,旋喷桩与地下连续墙搭接 300 mm;上海外环隧道浦西暗埋段超深基坑工程中,对于紧靠黄浦江 47 m 深的止水帷幕,采用旋喷桩和摆喷桩相结合的形式,成功达到了止水的要求。

2.1.3 超深圆形基坑地连墙施工质量控制难

1) 超深地下连续墙成槽难度大

梅子洲风井紧邻长江防洪子堤,上部主要为淤泥、粉质黏土、粉细砂地层,围护结构采用地下连续墙,底部嵌入卵石层,深度达 62.452 m。虽然在地下连续墙的内外两侧都设置了三轴搅拌桩槽壁加固,但受限于施工工艺,槽壁加固无法深入穿透承压含水层;由于承压含水层和长江存在近距离的水力联系,导致承压含水层的水头压力、水力梯度较大,对成槽过程中的泥浆相对密度和性能、槽壁稳定性等造成影响;在地下连续墙施工成槽过程中,三轴搅拌桩施工深度范围内的地下水水头压力能够得到有效减小,但无法控制三轴搅拌桩以下部位泥浆护壁效果减弱、槽壁变形等问题。在高水压作用下,施工中槽壁的侧壁水土压力全靠泥浆来支撑,槽壁极易缩径和坍塌失稳,成槽难度较大;下部粉砂、粉质黏土互层段,成槽易出现扩孔和偏斜;深部卵砾石层为主要的承压含水层,孔隙大,水平渗透系数和垂直渗透系数均较大,成槽时存在泥浆渗漏、卡斗、成槽效率低下等风险,一旦成槽失败,很难补救。

2) 超深地下连续墙接头渗漏风险大

由于超深地下连续墙的接缝止水对基坑开挖的安全至关重要,特别是开挖进入高承压含水层中时,坑内外会有较大水头差,一旦发生围护接缝渗漏水的险情,堵漏工作极其困难,将对基坑安全和周边环境带来致命的影响。地下连续墙接缝渗漏因素有:槽段垂直度控制不够精确导致随着开挖深度增加,两相邻地墙横向错位增大,咬合面积减小,地墙接缝止水能力降低。二期槽段铣槽施工后,黏附在一期地墙混凝土接头面上的泥皮、泥渣未清除干净,二期地墙钢筋笼入槽、浇筑混凝土后与一期槽段接头处形成泥土夹层。浇筑前槽段内清槽不理想,沉渣过厚,混凝土浇筑时接头处形成夹泥接缝。常规地下连续墙施工需要锁口管或接头箱进行槽段接头处理,但是超深地下连续墙锁口管或接头箱的起拔难度大,而且起拔过程中出现锁口管拔断或埋管的风险概率大。现有的圆形地连墙接头形式约有十来种,包括铣接法、双凹槽预制钢筋混凝土构件接头法、V形钢板接头、H形钢板接头、凸形异形接头管接头、墙工字形槽段接头等。所选择的合适接头应同时满足地下墙接头强度要求、接头止水防渗要求和满足接头装置安全起拔要求,也是超深地下墙施工成功的关键点之一。

3) 超深地下连续墙钢筋笼制作、吊装难度大

由于钢筋笼精度不足会引起拼接困难,钢筋笼强度不足引起变形,影响入槽;焊接质量不合格也会造成吊装钢筋松动或脱落。本工程采用1 200 mm厚地下连续墙,钢筋笼焊接工作量大,钢筋笼制作质量不佳,易引起钢筋笼对接困难,引发吊装过程中的变形、钢筋松动、脱落,甚至引发钢筋坠落或钢筋笼整体散架,导致安全质量事故。由于本工程地连墙深度大,在一期槽段施工时,标准幅同一幅地连墙要下放两次钢筋笼才能够浇筑混凝土,钢筋笼对接时间长,风险大。同时,本工程钢筋笼重量大,如果采用的吊装设备与抬吊工艺配合不佳将导致失衡问题,场地地基承载力不满足钢筋笼吊装荷载要求,也会造成场地破坏,产生大面积的沉降。此外,由于特殊幅槽段中上下都是钢筋骨架,中间是玻璃纤维筋骨架,由于不同材料搭接,对施工质量要求极高。因此,如何在施工中确保钢筋笼吊装的安全施工,是本工程的重点之一。

2.2 临江敏感环境超深圆形风井"抽水-回注"施工技术

2.2.1 基坑"抽水-回注"理论研究

1) 地层渗透系数确定

以南京纬三路梅子洲风井为例,在现场进行专项抽水试验,试验情况及平面布置如图2-1、图2-2所示。本次试验分两个批次,分别下入81 m^3/h 和131 m^3/h 的抽水泵,获得了两个降深的水文地质试验资料,主要包括测孔水位降深(S)及出水量(Q)。

图 2-1 试验井布设

图 2-2 水池量测

现场绘制了试验井的 $S\text{-}t$ 时间关系曲线,详如图 2-3 所示。根据野外抽水试验观测记录,整理抽水试验成果统计见表 2-1。

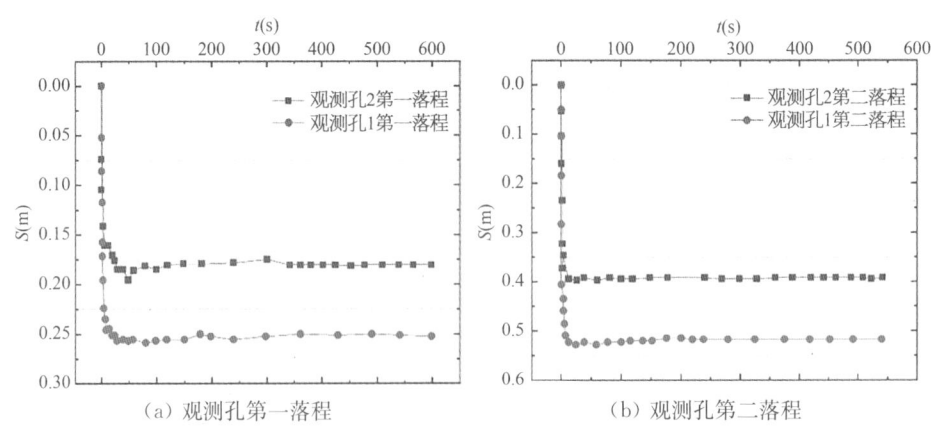

图 2-3 抽水试验 $S\text{-}t$ 历时曲线

表 2-1　高透水地层抽水试验成果统计表

孔号	主孔(m)	第一落程 S_1(m)	第二落程 S_2(m)	Q(m³/h)
观测孔 1	1.98	0.25	0.518	81.32
观测孔 2	3.27	0.18	0.395	131.11

为更准确地得出试验目的层的渗透系数，试验采用承压非完整井稳定流试验原理进行求解。

参数计算采用稳定流非完整井模型（图 2-4），相关算式选用两个观测孔所对应的渗透系数计算式(2-3)，将相关试验参数代入后进行求解。

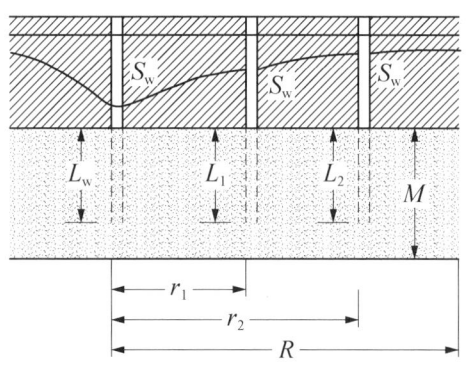

图 2-4　稳定流非完整井模型

单孔抽水时：
$$K = \frac{0.16Q\left(\ln\dfrac{R}{r_w} + 0.5\xi\right)}{MS_w} \tag{2-1}$$

一个观测孔时：
$$K = \frac{0.16Q\left[\ln\dfrac{R}{r_w} + 0.5(\xi_0 - \xi_1)\right]}{M(S_w - S_1)} \tag{2-2}$$

两个观测孔时：
$$K = \frac{0.16Q\left[\ln\dfrac{R}{r_w} + 0.5(\xi_1 - \xi_2)\right]}{M(S_1 - S_2)} \tag{2-3}$$

式中：K 为渗透系数(m/d)；M 为含水层厚度(m)；Q 为主孔出水量(m³/d)；r_1、r_2 为主孔距观测孔的距离(m)；S_1、S_2 为观测孔水位降深(m)；ξ、ξ_0、ξ_1、ξ_2 为补充水流阻力系数。

梅子洲风井紧临长江，切穿了承压水含水层。在无隔水条件下，基坑用水量可按均质含水层承压—潜水非完整井估算,取渗透系数 $k=35$ m/d,经计算涌水量 $Q=175\,483$ m³/d 或 $Q=7\,312$ m³/h。可以看出,由于风井处紧临长江,承压含水层以强透水的卵砾石为主,地下水补给丰富,降水施工难度大。在基坑地下连续墙实施完毕后,为充分了解该场地承压水层的水文地质特征,以选择合理的施工方案,进行了水文地质专项抽水试验。根据抽水试验结果,坑外单井出水能力达 5 280 m³/d,坑内单井出水量达到 2 400 m³/d,进一步说明了地下水十分丰富。此外,水位恢复至 100% 需要 60 min;恢复至 65% 仅需 4 min,地下水恢复十分迅速,表明地下水具有较强的补给来源。因此,采用常规的干开挖方案,水位降深大、降水风险大、不确定性多。

2) 含水层影响半径确定

一般含水层的影响半径 R 宜通过试验确定。缺少试验时,可按下式计算并结合当地经验取值:

$$潜水含水层:R=2S_w\sqrt{KH} \tag{2-4}$$

$$承压水含水层:R=10S_w\sqrt{K} \tag{2-5}$$

式中:S_w 为井的水位降深;K 为含水层的渗透系数;H 为潜水含水层厚度。

经过计算,影响半径已经超过防洪堤堤身范围。

3) 全降水基坑底板稳定性分析

据本次勘察资料,工作井处 26.0 m 以浅以流塑状淤泥质粉质黏土为主,26.0~29.0 m 为软塑状粉质黏土,29.0~52.0 m 为粉砂,其中穿插一层 11.27 m 厚的粉质黏土夹粉砂透镜体,52 m 以下深度为卵砾石。风井开挖过程中,将经历未揭穿承压水隔水层、坑底为黏性土及揭穿隔水层、坑底为粉细砂两种工况。

(1) 工况 1 分析:当风井开挖到一定深度,坑底黏性土在承压水压力作用下将产生突涌现象,其临界开挖深度可按《建筑地基基础设计规范》(GB 50007—2011)或《建筑基坑支护技术规程》(JGJ 120—2012)采用下式进行验算。

$$\gamma_m(t+\Delta t)/p_w \geqslant 1.1 \tag{2-6}$$

式中:γ_m 为透水层以上土的饱和重度;$t+\Delta t$ 为透水层顶面至基坑底面的深度;p_w 为含水层压力。当 γ_m 取 18.1 kN/m³,p_w 取 299 kPa。则按上式计算得到为含水层顶板距坑底的距离 $t+\Delta t$ 应不小于 18.2 m,则开挖深度大于 11.7 m 时基地将出现突涌;此时需采用降水措施降低坑内承压水水头,方可保证基坑安全。

(2) 工况 2 分析：当基坑开挖揭穿隔水层，坑底为透水的粉砂时，在承压水动压力作用下，粉砂易发生流砂现象。为满足坑内施工安全，可按《建筑基坑支护技术规程》(JGJ 120—2012)采用下式对降水深度进行验算。

$$(2D+0.8D_1)\gamma'/\Delta h\gamma_w \geqslant K_{se} \quad (2-7)$$

式中：D 为截水帷幕底面至坑底的土层厚度；D_1 为承压水含水层顶面至坑底的土层厚度；γ' 为土的重度；Δh 为基坑内外的水头差；γ_w 为水的重度。按上式计算得到基坑开挖到坑底后为防止坑底出现突涌。坑内外的水头差 $\Delta h \leqslant 22.9\,\mathrm{m}$，即坑内水头降深至少应达到 29.4 m。

4) 带水施工基坑底板稳定性分析

根据设计要求，上部 +8.00～−8.00 m 范围内有四道环梁(含顶冠梁)，应进行降水考虑，确保干开挖施工深度，在 −8.0 m 以下位置将进行水下作业，将不再考虑降水。所以风井开挖过程中主要考虑未揭穿承压水隔水层、坑底为黏性土(或淤泥质黏土)的工况。

开挖过程中，基坑底面的安全稳定性，可按下式进行验算。

$$h_s \cdot \gamma_s > F \cdot \gamma_w \cdot h_w \quad (2-8)$$

式中：F 为基坑底面突涌安全系数(取 1.10)；h_s 为基坑底面至承压含水层顶板之间的距离(m)，计算时承压含水层顶板埋深取最小值(m)；h_w 为承压含水层顶板以上的承压水头高度(m)；γ_s 为基坑底面至承压含水层顶板之间的土的层厚加权平均重度，取 18 N/m³；γ_w 为地下水的重度(取 10.0 kN/m³)。

经计算，在静止承压水位埋深在 1.00 m 的情况下，当基坑开挖深度大于 11.90 m 时，考虑减压降水。本基坑降水深度设计见表 2-2。

表 2-2 降水计算情况统计

序号	基坑开挖深度(m)	承压水控制水位(m)	承压水降深(m)
1	10.00	—	
2	11.00	—	
3	11.90	1.00	0.00
4	12.00	1.18	0.18

(续表)

序号	基坑开挖深度(m)	承压水控制水位(m)	承压水降深(m)
5	13.00	2.82	1.82
6	14.00	4.45	3.45
7	15.00	6.09	5.09
8	16.00	7.73	6.73

5) 减压降水井布置

为确保基坑顺利开挖,需降低基坑开挖深度范围内的土体含水量。

坑内疏干井数量按下式确定:

$$n = A/a_{井} \tag{2-9}$$

式中:n 为井数(口);A 为基坑需疏干面积(m^2);$a_{井}$ 为单井有效疏干面积(m^2)。

根据开挖面土质情况及加固因素,疏干井按 $350 m^2$ 布设 1 口,共计布置 2 口疏干井,井深在坑底以下 6 m,考虑 22 m 为宜。疏干井水泵以 3 t/h 考虑。

为了有效降低和控制承压含水层水头,确保基坑开挖施工顺利进行,必须进行专门的水文地质渗流计算与分析,为减压降水设计提供理论依据。

多孔介质和流体不可压缩时非恒定达西渗流场求解的微分控制方程为

$$\frac{\partial}{\partial x}\left(k_{xx}\frac{\partial H}{\partial x}\right) + \frac{\partial}{\partial y}\left(k_{yy}\frac{\partial H}{\partial y}\right) + \frac{\partial}{\partial z}\left(k_{zz}\frac{\partial H}{\partial z}\right) + W = \frac{E}{T}\frac{\partial H}{\partial t} \tag{2-10}$$

其中:$E = \begin{cases} S(承压含水层) \\ S_y(潜水含水层) \end{cases}$;$T = \begin{cases} M(承压含水层) \\ B(潜水含水层) \end{cases}$;$S_s = \frac{S}{M}$

式中:S 为贮水系数;S_y 为给水度;M 为承压含水层单元体厚度(m);B 为潜水含水层单元体地下水饱和厚度(m);k_{xx}、k_{yy}、k_{zz} 为各向异性主方向渗透系数(m/d);H 为点(x,y,z)在 t 时刻的水头值(m);W 为源汇项(1/d)。

初始条件:$H(x,y,z,t)|t=0 = H_0(x,y,z,t_0)$ (2-11)

边界条件:$H(x,y,z,t)|\Gamma_1 = H_1(x,y,z,t)$ (2-12)

式中:$H_0(x,y,z,t)$为点(x,y,z)处的初始水位(m);Γ_1 为一类边界条件;$H_1(x,y,z,t)$为点(x,y,z)在 t 时刻的边界已知水位(m)。

对整个渗流区进行离散后,采用向后差分法将上述数学模型进行离散,就可得到数值模型,由此计算、预测降水引起的地下水位的时空分布。

如图2-5所示,经过三维渗流模型计算,为了降低承压水,在基坑内布置4口减压井(其中含1口观测井),可以将水位控制在安全水位以下见表2-3。

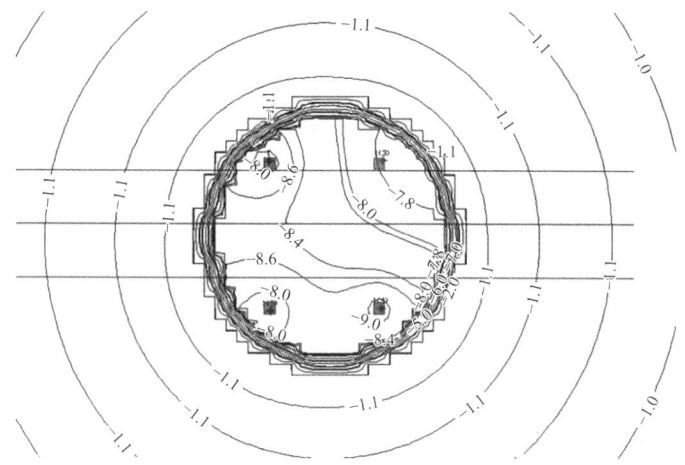

图2-5 减压井布置三维计算图

表2-3 井的数量

类型	名称	井深(m)	数量(口)
疏干井	S1~S2	22	2
减压井	K1~K4	45	4

降水井单井设计流量:

$$q = 1.1 \frac{Q}{n} \quad (2-13)$$

式中:q 为单井设计流量;Q 为基坑降水总涌水量;n 为降水井数量。

管井的单井出水能力:

$$q_0 = 120\pi r_s l^3 \sqrt{k} \quad (2-14)$$

式中:q_0 为单井设计流量;r_s 为过滤器半径;L 为过滤器进水部分的长度;K 为含水层的渗透系数。

井的布置及构造如图2-6所示。

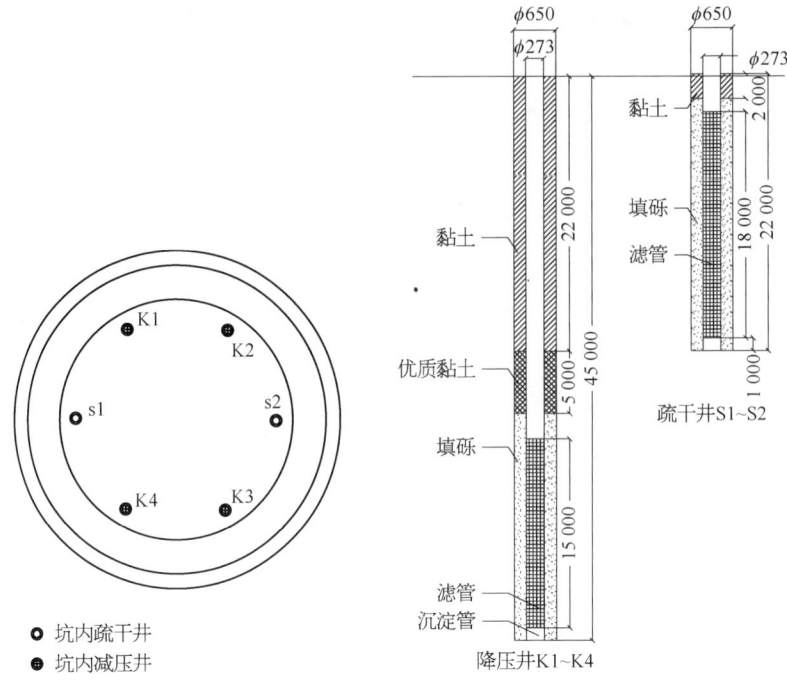

图 2-6 降水井布置及构造示意图

2.2.2 基坑"抽水-回注"施工工艺

当常规开挖至标高 -8.0 m 后,须向坑内回灌水至 $+7.5$ m 处(长江水位目前标高为 $+7.2$),坑内水位高于坑外地下水位不小于 1.0 m,按照每 2 m 为一层开挖至基坑底部,水下开挖过程中保持坑内液面不变。

用改装后的高压旋喷施工机具进行施工,通过不断调试得到了富水软弱地层旋喷施工机具的施工参数。用高压水及三翼钻头对土体进行切割搅动,使土体变为泥浆,再用潜水渣浆泵将泥浆从坑内抽出至地面的泥浆池,以达到清土的目的。具体施工工艺如下:

1)钻进成孔

上部钻进采用轻压慢转,钻压为 $15\sim35$ kN,转速为 $20\sim50$ r/m。成孔施工采用孔内自然造浆,钻进过程中泥浆密度控制在 $1.10\sim1.15$,当提升钻具或停工时,孔内必须压满泥浆,以防止孔壁坍塌。

泥浆循环宜在泥浆池中进行循环,在现场不具备泥浆池的条件下,可考虑在基坑中开挖一个小泥浆池进行泥浆循环。

2) 清孔换浆

钻孔钻进至设计标高后,在提钻前将钻杆提至离孔底 0.50 m,进行冲孔清除孔内杂物,同时将孔内的泥浆密度逐步调至 1.10,孔底沉淤小于 30 cm,返出的泥浆内不含泥块为止。使用完后的泥浆通过泥浆箱运出场地进行处理。

3) 下井管

井管进场后应检查过滤器的缝隙是否符合设计要求。首先必须测量孔深,并对井管滤水管逐根丈量、记录。封堵沉淀管底部,为保证沉淀管底部封堵牢靠,下部封堵铁板不小于 6 mm。

其次要检查井管焊接,井管焊接接头处应采用套接型,套接接箍长 20 mm,套入上下井管各 10 mm;套管接箍与井管焊接焊牢、焊缝均匀,无砂眼,焊缝堆高不小于 6 mm。

检查完毕后开始下井管,下管时为保证滤水管居中,在滤水管上下两端各设一套直径小于孔径 5 cm 的扶正器(找正器),扶正器采用梯形铁环,上下部扶正器铁环应 1/2 错开,不在同一直线上。

4) 围填滤料

填滤料前在井管内下入钻杆至离孔底 0.30~0.50 m,井管上口应加闷头密封后,从钻杆内泵送泥浆进行边冲孔边逐步调浆使孔内的泥浆从滤水管内向外由井管与孔壁的环状间隙内返浆,使孔内的泥浆密度逐步调到 1.05,然后开小泵量按井的构造设计要求填入滤料,并随填随测滤料的高度,直至滤料下至预定位置。

填滤料时,根据孔口返水情况调整泵量。填滤料过程中要跟踪滤料上返高度。

5) 洗井措施

在提出钻杆前利用井管内的钻杆接上空压机先进行空压机抽水,待井能出水后提出钻杆再用活塞洗井。活塞直径与井管内径之差约为 5 mm,活塞杆底部必须加活门。洗井时,活塞必须从滤水管下部向上拉,将水拉出孔口,对出水量很少的井可将活塞在过滤器部位上下窜动,冲击孔壁泥皮,此时应向井内边注水边拉活塞。当活塞拉出的水基本不含泥沙后,可换用空压机抽水洗井,吹出管底沉淤,直到水清不含沙为止,洗井完毕后,试抽成功则代表成井完成。空压机洗井原理如图 2-7 所示。

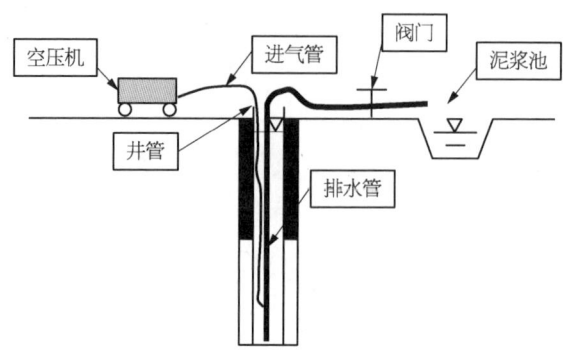

图2-7 空压机洗井原理示意图

2.2.3 基坑"抽水-回注"施工质量控制

(1) 降水运行前,降水井应合理布设排水管道并便于接入施工现场排水设施。

(2) 排水设施应满足工程降水最大出水量的需求,并保障排水的顺畅。

(3) 应尽量缩短降水井与排水设施之间的距离,减少降水井排水的沿程水头损失,降低抽水设备的扬程消耗。

(4) 合理布设降水井位置,使坑内降水井位置尽量便于基坑土方开挖。

(5) 对于降压井应搭设辅助管理平台进行保护。辅助平台的搭设通常位于混凝土支撑上,便于行走。

(6) 降水运行前应做好降水供电系统,配备独立的电源线。

(7) 所有抽水井应在供电电箱插座、抽水泵电缆插头及排水管上做好对应的标示,并在每次发生变动时进行相应的标示变更,便于抽水运行管理;供电电箱应定期进行检查并备有检查记录。

(8) 降水正式运行前降水工人应熟悉水泵开启、电路切换,以确保降水连续进行,避免因供电原因造成井底突水。

(9) 降水前各降水井均应测量其井口标高、静止水位并进行相关记录。

(10) 正式降水前必须进行试运行,进一步检验供电系统、抽水设备、排水系统及应急预案能否满足降水要求;试运行结果进行记录并备案,根据试运行结果,对于无法满足降水要求的部分进行相应整改。

(11) 疏干井应成井一口投入降水运行一口,并尽可能保证在基坑正式开挖前20d抽水,确保能及时疏干基坑开挖范围内土体并降低其水位在当前开挖面以下1m。

(12) 抽水过程中各应做好抽水井流量及观测水位观测数据记录；抽水井应均安装流量表进行流量测量；降水井水位观测利用布置的各层的观测井。

(13) 降压工作应经设计验算并发出停抽指令后方可停止，一般在基坑底板全部施工完毕强度到达时方可考虑停止。

2.3 临江敏感环境超深圆形风井高压旋喷加固施工技术

2.3.1 注浆加固理论研究

通过相关资料调研及相似工程现场考察，目前国内常用的注浆止水加固工艺主要有五种：①袖阀管注浆；②搅拌桩；③后退式深孔注浆；④WSS工法；⑤旋喷桩。

(1) 袖阀管注浆：袖阀管工艺由于浆液压力较小，且注浆时需冲开阻塞，极可能导致注浆效果不理想，不适合大面积的地下水处理施工，会形成只在阻塞部位形成部分止水加固体。图2-8为天津某工程端头加固案例。

图2-8 天津某工程端头加固案例（袖阀管注浆）

(2) 搅拌桩：搅拌桩是利用钻机搅拌土体把固化剂注入土体中，并使土体与浆液搅拌混合，浆液凝固后，便在土层中形成一个圆柱状固结体。搅拌桩一般适用于淤泥、黏土、砂层，根据南昌地铁1号线七标SMW工法三轴搅拌桩施工经验，南昌砂砾石地层中最大成桩深度为25m左右，纬三路项目止水帷幕加固深度45m，受机械功率限制，搅拌桩机在此卵石层中搅拌能力有限，所以搅拌桩工艺不适用于本工程。

（3）后退式深孔注浆：深孔注浆属于渗透注浆，会在地层中形成小范围的脉络式加固，无法形成有效的止水层厚度。图 2-9 为（长沙某工程案例）。

（4）WSS 工法桩：WSS 工法为双重管 AB/AC 无收缩注浆液，浆液凝结时间较短，无法形成有效的扩散半径，容易形成渗漏点，后期开挖施工风险大。

（5）旋喷桩：高压喷射注浆对土体进行改良，土体经过高压喷射后，由原来的松散状态变成圆柱体、板壁形或扇形固结体，并且具有良好

图 2-9　长沙某工程深孔注浆施工案例

的强度、抗渗性、耐久性。一般来说，旋喷桩对于 $N<15$ 的砂性土、$N<10$ 的黏性土，以及不含或含少量砾石的填土加固效果较佳。旋喷注浆由于可以保证注浆的压力和浆液用量，通过相关资料调研及相似工程现场考察，高压旋喷注浆法常用于基坑加固施工，本工程采用该方法。

南京纬三路过江通道工程设计为 $\phi1200@900\,mm$ 三重管高压旋喷桩，地连墙内侧 3m 及外侧 3.6m 加固深度为 36.5m；盾构机穿越两侧 10.5m 范围内加固深度为 45.898m，为目前国内符合地质条件下的最高水平，主要目的是确保地连墙成槽、止水及盾构穿越区的地基加固。旋喷桩布置如图 2-10 旋喷桩大样图。

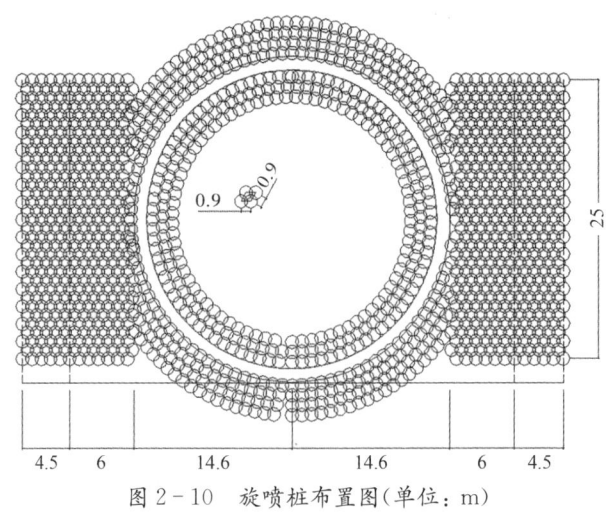

图 2-10　旋喷桩布置图（单位：m）

地基加固旋喷桩加固后土体 28d 无侧限抗压强度 $q_u \geqslant 1.0$ MPa，且应具有很好的均匀性，土体渗透系数需小于 10^{-6} cm/s。高压喷射浆液采用 42.5 级普通硅酸盐水泥，高压水压力应大于 20 MPa。

2.3.2 现场试桩

为了使盾构稳定穿越自稳能力差、透水性墙的松散砂土和饱和含水黏土地段，防止在砂土层地连墙成槽过程中出现塌孔；尽量减小盾构机切削地连墙时，地连墙与土层刚度差异较大对盾构机姿态控制造成的不利影响，在止水帷幕正式施工前展开试桩工作。试桩过程中采用了三组参数，其中气压均控制在 0.7 MPa，水及泥浆分别采用 35 MPa、25 MPa、32 MPa、22 MPa、30 MPa、20 MPa，表 2-4 为试桩工艺参数表。

表 2-4 试桩施工参数表

日期	桩号	浆压	水压	气压	提升速度
8月6日	9	25	35	0.7	15 cm/min
8月7日	5	20	30	0.7	11 cm/min
8月8日	4	25	35	0.7	12 cm/min
8月9日	1	25	35	0.7	12 cm/min
8月11日	7	20	30	0.7	10 cm/min
8月13日	8	22	32	0.7	12 cm/min
8月14日	3	22	32	0.7	14 cm/min
8月15日	6	20	30	0.7	16 cm/min
8月16日	2	22	32	0.7	12 cm/min

采用大直径旋喷共 4 根，桩径 1200 mm、搭接 300 mm、中心间距 900 mm，加固深度 24～30 m，有效桩长 6 m，浆液压力大于等于 40 MPa（±2 MPa）、高压水压力 20 MPa（±2 MPa）、空气压力 0.7～1.05 MPa、空气流量 3.0～7.0 m³/min、喷射提升速度 40～45 min/m（图 2-11）。

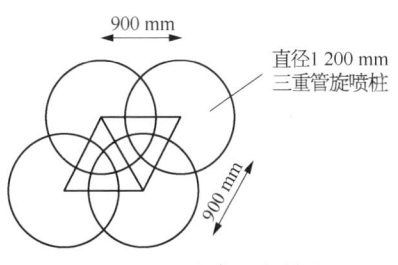

图 2-11 旋喷桩大样图

现场开挖表明,本次试验成桩效果较好,桩体的强度、直径、咬合均达到设计要求,建议采用的施工参数为:水压>30 MPa;浆压20 MPa;钻杆旋转速度15 r/min;钻杆提升速度根据每米747 L浆液计算,视高压注浆泵能力而定,保证每提升1 m,注浆泵注浆量为747 L浆液,消耗水泥不小于564 kg。图2-12和图2-13为开挖情况及现场取芯监测照片。

图2-12 现场试桩

图2-13 取出芯样

2.3.3 高压旋喷加固施工工艺

1) 施工参数确定

通过试桩确定施工参数,浆液采用P.O42.5R级普通硅酸盐水泥,水灰比1∶1,浆液比重1.51,每米桩体水泥掺量按每延米桩体质量的27%计算,见表2-5。

表2-5 三重管双高压施工参数表

项　目		参数
旋喷速度(r/min)		11～18
提升速度(mm/min)		70～300
高压泵	压力(MPa)	不小于30
	流量(L/min)	100～150
	喷嘴直径(mm)	ϕ1.8

(续表)

项 目		参数
空压机	压缩空气(MPa)	0.7
泥浆泵	压力(MPa)	20~25
	流量(L/min)	70~100

2) 施工工艺流程

图 2-14 为喷桩施工工艺流程图。

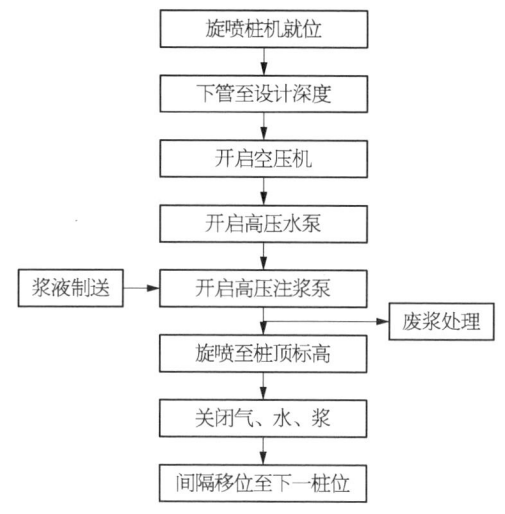

图 2-14 旋喷桩施工工艺流程图

(1) 场地平整。按照设计要求进行场地回填,并且按照施工布置图进行平面布置,考虑一定的坡度便于施工过程中泥浆、降水等的排放。

(2) 测放桩位。施工前用全站仪测定旋喷桩施工的控制点,控制点布设于非施工区域,并设置半永久性标志,经过复测验线合格后,用 50 m 钢尺和测线实地布设桩位,桩孔中心偏差应小于 5 cm,在施工中要不断复核偏心情况,确保桩位无误。喷管的喷头对准桩位标志中心,垂直度误差不超过 1%,对中误差小于 2 cm。

(3) 试喷。喷头进入地面后先泵送少量浆液至钻头出浆口,边旋转下钻边喷浆。由于旋喷深度较大,需接长喷管,故下放 9 节喷管后停止喷浆,同时迅速接长喷管,直至达到设计标高。旋喷结束后,喷头在原地旋转 15 s,再按设计速度均匀提升至设计停浆面,喷浆量要严格根据电机调速器进行均匀调整。旋喷过程中每次拆除喷管时,喷头向下放 10 cm 后再进行提升。

(4) 回灌。为保证桩体长度和施工质量,在风井地基处理中采用空桩法和喷至地面回灌两种方式,其中空桩法采取喷管向上多提升 30 cm 的方法来保证有效桩长。旋喷至地面的桩体用按设计配比拌制的泥浆回灌 1~2 次,进一步充填桩身回落部分。

(5) 设备移位。采取跳打方式,一根桩施工结束后,将机架至少间隔两个桩位移动,重复以上施工方法。

(6) 跳打。为防止孔间串浆,一根桩施工结束 24 h 后至少间隔 2 个桩位跳打施工其他桩。

2.3.4 高压旋喷加固施工质量控制

1) 质量控制标准

高压旋喷桩处理地基属于隐蔽工程,操作人员在施工过程中必须熟知施工工序和施工参数,协同配合,随时根据土层异常情况进行施工处理和调整施工部参数,保持施工的连续进行,这也是控制成桩质量的关键。成桩后,要用科学合理的方法检验效果。施工质量控制标准见表 2-6。

表 2-6 施工质量控制标准

项　　目	控制标准
桩体垂直度偏差(%)	<1
孔位(mm)	≤20
注浆管插入深度(mm)	≥300
提升时注浆搭接长度(mm)	≥100
桩孔孔径偏差(mm)	≤20
水泥浆配比	按设计值用比重计检查
冒浆量	≤注浆量的 20%
浆液搅拌时间(min)	≥5
浆液待喷时间(min)	≤30
加固后土体强度	28 d 无侧限抗压强度≥1 MPa

2) 质量控制措施

(1) 固结体强度均匀,水泥采用 P.O42.5R 级普通硅酸盐水泥,且必须有出厂质保书、准用证,并经化验验收合格后方可使用。喷浆前,先进行压降压气试验,一切正常后方可严格按设计水灰比进行配料,在进入储浆筒之前用 0.85mm 筛网清除浆液中的结块和杂物,并保证水泥浆不发生离析。在喷射过程中要不断根据固结体的形态和均匀程度调整喷射转速、喷嘴提升速度和喷射压力;固结体在淤泥层易出现颈缩部位,应进行定位旋转喷射或者复喷以便扩大桩径。复喷时桩机下沉至停浆面下 0.5m,待恢复供浆后再喷浆提升,以保证加固范围内每一深度均得到充分搅拌。

(2) 冒浆处理。冒浆是指在喷浆过程中,部分浆液沿着注浆管管壁冒出地面,同时带出一定数量的土颗粒。通过观察冒浆所带出土颗粒、水和浆液的情况了解土层状况和旋喷效果,并核实旋喷是否合理。根据工程经验,冒浆量小于注浆量 20% 为正常现象,超过 20% 或完全不冒浆时应查明原因,并采取相应的处理措施。冒浆量过大主要是注浆量大大超出喷浆固结所需浆量所致,需要采取更换侧口式喷头减小出浆口孔径,提高喷射压力,加快提升和旋转速度,使注浆量和固结体所需量相当;控制水泥浆液配合比,并掺入适量速凝剂,缩短浆液凝固时间。

(3) 固结体顶部下凹。由于水泥浆液具有析水性,浆液与土拌和后产生一定的收缩,在旋喷桩体顶部产生凹洞,其深度与地层特性、浆液析水性程度、桩体直径和长度等因素有关。一般采取以下方法对其进行控制:在旋喷时使桩体顶部长度大于设计值 0.5~1m,固结后再按设计长度去除多余部分,按照桩体设计长度进行施工,再将桩体顶部凿去,然后用混凝土或在此注浆填补凹洞;在旋喷注浆完成后在桩体顶部 0.5~1m 范围内向下钻进 1m 左右,原位提杆注浆复喷一次加强。

2.3.5 高压旋喷加固施工质量检测

该工程施工完成 1402 根旋喷桩,待旋喷桩成桩 28d 后,委托检测单位抽取 15 根桩进行桩体钻孔取芯,进行无侧限抗压强度检测,低应变动力完整性检测和桩头开挖检测。经检测桩体垂直度较好,桩径均达到或超过设计值,桩间没有明显的分界线,咬合较好,无断桩漏桩现象,桩土固结较好,呈柱状,完整连续,水泥含量高,无侧限抗压强度均大于设计值 1MPa。

在后续施工过程中对盾构穿越梅子洲风井围护结构的施工全过程进行了

监测分析,得到围护结构的整体收敛变形均不大,进洞穿越测点的最大变形为 1.47 mm,出洞穿越测点的最大变形为 3.3 mm,进洞半圆测点的最大变形为 2.6 mm,都远小于规范规定的累计变形不超过 30 mm 的要求;盾构进出洞穿越围护结构各测点的最大变形速率在 0.65～1.5 mm/d,在临界变形速率 2～3 mm/d 范围内,满足安全要求。

2.4 临江敏感环境超深圆形风井可切削地连墙施工技术

地下连续墙是深基坑工程中采用的一种围护结构,采用挖槽机械,沿着深开挖基坑工程的周边轴线,在泥浆护壁条件下,开挖出一条狭长的深槽,清槽后,在槽内吊放钢筋笼,然后用导管法灌注水下混凝土筑成一个单元槽段,如此逐段进行,在地下筑成一道连续的钢筋混凝土墙壁,作为截水、防渗、承重、挡水结构。两相邻单元槽段之间要建立槽段接缝。

2.4.1 可切削地连墙可行性研究

地下连续墙的施工接头一般分为两种:一种是柔性接头,特点是抗剪、抗弯能力较差,而且具有较为通畅的渗水通道,如锁口管接头、钢筋混凝土预制接头、V形钢板接头;另一种是刚性接头,特点是可以传递槽段之间的竖向剪力,而且具备良好的止水性能,如工字钢接头、十字钢板接头等。传统的十字钢板接头是用 10 mm 左右厚的钢板,在现场焊接成十字形,与先期槽段钢筋笼端部的水平筋焊接成为一体,整体吊装下放到已经开挖好的槽段中。由于地下连续墙部分位于盾构穿越范围内,如果采用此种接头,盾构机掘进时要采用人工凿除的方法将盾构穿越范围内地下连续墙混凝土和钢筋、十字钢板全部割除,一般采用乙炔-氧气切割,但这种方法费时、费力、不经济,而且可能导致土砂、地下水从凿除位置涌出。

本工程为正二十四边形壁厚 1200 mm 的地下连续墙,采用 C35 水下混凝土,抗渗等级 P10,导墙采用 C25 混凝土。钢筋采用 HPB235、HPB335,盾构穿越区采用玻璃纤维筋(GFRP 筋),共 24 个槽段,接头为径向。其中,标准幅 BZF-1～BZF-14 共计 14 幅,特殊幅 TSF-1～TSF-10 共计 10 幅,盾构穿越区全部位于特殊幅内,特殊幅包括由若干依次相连接的单元槽段,每个单元槽段包括由若干玻璃纤维筋连接形成的玻璃纤维筋笼、灌注在玻璃纤维筋笼上的混凝土墙体,相邻两个单元槽段内的玻璃纤维筋笼之间通过十字钢板接头相连接,玻璃纤维板中的树脂为环氧树脂。图 2-15 为玻璃纤维筋接头立体示意图。

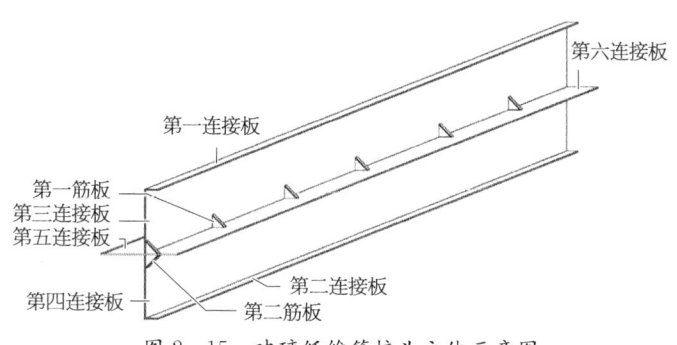

图 2-15 玻璃纤维筋接头立体示意图

采用玻璃纤维筋笼结构的地连墙满足施工接头的受力和止水要求。同时在盾构掘进时不用人工拆除,盾构机刀盘可以直接将其破碎、切削,通过环流系统排出。

考虑到风井处地层分布较为复杂,且基坑平面呈圆形,具有良好的空间力学效应,采用基坑工程计算常用的平面杆系有限元法难以反映其真实的受力状态;而复杂的工程地质及水文地质条件使得连续介质有限元法所需本构模型及相关参数难以确定,计算结果与实际情况存在较大出入。因此,在计算时采用基于规范的三维板壳-弹簧有限元法,结构构件为板壳和梁组成的空间结构,将维护结构和支撑视为一体,对挡土结构进行整体计算,假定主动侧土压力已知,被动土压力用土弹簧体现。通过在外侧迎土面施加不同的外力边界和逐次移除内侧开挖面各土层土弹簧单元实现开挖过程的模拟。地下连续墙采用 S4 壳单元,支撑、围檩、冠梁均采用 B31 梁单元,内衬墙及地板也采用 S4 壳单元,连续墙分幅之间采用连接单元连接。

根据实际情况,连续墙底部采用竖向约束,地连墙外部施加主动水土压力,根据土层的渗透性分级分别采用水土分算或水土核算,内部有水荷载时施加径向水压力。基坑内部采用法相弹簧约束,根据勘察报告提供的地基抗力系数确定,当模拟地连墙内部土体开挖时,采用释放弹簧的方式实现。

1) 地连墙变形

梅子洲风井的地下连续墙在开挖完成和坑内排水后的变形如图 2-16 所示。左图是连续墙开挖完成后的径向变形计算结果,由于开挖过程中风井内部水面比坑外地下水位要高,抵消了坑外的水压力,且由于梅子洲风井连续墙由24幅组成,整体性很好。因此,风井连续墙在开挖完成后的变形值很小,最大变形值不足1 mm,开挖地面附近的变形最大。右图是连续墙在坑内排水后的径向变形计算结果,待水下浇筑的地板和C20素混凝土达到设计强度后,将坑内水体排出,这时连续墙的变形增大,最大变形值为1.3 mm,出现在第三道环梁的深度。

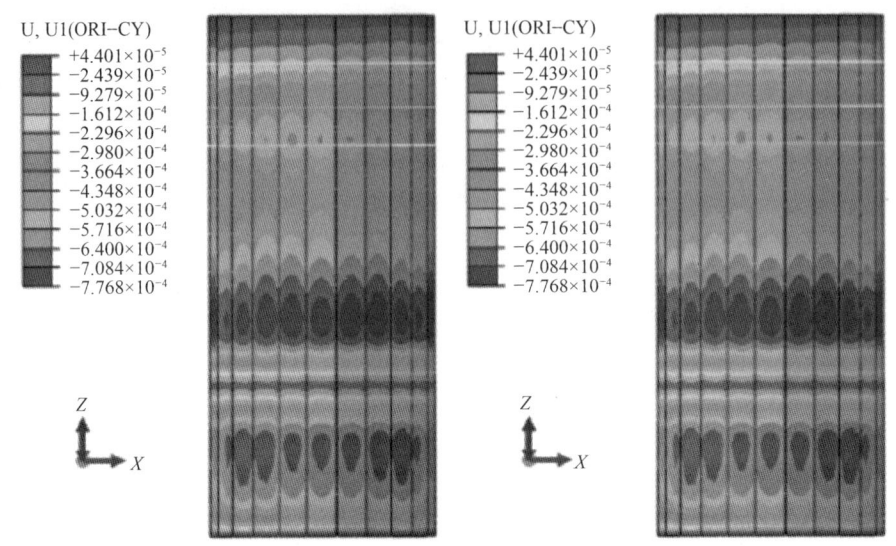

图2-16 连续墙径向变形

2) 地连墙受力

地下连续墙在开挖完成和坑内排水后的竖向弯矩如图2-17所示。左图是开挖完成后地下连续墙的竖向弯矩计算结果,其中正弯矩表示连续墙外侧受拉,负弯矩表示连续墙内侧受拉,最大正弯矩为489 kN·m,出现在基坑开挖底面附近;最大负弯矩为-200 kN·m,出现在开挖底面上下一定高度范围。右图是坑内排水后地下连续墙的竖向弯矩计算结果,由于底板浇筑后与地连墙形成共同支护体系,连续墙的最大正弯矩有所减小,为465 kN·m,仍出现在基坑开挖底面附近;而随着坑内水的排出,上部连续墙承受在外部水压力作用下变形增大,负弯矩也相应增大,最大为-333 kN·m,出现在连续墙上部第三道环梁的位置。

3) 地连墙厚度

地连墙的厚度决定了支护体系的刚度,是影响支护结构稳定的最主要因素。同时地连墙的厚度也决定了施工用料的多少,地连墙开槽的速度和机械

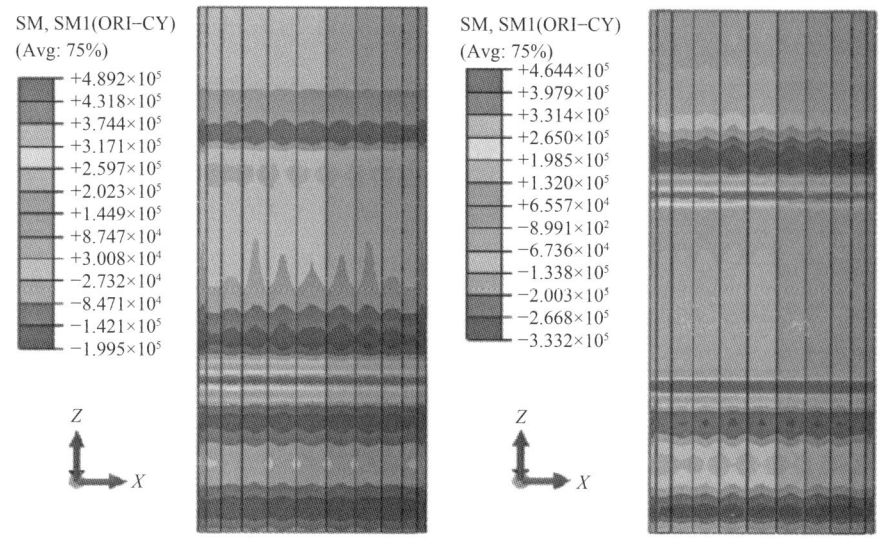

图 2-17　连续墙竖向弯矩

的选用。为了研究地连墙厚度对支护结构的影响采用控制变量法，在其他因素不变的情况下只改变墙体厚度，分别取 600 mm、800 mm、1 000 mm、1 200 mm、1 400 mm、1 600 mm、1 800 mm 一共 7 种不同厚度的墙体进行数值模拟计算，绘制地连墙最大位移与厚度关系曲线如图 2-18 所示。

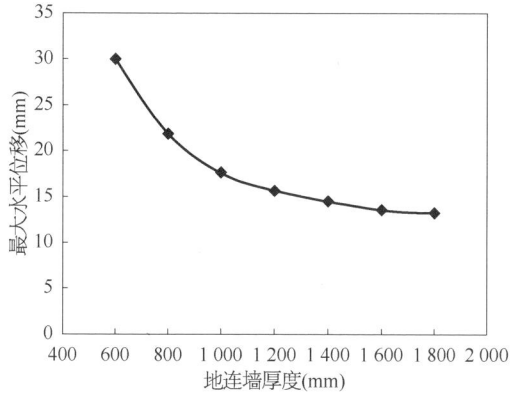

图 2-18　地连墙最大位移与厚度关系曲线

由图 2-18 可以看出，地连墙厚度变化对地连墙的水平位移量有显著的影响，地连墙的水平位移随着其厚度的增大而减小。结果表明在地连墙厚度在 600 mm 到 1 000 mm 之间变化时，地连墙的水平位移最显著。这个区间地连墙厚度增大 0.4 m，地连墙最大水平位移量减小 12.4 mm。随着地连墙厚度的继续增大,地连墙位移继续保持减小的趋势,但是其速率在不断减小。当地连墙厚度从1000 mm增加到1400 mm时,地连墙厚度增加0.4 m,地连墙最大水平位移减少了3.2 mm。当地连墙厚度从1400 mm增加到1800 mm时,同样是加厚0.4 m,地连墙最大水平位移却只减少了2.2 mm。另外在地连墙厚度较小时,其支护刚度相应减小,在支撑处其变形曲率较大,会产生较大的应力集中,不利于地连墙的结构稳定。

因此,在深基坑地连墙设计中,保持一定的地连墙厚度有利于控制变形,但是利用增大厚度来控制变形也有一个限度,当厚度达到一定条件下,地连墙的位移减小非常有限,反而会增加施工难度,增加工程预算。

2.4.2 槽幅间连接技术

1) 槽段划分

为了适应设备的单位开挖长度综合并考虑围护结构受力情况,对原设计槽段重新划分如图2-19所示。重新划分后的槽段分幅采用V形折线幅,十字钢板接头。平面布置形式为正二十四边形,V形折线幅,折线幅两直线间夹角为165°,每幅段地连墙中心线长度为2×1843 mm,共计24幅。

本工程将最终划分的24幅槽段分为两个首开幅,按逆时针方向进行施工。

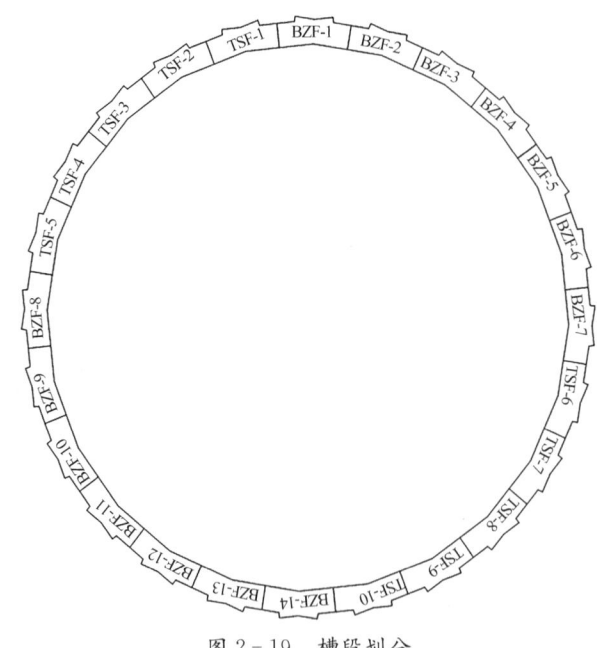

图2-19 槽段划分

用抓斗挖槽时,要使槽孔垂直,必须使抓斗在吃土阻力均衡的状态下挖槽,即保证抓斗两边的斗齿都吃在实土中或抓斗两边的斗齿都落在空洞中,根据这个原则,单元槽段的挖掘顺序为先采用液压抓斗沿一侧开挖线挖掘,再采用旋挖钻沿另一侧开挖现成孔,最后采用液压抓斗施工中间剩余土体,如图2-20所示,首开槽段第一抓根据接头形式外放40 cm,使用液压成槽机进行抓挖,而后以槽段另外一端分幅线的中心为旋挖钻中心引孔,引孔完成后进行再利用成槽机抓取槽段内剩余土体。顺接槽段、闭合槽段在新成墙侧引孔,不需外放,其余同首开幅施工。现场成型导墙如图2-21所示。

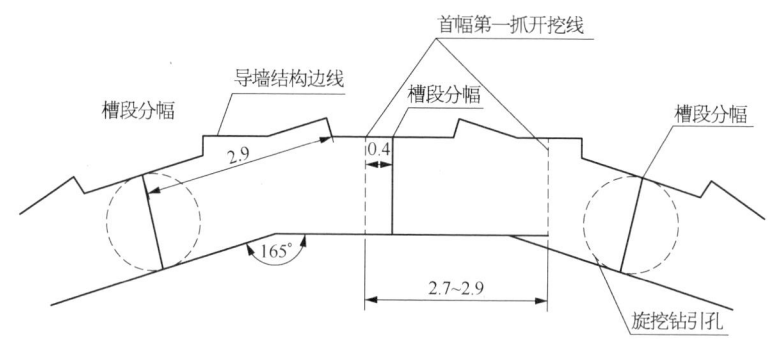

图2-20 槽段开挖(单位:m)

图2-21 现场成型导墙

抓斗出入导墙口时要轻放慢提,防止泥浆掀起波浪,影响导墙下面、后面的土层稳定。挖槽作业中要时刻关注侧斜仪器的动向,及时纠正垂直偏差。

单元槽段成槽完毕或暂停作业时,即令挖槽机离开作业槽段。

2) 钢筋笼及特殊幅盾构穿越区接头处理

将钢筋笼调整为每幅槽段一幅钢筋笼,避免卡、碰槽壁等风险。接头采用了自主研制的玻璃纤维板十字接头,满足了结构要求的同时保证了盾构的顺利穿越。

(1) 钢筋笼吊装。

经计算采取双机抬吊五点吊装、钢筋笼采用整体制作,分段吊装回直入槽的吊装方案,钢筋笼分为两节,分别为 35 m 和 26.902 m。主机选用 280 t 履带吊车,副机选用 150 t 履带吊车。

盾构穿越段的 GFRP 玻璃纤维筋采用自制托架,钢筋与 GFRP 筋的连接采用卡扣连接。结合玻璃纤维筋抗剪差、抗拉强度较好的特性,采用笼子与托架同时设吊点,托架先受力,待接近回直状态笼子开始受力,直至彻底竖直,笼子完全受力,托架与笼子分离并恢复起吊前状态,笼子入槽。

(2) GRPF 筋加工。

图 2-22 GFRP 筋

GFRP 筋(图 2-22)在工厂制作、加工成型后,在施工场地内进行安装、连接。其最长长度为 16.35 m,根据要求考虑其与钢筋搭接(图 2-23)长度 $50d$(d 为钢筋公称直径),则主筋最长长度为 19.55 m。其余 GFRP 筋如封口筋、桁架筋等在厂家进行弯折加工后在工地安装。

GFRP 筋之间采用 16♯ 铁丝绑扎牢固。十字钢板与玻璃纤维板采用 1.5 cm 钢板制作的连接板进行夹接,然后用 M16 螺栓固定(图 2-24)。GFRP 筋抗剪性能差,但重量较轻,结合江北工区的成功经验,利用托架进行吊装。

图 2-23 GFRP 筋与钢筋连接

图 2-24 玻纤板与钢板连接

(3) 接头处理。

设计在标准幅段采用了十字钢板接头,在特殊幅(含玻璃纤维筋段)采用沥青木丝板平接,为了增加接头刚度并更好地防水,决定采用玻璃纤维板制作成与十字钢板同样的形状,使盾构可以切削、掘进,同时玻璃纤维板的弯矩、剪力及水平抗拉强度均满足施工要求,其形式同十字钢板,实物如图 2-25 所示。

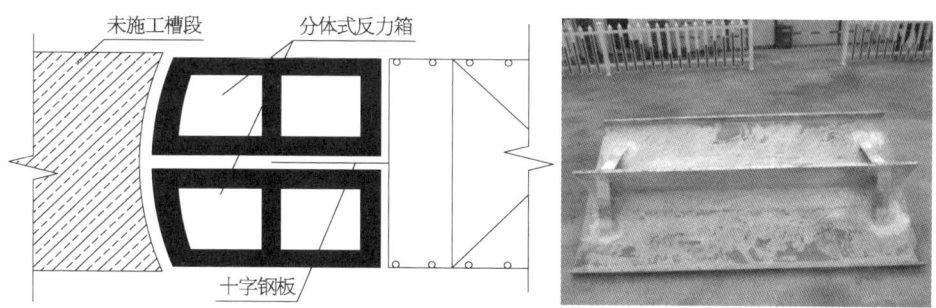

图 2-25 十字纤维板接头

2.4.3 可切削地连墙施工工艺

1) 施工放样

图纸提供的地下连续墙位置及尺寸关系,计算出地下连续墙中线各角点的坐标或与结构的位置关系,经复核无误后依据场内控制点实地放出地下连续墙的中轴线。考虑施工的水平误差和垂直误差的影响,并结合围护结构的最大水平位移进行外放,为防止侵入结构主体内部地下连续墙外放尺寸为 10cm。

2) 泥浆工艺

泥浆主要是在地连墙挖槽过程中起护壁作用,泥浆护壁技术是地下连续墙工程基础技术之一,其质量好坏直接影响到地下连续墙的质量与安全。地下连续墙成槽过程中,不间断地向槽中供给优质泥浆是保持开挖沟槽壁的稳定、碴土悬浮置换的必要准备。

(1) 泥浆拌制配合比及各阶段性能指标。本工程新浆采用优质的膨润土、高浓度 CMC 和自来水作原材料,按试验确定的配合比配制,其配合比见表 2-7。施工过程中如果上述泥浆指标不能满足槽壁土体稳定,通过试验室现场采样测试后,重新对泥浆指标进行调整。泥浆配制、管理性能指标详见表 2-8。

表2-7 新制泥浆配合比（1 m³ 浆液）

膨润土品名	材料用量(kg)			
	水	膨润土	CMC	其他外加剂
人工钠土	960	140	3	适量

表2-8 泥浆配制、管理性能指标

泥浆性能	新配制	循环泥浆	废弃泥浆	检验方法
比重(g/cm³)	1.05~1.10	<1.15	>1.25	比重计
黏度(s)	20~24	<35	>50	漏斗计
含沙率	<4	<7	>8	洗沙瓶
pH 值	8~9	>9	>14	试纸

（2）泥浆的制作。根据现场场地条件，设置 20 m×8 m×3 m 泥浆池，泥浆池使用中隔墙隔设成搅拌池、储浆池、沉淀池、废浆池。搅拌前先做好药剂配制，CMC 液对高黏度泥浆的配制浓度为 1.5%。搅拌时先将水加至 1/3，再把 CMC 粉缓慢撒入，用软轴搅拌器将大块 CMC 搅拌成小颗粒，继续加水搅拌。拌制好的 CMC 液静置 6 h 后方可使用。泥浆搅拌前先将水加至搅拌桶 1/3 后开动搅拌机，在定量水箱不断加水同时，加入膨润土、纯碱液，搅拌 3 min 后，加入 CMC 液继续搅拌。搅拌好的泥浆应静置 24 h 后使用。以便膨润土颗粒充分水化、膨胀，确保泥浆质量。

（3）泥浆循环。泥浆循环系统布置如图 2-26 所示。泥浆在槽内所处的位置不同，受污染的程度也不一样，槽段开挖施工中要注意观察泥浆质量的变化情况，取出沟槽内不同深度（一般 3~5 m 一点）的泥浆测试比重、黏度、含砂率、pH 值等，当 pH 值达到 11 时，回收至循环沉淀池，pH 值小于 11 时，可经再生处理后重复使用。泥浆再生处理工艺流程如图 2-27 所示。

3）成槽工艺

（1）导墙施工。导墙设计采用双"⌐ ⌐"形现浇钢筋混凝土，导墙内侧净宽度比连续墙宽 40 mm，导墙厚 200 mm、深度 2.0 m，其顶部高出原地面 100 mm，采用 $\phi14@200$ mm 钢筋，混凝土标号为 C25，保护层厚度为 30 mm。导墙平面及横断面结构设计如图 2-28 所示。

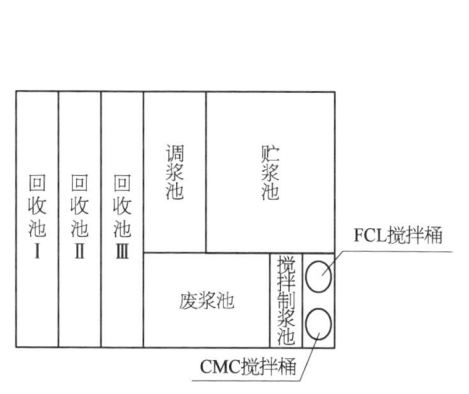

图 2-26 泥浆循环系统布置图

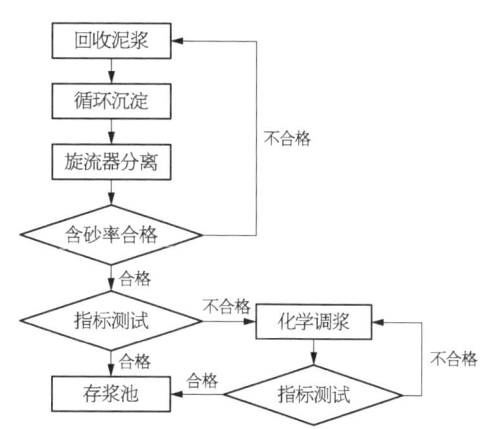

图 2-27 泥浆再生处理工艺流程图

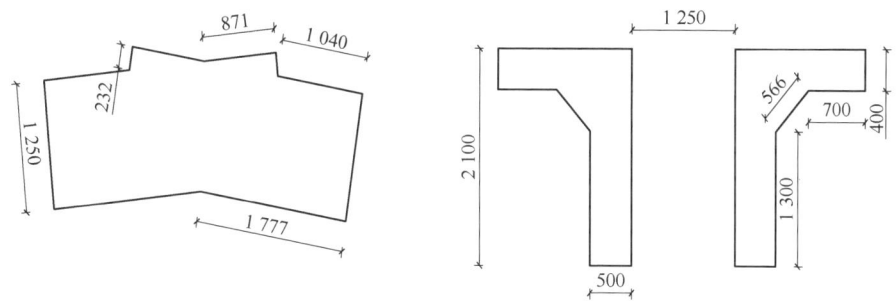

图 2-28 导墙布置示意图（单位：mm）

（2）槽段开挖。由于本工程连续墙全部为V形槽段，在先行幅开挖成槽时需搭配一台SH30旋挖钻机配合施工成槽（图2-29），本工程先行幅第一抓为单孔，第二抓由于一边为原状土，第二抓开挖时不能保证成槽垂直度，需在第二抓用SH30旋挖钻引孔至槽底，再用成槽机开挖第二抓，以保证成槽的垂直度（图2-30）。

图 2-29 旋挖引孔

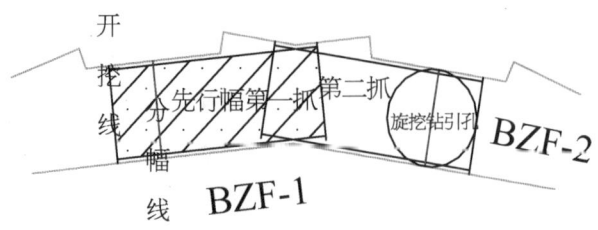

图 2-30　槽段开挖示意图

(3) 成槽垂直度控制。成槽前,利用车载水平仪调整成槽机的平整度。成槽过程中,利用成槽机上的垂直度仪表及自动纠偏装置来保证成槽垂直度,成槽垂直精度不得低于设计要求,接头处相邻两槽段的中心线任一深度的偏差均不得大于槽深×垂直度 1/500 的结果数值。

(4) 成槽挖土冲击顺序的确定。单元槽段均采用先两侧后中间的顺序。先挖槽段两端的单孔,或者采用挖好第一孔后跳开一段距离再挖第二孔的方法,使两个单孔之间留下未被挖掘过的隔墙,这就能使抓斗在挖单孔时吃力均衡,可以有效地纠偏,保证成槽垂直度(图 2-31)。

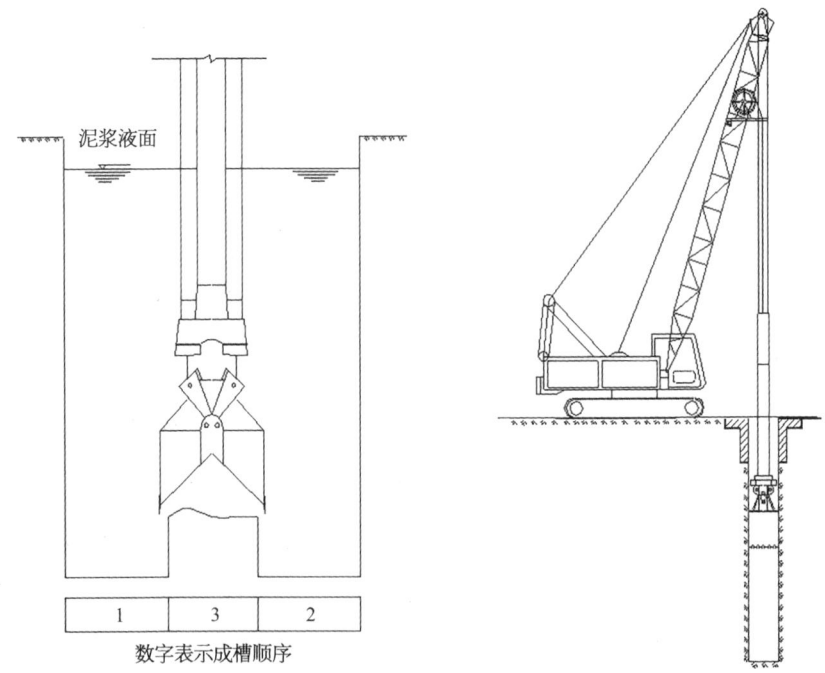

图 2-31　成槽示意图

先挖单孔，后挖隔墙。因为孔间隔墙的长度小于抓斗开斗长度，抓斗能套住隔墙挖掘，同样能使抓斗吃力均衡，有效地进行纠偏，保证成槽垂直度。

待单孔和孔间隔墙都挖到设计深度后，再沿槽长方向套挖几斗，把抓斗挖单孔和隔墙时，因抓斗成槽的垂直度各不相同而形成的凹凸面修理平整，保证槽段横向有良好的直线性。

在抓斗沿槽长方向套挖的同时，把抓斗下放到槽段设计深度挖除槽底沉渣。

(5) 成槽。挖槽过程中，抓斗入槽、出槽应慢速、稳当，根据成槽机仪表显示的垂直度及时纠偏。挖槽时，应防止由于次序不当造成槽段失稳或局部坍落，在泥浆可能漏失的土层中成槽时应有堵漏措施，储备足够的泥浆。

(6) 槽段土方外运。每台成槽机配备两辆 $8 m^3$ 的短驳车将成槽土方转运至指定堆土场。

(7) 槽深测量及控制。槽深采用标定好的测绳测量，每幅根据其宽度测 2～3 点，同时根据导墙标高控制挖槽的深度，以保证设计深度。

(8) 刷壁。刷壁工具使用特制刷壁器，刷壁必须在清孔之前进行。为提高接头处的抗渗及抗剪性能，在连续墙接头处对先行幅墙体接缝进行刷壁清洗；反复刷动 5～10 次，直到刷壁器上无泥为止。

(9) 清底(清理残渣)。清底开始时间：由于泥浆有一定的比重和黏度，土渣在泥浆中沉降会受阻滞，沉到槽底需要一段时间，因而采用沉淀法清底要在成槽(扫孔)结束 2 h 之后方可开始，采用液压抓斗直接挖除槽底沉渣。

4) 钢筋笼吊放

(1) 加工平台。

根据成槽设备的数量及施工场地的实际情况搭设 1 个钢筋笼制作平台，现场加工钢筋笼，平台采用 10♯槽钢制作，用水准仪校平，钢筋笼平台使用全站仪放样，以保证钢筋笼平台四个角均为直角。为便于钢筋放样布置和绑扎，在平台上根据设计的钢筋间距、插筋、预埋件及钢筋接驳器的位置画出常用的控制标记，以保证钢筋笼和各种埋件的布设精度。

(2) 钢筋笼制作。

钢筋笼制作时，预埋件、测量元件位置要准确，并确保留出导管位置，钢筋保护层垫块用 5 mm 厚钢板制成，垫块水平间距为 2～2.5 m、纵向间距为 3 m。钢筋焊接前必须根据施工条件进行试焊，合格后方可施焊。除结构焊缝需满焊及四周钢筋交点需全部点焊外，其余交点可采用 50% 交错点焊，钢筋笼不得发生散笼变形。钢筋的接头应错开，在同一连接区段内接头的面积百分率不大于50%。采用焊接接头时,连接区段的长度为35d(d为纵向受力连接钢筋的较大直径)且不小于500 mm。钢筋焊接接头长度为:单面焊10d,双面焊5d。钢筋连接时直径不同者,取较大钢筋直径。预埋件和钢筋连接器位置标高务求准确,预埋连接器位置标高偏差不大于±10 mm,为确保使用时连接器数量足够,质量完好,应根据不同情况酌情多放5%左右连接器,且每一个连接器都应质量可靠,丝扣涂油后加盖密封。

5) 钢筋笼吊装

(1) 吊装方法。钢筋笼吊放采用双机抬吊,空中回直。以300 t作为主吊,一台150 t履带吊机作副吊机。起吊时必须使吊钩中心与钢筋笼重心相重合,保证起吊平衡。主吊机用18 m(起吊绳)+12 m(连接绳)长的钢丝绳,副吊机用16 m和12 m长的钢丝绳。

钢筋笼吊放具体分六步:

第一步:指挥300 t、150 t两吊机转移到起吊位置,起重工分别安装吊点的卸扣。

第二步:检查两吊机钢丝绳的安装情况及受力重心后,开始同时平吊。

第三步:钢筋笼吊至离地面0.3~0.5 m后,应检查钢筋笼是否平稳,后300 t起钩,根据钢筋笼尾部距地面距离,随时指挥副机配合起钩。

第四步:钢筋笼吊起后,300 t吊机向左(或向右)侧旋转、150 t吊机顺转至合适位置,让钢筋笼垂直于地面。

第五步:指挥起重工卸除钢筋笼上150 t吊机起吊点的卸甲,然后远离起吊作业范围。

第六步:指挥300 t吊机吊笼入槽、定位,吊机走行应平稳,钢筋笼上应拉牵引绳,下放时不得强行入槽(图2-32)。

(2) 吊装要点:

钢筋笼制作前应核对单元槽段实际宽度与成型钢筋笼尺寸,无差异才能上平台制作。对于闭合幅槽段,应提前复测槽段宽度,根据实际宽度调整钢筋笼宽度。

钢筋笼必须严格按设计图进行焊接,保证其焊接焊缝长度、焊缝质量。

钢筋焊接质量应符合设计要求,吊攀、吊点加强处须满焊,主筋与水平筋采用点焊连接,钢筋笼四周及吊点位置上下1 m范围内必须100%点焊,其余位置可采用50%的点焊,并严格控制焊接质量。

钢筋笼制作后须经过三级检验,符合质量标准要求后方能起吊入槽。

图 2-32 钢筋笼吊放示意图

根据规范要求,导墙墙顶面平整度为 5 mm,在钢筋笼吊放前要再次复核导墙上 4 个支点的标高,精确计算吊筋长度,确保误差在允许范围内。

钢筋笼横向吊点设置:按钢筋笼宽度 L,吊点按 $0.207L$、$0.586L$、$0.207L$ 位置为宜。

在钢筋笼下放到位后,由于吊点位置与测点不完全一致,吊筋会拉长等,会影响钢筋笼的标高,为确保支撑加密区域的标高,应立即用水准仪测量钢筋笼的笼顶标高,根据实际情况进行调整,将笼顶标高调整至设计标高。

钢筋笼吊放入槽时,不允许强行冲击入槽,同时注意钢筋笼基坑面与迎土面,严禁放反。搁置点槽钢必须根据实测导墙标高焊接。

对于异形钢筋笼的起吊,应合理布置吊点的设置,避免挠度的产生,并在过程中加强焊接质量的检查,避免遗漏焊点。当钢筋笼刚吊离平台后,应停止起吊,注意观察是否有异常现象发生,若有则可立即予以电焊加固。

现场吊装如图 2-33 所示。

(a)

(b)

图 2-33　现场钢筋笼吊装

6）混凝土灌注

地下连续墙混凝土的设计标号为水下 C35 防水混凝土，抗渗等级为 P10。水下混凝土浇筑采用导管法施工，导管采用直径为 508 mm 的圆形法兰盘接头导管。地下连续墙水下混凝土浇筑如图 2-34 所示。

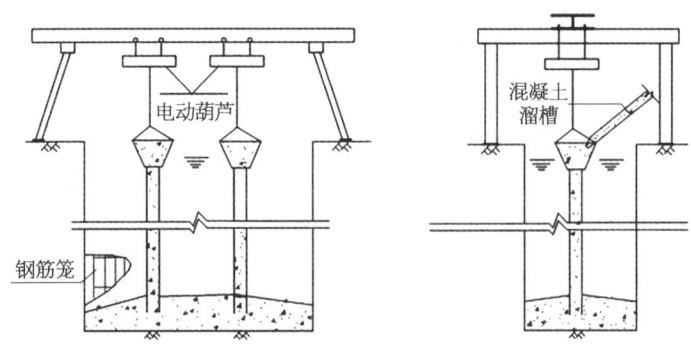

图 2-34　地下连续墙混凝土灌注示意图

（1）浇筑前先观察水位、检查槽深，判断有无坍孔，如有坍孔进行处理后再浇筑混凝土。

（2）根据施工情况预估所需混凝土方量，混凝土到场后先测试坍落度，并做好试块。坍落度的每幅墙一般测试 3 次，第一车进行一次，浇筑量的 1/3、2/3 时分别进行一次，如目测有明显变化时再进行加测。

（3）导管的连接和密封必须可靠，接头处和管壁严禁漏浆，导管使用前做密封试验，导管的组合由长短管组成，在导管上部组装 2 节短管，以便在开浇后不久就可拆除。浇筑前导管下口距离槽底应保持 30～50 cm,浇筑过程中导管埋深控制在 1.5～6 m,以防泥浆混掺或埋管。严禁将导管下口提出混凝土面或横向移动导管。

(4) 浇筑前每根导管一般备有 6 m³ 混凝土量。下料时先用隔水球胆将混凝土与泥浆隔开。在浇筑过程中要随时注意观察和测量槽内混凝土上升情况,上升速度不小于 2 m/h,每 30 min 测定一次混凝土面的深度,保证混凝土面高差控制在 50 cm 范围内。浇筑混凝土时,两个导管同时进行,混凝土车辆少时,可在两个导管间交替灌注,但两根导管处的混凝土面高差不得大于 50 cm。

(5) 浇筑中保持混凝土连续不间断,间歇时间一般不超过 40 min,并争取在开始浇筑混凝土 8 h 之内浇筑完毕。

(6) 浇筑混凝土时,孔口设盖板,以防杂物掉入槽孔内,不得将路面的混凝土扫入槽内,以免污染泥浆。

(7) 当混凝土浇筑到地下连续墙墙顶附近,因为混凝土冲击力小、下料慢,容易堵管,所以导管要勤提勤放。一面降低浇筑速度,一面将导管的埋深减为 1 m 左右,并将导管做上下运动,运动幅度不超过 30 cm。

(8) 为保证墙顶混凝土的质量,混凝土浇筑高度应比设计高度高 30～50 cm。使用线绳吊测混凝土顶面标高,以保证连续墙浇筑到设计标高。

(9) 整个混凝土灌注过程中,随时测量,做好混凝土面上升记录,防止堵管、埋管、导管漏浆和泥浆混掺事故的发生。至少每隔 30 min 测量一次槽孔内的混凝土面深度,并及时填绘混凝土灌注指示图,以便校对浇筑方量,并填写报验单呈送监理。

7) 接头箱起拔

接头箱采用吊车配合作业,分段拆卸。其时间以开始浇灌混凝土时制作的混凝土试块达到终凝状态所经历的时间为依据,严禁早拔、多拔。接头箱起拔后应及时清洗干净。接头箱起拔如图 2-35 所示。

8) 地下连续墙墙趾注浆

地下连续墙施工结束后,墙体强度达到一定强度后,可对墙底进行注浆,注浆作业宜于地连墙灌注后 2 d 开始,不宜迟于 30 d。注浆范围为地下连续墙下 1.5 m,注浆压力控制在 1.0～1.2 MPa。通过墙底注浆控制地下连续墙的竖向沉降。

(1) 注浆量。以该段最长地连墙进行计算,单幅地墙注浆量 3.4 t,浆液水

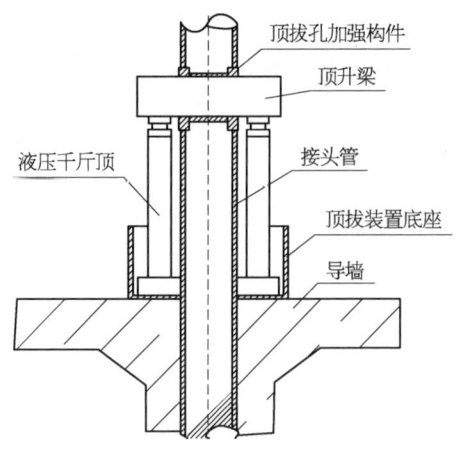

图 2-35 接头箱起拔示意图

灰比取 0.55,则共需浆液 2.98 m³。

(2) 注浆设备。设备选用注浆泵、浆液搅拌机和止浆塞等。注浆泵为注浆工作中的核心设备,选用可调注浆量和压力、自身控制与记录,并具有外形尺寸小、重量轻、性能好的机械。

(3) 注浆施工方法:

① 在地连墙钢筋笼制作时预埋注浆管,注浆管深入地连墙底 1.0 m(墙底没嵌岩),在墙底嵌岩槽段,注浆管深入到岩面以上 2 cm。地连墙强度形成后通过注浆管对地连墙底进行注浆。

② 清理注浆管。将注浆管与压降泵可靠连接,使用清水进行试压压力控制在 1.0~1.2 MPa。管路通畅后可进行压浆。

③ 配置水泥浆。根据施工用量随配随用。压浆时压力控制在 1.0~1.2 MPa,浆液流量控制为 7~10 L/min。

④ 终止注浆压力设置为 1.2 Mpa。当注浆总量和注浆压力均达到设计要求或注浆总量已达到设计值的 75%,且注浆压力超过设计值,可以终止注浆。

⑤ 使用木塞封闭注浆孔,进行下一孔施工。

第3章 圆形风井水下开挖及水下大体积混凝土封底施工技术

对开挖深度大、承压含水层厚度及埋深均极大而导致隔水帷幕难以穿透承压含水层的基坑工程,采用水下开挖方式可有效防止基底突涌的发生,并能改善围护结构的受力与变形状态,而水下封底混凝土的设置可承受坑底巨大的承压水压力,是确保工程实施的关键措施。

3.1 关键技术问题

3.1.1 超深圆形风井水下开挖施工难度大

南京纬三路过江通道梅子洲风井工作井基坑+8.00～−8.00 m土方开挖采用明挖顺作法施工,基坑内除圈梁外无其他支撑,对开挖施工较有利,基坑开挖采取竖向分层、水平分区分块,对称进行,快速开挖、及时封闭,保证地下连续墙的变形符合要求。在开挖至−8.0 m时开始进行基坑回灌,保证基坑内水位高于基坑外1.0 m以上,水下开挖采取分层、分块进行,直至开挖至基坑底部,开挖过程中保持坑内液面不变。

根据南京纬三路过江通道梅子洲风井特殊地理位置及水文地质条件,水下开挖主要存在以下重难点:

(1) 设备要求高。开挖设备全部采用自行设计制造,加工周期长,且设备几乎为高压作业,因此对设备的制造质量要求较高,最重要的是密封性要求必须良好,否则将直接影响开挖效率。

(2) 开挖深度深、面积大。采用圆形基坑形式,外径为29.2 m,内径为26.8 m,井口开挖面积达80.152 m²,开挖深度为46.5 m,底板埋深为21.2 m,风井中心处盾构隧道埋深23.4 m,属于超大、超深基坑工程,如何提高挖土效率是需要考虑的问题。

(3) 地下水位埋深浅。风井所在场地临近长江,地下水特别丰富,长江漫滩区地层存在孔隙潜水,粉细砂及卵砾石渗透性好,并且为承压水层,受长江水补给大,施工降水十分困难。

(4) 场地条件差。该地质以淤泥质黏土、粉质黏土夹粉砂、粉细砂及砾石~卵石为主,长江防洪子堤距离基坑中心不足 40 m,且双面临江、富水,场地狭小,施工材料、设备进出极困难,环境保护部门对施工要求特别高,施工条件差,作业难度高。

(5) 开挖深度及侧壁清理情况难以直接观察。开挖效果检测是本工序的难点,当坑底发生欠挖时,将导致底板结构尺寸不足、强度不满足设计要求;当坑底发生超挖时,轻则造成浪费,重则因地连墙有效插入深度减小而威胁基坑安全;当侧壁清理不净时,引起回填混凝土与围护墙之间形成夹泥,将会在盾构穿越及内部结构实施时形成渗水通道,影响施工安全。因此,如何进行水下坑底开挖深度及侧壁清理情况探测十分重要。

3.1.2　超深圆形风井水下混凝土封底技术要求高

本工程水下混凝土一次性连续浇筑最大方量,最底层钢筋混凝土封底高度等施工参数需在计算分析的基础上确定并根据实际施工情况进行试验调整;浇筑混凝土的导管直径、导管布置、导管提升速度等施工工艺都应该有全面的设计和掌握;另外,对工作平台、开挖设备、钢筋骨架刚度保证均需分析以保证施工顺利实施。由于国内类似工程曾出现过重大封底质量事故(如江阴大桥锚碇沉井等),因此如何成功进行水下封底也是水下大体积混凝土浇筑技术的关键技术问题之一。

水下大体积混凝土封底施工主要存在以下重难点问题:

(1) 混凝土方量大,施工机具非常规。水下混凝土灌注量大,工艺复杂、隐蔽,采取分层分步灌注、控制单次灌注方量和灌注间隔及导管提升高度等措施是水下混凝土灌注成功的关键。同时采用的混凝土施工机械如料斗、导管及施工平台等均属非常规机具,需特殊购置或自行制作。

(2) 施工场地狭小,场地内施工组织困难。梅子洲风井施工场地狭小,而混凝土连续灌注需求量较大,组织 50 辆车共 500 m³ 混凝土进行循环不间断供应,是保证施工质量的关键。

(3) 两种不同强度混凝土分层、连续浇筑。为满足后期盾构穿越需要,设计采用了两种不同强度 C35、C20 混凝土分层、连续浇筑,两种混凝土的调配、衔接施工十分重要。

(4) 交通条件差,混凝土供应困难。梅子洲地处江心洲,江心洲处于长江中心小岛,通往江心洲跨江道路较少,且洲岛道路等级低、道路宽度较窄,交通条件差,运输困难,成为本工程的难点。

(5) 大体积混凝土裂缝控制困难。由于本工程大体积混凝土结构厚度大、体形大、钢筋密、混凝土用量多、工程条件复杂,施工质量控制难度极大,尤其是水泥水化过程中释放的大量水化热引起的温度变化和混凝土收缩而产生的温度应力和收缩应力,经常导致水下大体积混凝土结构产生裂缝,已成为大体积混凝土浇筑施工的一个质量通病。裂缝对混凝土结构安全的危害很大,严重的裂缝会恶化结构的强度和稳定,破坏其整体性和抗渗性,加速混凝土碳化和溶蚀,影响到结构的安全使用。此外,水下大体积混凝土封底施工要求一次连续浇筑完毕,不允许留施工缝,整体性要求高,对施工工艺把控、施工组织设计提出了极大的考验。

3.2 总体思路

3.2.1 超深圆形风井水下开挖

工作井基坑+8~-8 m土方开挖采用明挖顺作法施工,基坑内除圈梁外无其他支撑,基坑开挖采取竖向分层、水平分区分块,对称进行,快速开挖、及时封闭,保证地下连续墙的变形符合要求。常规开挖至标高-8.0 m后,向坑内回灌水至+7.5 m处(长江水位标高为+7.2 m),坑内水位高于坑外地下水位不小于1.0 m,水下开挖采取分层、分块进行,直至开挖至基坑底部,开挖过程中保持坑内液面不变。

3.2.2 大体积混凝土水下浇筑

浇筑6.526 m厚C35封底混凝土→拆除浇筑平台下放1 m高钢筋笼→浇筑C20混凝土至盾构中心线处,即-22.648标高位置。

导管采用外径508 mm、内径488 mm的无缝钢管,并呈填充状布满风井。混凝土浇筑采用首批灌注→正常灌注→导管提升→测量→再灌注的顺序施工。首批灌注须确定每根导管首批混凝土灌注量;正常灌注顺序由外向风井中心灌注;导管提升必须严格按照测量所得混凝土标高和导管埋深控制;在第一根导管开始灌注后,每30 min记录各测点的混凝土表面标高,以显示混凝土流动半径和坡度,作为各导管首灌混凝土的依据;再灌注 8.278 m 厚 C20 素混凝土至盾构中心线处,即 -22.648 标高位置。

3.3 工艺流程与施工方法

3.3.1 水下开挖施工工艺

1) 工艺选择

本工程水下开挖采用空气吸泥的方法进行基坑开挖,由于空气吸泥机操作简单、劳动强度低、工效高;可在渗水性大,不能排水开挖的砂砾石层中顺利取土,也可在饱和水状态下的粉细砂层、易于形成流沙的情况下代替人力开挖的特点。因此,本工程采用空气吸泥机进行水下开挖。

2) 空气吸泥机工作原理

空气吸泥主要利用空气吸泥机。空气吸泥机主要设备包括空气吸泥器、吸泥管、排泥管、风管及其他配件。当空气吸泥机工作的时候,压缩空气沿进气管路进入空气吸泥器的空气箱后,通过内管壁上的小孔眼进入混合管,与管内泥水混合,形成比重小于 1 的汽水混合物。当送入的压缩空气充足,空气吸泥器在水面下有相当深度时,混合管中的汽水混合物在管外水头压力的作用下,顺着排泥管上升而排出坑外。与此同时,吸泥管管口处泥面被冲散形成泥浆,随汽水混合物向上流动而被吸入管内,在混合管内与压缩空气混合后排到坑外,完成空气吸泥工作。如此循环,从而完成基坑开挖。空气吸泥装置如图 3-1 所示。

3) 空气吸泥机配套设备选型

(1) 供风设备及管路。供风设备采用 2 台 20 m^3/min 的空气压缩机,每台设备配备一只 10 m^3 风包,从风包引出的管路引至布置在开挖平台上主供风管路中。主供风管路采用 $d=100$ mm,通过球形阀、弯头、软管等与从吸泥机上引出的供风管路相连。

(2) 高压射水设备。为能将吸泥管口处的土层冲刷液化成泥浆,射水管需提供高压水。采用 125D25 型-4 级高压泵提供高压射水,高压水泵直接从降压井里取水。

(3) 排泥管路。排泥管路采用 $D=250$ mm 钢管,通过法兰与空气吸泥机的排泥管相连。排泥管直接连至泥浆池,开挖时泥水混合物可直接排至泥

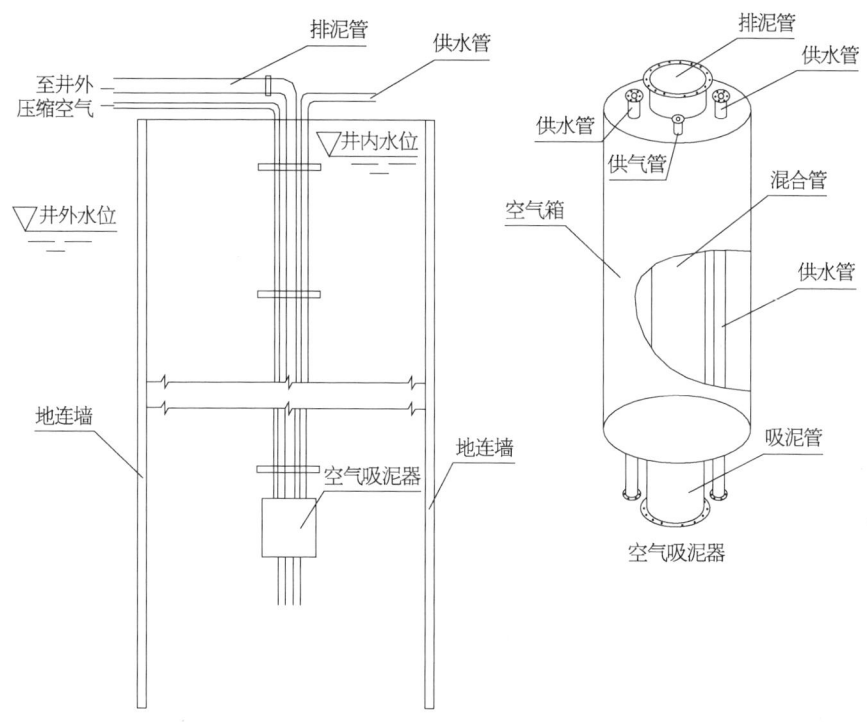

图 3-1 空气吸泥装置示意图

浆池进行沉淀,经沉淀后泥土运至弃土场,由于水未被污染可直接向长江排放。

(4)补水设备。在不断吸泥过程中需不断往基坑内补水,保持坑内水头不低于地下水位,以防止坑内翻砂。补水设备与施工时开启的两台吸泥机配套,以确保坑内水头高度。

4)水下开挖工艺流程

施工工艺流程如图 3-2 所示。

(1)基坑疏干开挖及回灌。采用高压旋喷桩对地层进行加固后施作地下连续墙,开始基坑内降水施工,施作顶冠梁后,采用常规施工方法开挖至设计标高,回灌水并进行水上开挖和环梁施工。为了在土体开挖过程中达到降低下部承压含水层、防止纵向滑坡和基坑底部突涌的情况发生,开挖至 -8 m 位置后且第三道环梁达到设计强度后,对基坑进

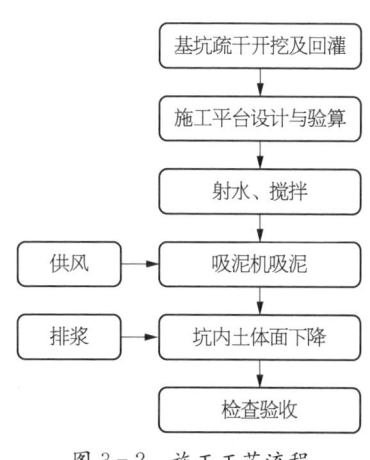

图 3-2 施工工艺流程

行回灌,回灌后进行水下分层开挖,保证基坑内水位高于基坑外1m以上,水下开挖采取分层、分块进行,直至开挖至基坑底部,开挖过程中保持坑内液面不变。

(2)施工平台设计。施工平台全长30m、净宽7m,共一跨。该平台上部为单层双排上承式贝雷结构,设计有效荷载为40t。该平台分为两部分,中间空1m,两侧均为3m宽的小平台,用两个间距90cm两连体贝雷做主梁,且上下加强,贝雷上部用12号工字钢铺设,纵向间距为0.5m,工字钢上面铺设钢板,两侧台头用14号槽钢与贝雷用螺栓连接增加该平台的整体性。

每个平台的贝雷架两端各安装一道梁,梁下部两端各安装两个万向轮,如图3-3所示。沿着地连墙外侧安装可供万向轮行走的铁轨,铁轨总长为90.06m。在直径为34.2m的外圆上安装插拔式钢管护栏。由于在转动平台时需要装载机和挖掘机互相配合,故需要安装可拆卸护栏。护栏间距每2m一道,高度1.2m。在顶冠梁施工时沿顶冠梁外边预埋φ20圆钢制作的"?"形状钢筋,埋入顶冠梁不小于15cm,为以后水下开挖时平台上的旋喷桩机作揽风绳的拉结点。

(3)射水、搅拌。本工序利用20MPa的高压水流旋转切割原状土。为了更好地让原状土转换成泥浆,在原旋喷机具喷头上方增加三翼钻头,随旋喷机具旋转搅拌原状土,能更好地使较硬土块变成泥浆,如图3-4所示。

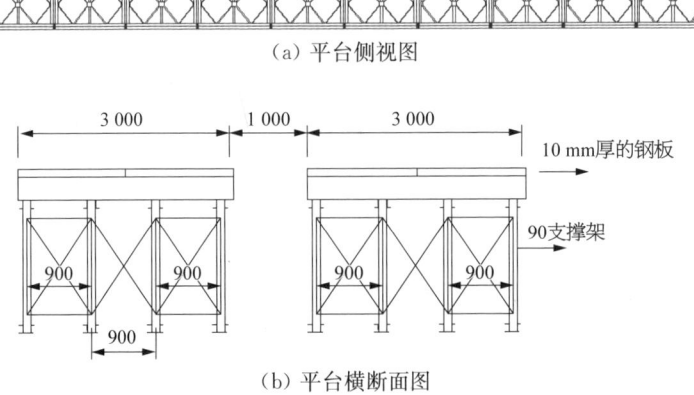

(a)平台侧视图

(b)平台横断面图

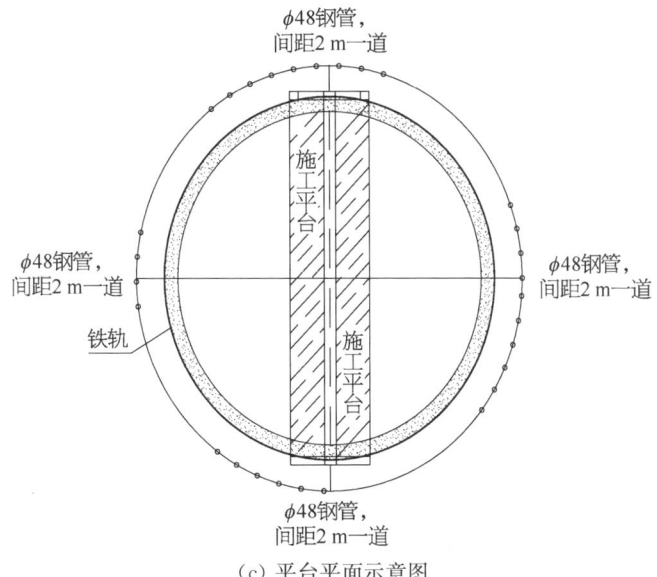

(c)平台平面示意图

(d)平台实物

图 3-3 施工平台示意及实物图

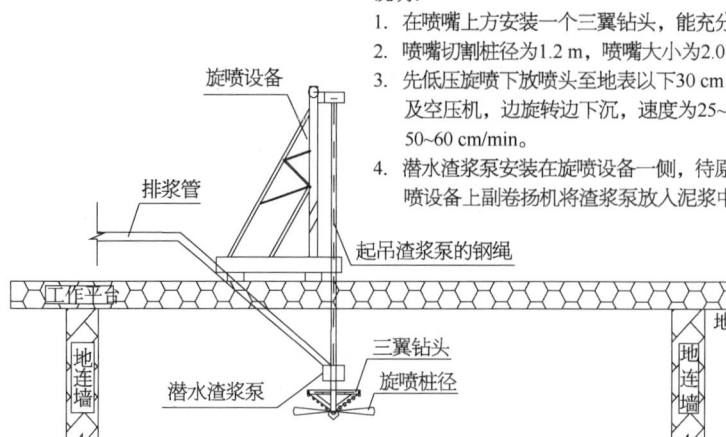

说明:
1. 在喷嘴上方安装一个三翼钻头,能充分搅拌土体,泥浆均匀。
2. 喷嘴切割桩径为1.2 m,喷嘴大小为2.0 mm。
3. 先低压旋喷下放喷头至地表以下30 cm,然后再开动高压水泵及空压机,边旋转边下沉,速度为25~35 cm/min,提升速度为50~60 cm/min。
4. 潜水渣浆泵安装在旋喷设备一侧,待原状土变成泥浆后,用旋喷设备上副卷扬机将渣浆泵放入泥浆中开始排浆工作。

(a) 施工作业立面图

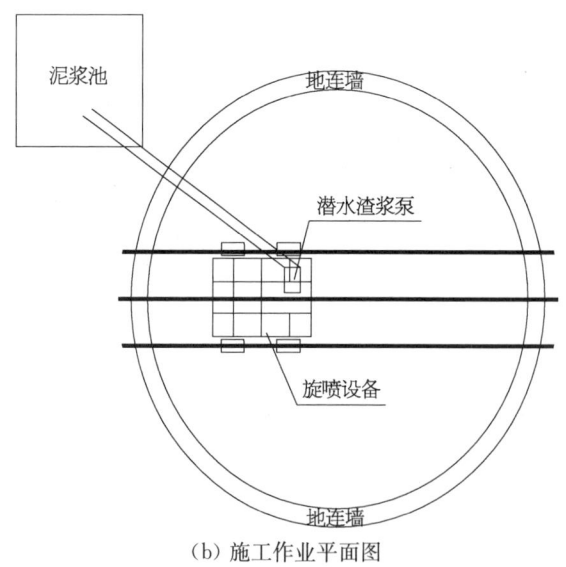

(b) 施工作业平面图

图 3-4 施工示意图

三翼钻头如图 3-5 所示。

① 施工步骤如下:

(a) 旋喷设备就位。

(b) 低压旋喷下放喷头至地表下 30 cm。

(c) 启动高压水泵及空压机,使喷头及三翼钻头边旋转边下沉,速度为

第 3 章　圆形风井水下开挖及水下大体积混凝土封底施工技术

图 3-5　三翼钻头

25～35 cm/min。

（d）切割搅拌下沉 2.0 m 时，停留切割搅拌 1 min，然后边提升边搅拌至顶面，提升速度为 50～60 cm/min（每次以 2.0 m 高度为一个往返工作）。

（e）用 ZJQ200-55-75 型（流量为 200 m³/h、扬程为 55 m、功率为 75 kW、转速为 980 r/min）潜水渣浆泵吸出泥浆，将泥浆排出基坑外专用沉淀池，沉淀干燥后装车外运。渣浆泵固定在旋喷机具的一侧，加焊一个钢架，挂上滑轮，利用旋喷机具上副卷扬机起吊（下放）渣浆泵。

（f）旋喷机具吸泥施工时，要加强清土效果的量测，保证整个设备匀速向下清土。

（g）为了保证无附着残留土体，利用高压旋喷机具所产生的高压水流冲刷地连墙边壁，使地连墙边壁附着残留土体剥落，然后由潜水渣浆泵排出泥浆。

② 主要施工参数见表 3-1，主要设备情况见表 3-2。

表 3-1　主要施工参数

名　　称	施工参数
高压水泵	20 MPa
水泵流量	90 L/min
空压机	0.7 MPa
喷嘴直径	2.0 mm
下沉（提升）速度	25～35 cm/min（50～60 cm/min）

表3-2 主要设备

序号	设备名称	型号	数量(台)	功率(kW)
1	旋喷桩机	GS500-4	1	15
2	潜水渣浆泵	ZJQ150-45-55	1	55
3	空压机	6 m³	1	40
4	高压清水泵	XZ	1	90

(4) 水下空气吸泥。水下空气吸泥主要通过潜水渣浆泵进行吸泥操作。ZJQ型潜水渣浆泵为水泵与电机同轴一体,工作时通过电机轴带动水泵叶轮旋转将能量传递给浆体介质,使之产生一定的流速,带动固体物流动,实现浆体的输送。其主要特点如下:

整机为干式电机下泵式结构。电机采用机械密封保护,能有效地防止高压水和杂质进入电机内腔。除主叶轮外,还设有搅拌叶轮,能将沉淀于水底的淤渣搅拌成湍流后抽取出来。叶轮、搅拌叶轮等主要过流部件采用高耐磨材质制造,耐磨损、耐腐蚀、无堵塞、排污能力强,能有效地通过较大的固体颗粒;不受吸程限制,吸渣效率高,清淤更彻底;无需配备辅助真空泵,投资更低廉;无需配备辅助搅拌或喷击装置,操作更简便。电机潜入水下,无需建设复杂的地面保护和固定装置,管理更便易。搅拌叶轮直接接触沉积面,通过下潜深度控制浓度,因而浓度控制更自如。设备直接潜入水下工作,无噪声及振动,现场更整洁。

当吊车、空气吸泥机及风管、水管等安装布置完毕且空气压缩机、风包等各机械设备调试正常后,开始向坑内回灌水至+7.0~+7.5 m处,配合机械搅拌,开始启动潜水渣浆泵进行吸泥操作。根据现场实际情况决定是否开启高压水泵连接吸泥机供水管进行冲泥。

空气吸泥时各设备平面布置如图3-6所示。

① 吸泥分区。吸泥按照先中后边、分层对称的原则进行,每层按照1 m进行分层吸泥。将整个基坑划分为两个区域,吸泥机1在Ⅰ区进行移动,吸泥机2在Ⅱ区进行移动。吸泥时,两台吸泥机始终保持对称布置(图3-7)。

② 吸泥操作要点:

(a) 按要求安装好高压水泵、低压取水泵、空气吸泥机、坑内及坑外的高压进水管、进气管和排泥管等。

(b) 机械设备安装后进行调试,确保每台设备运转正常。

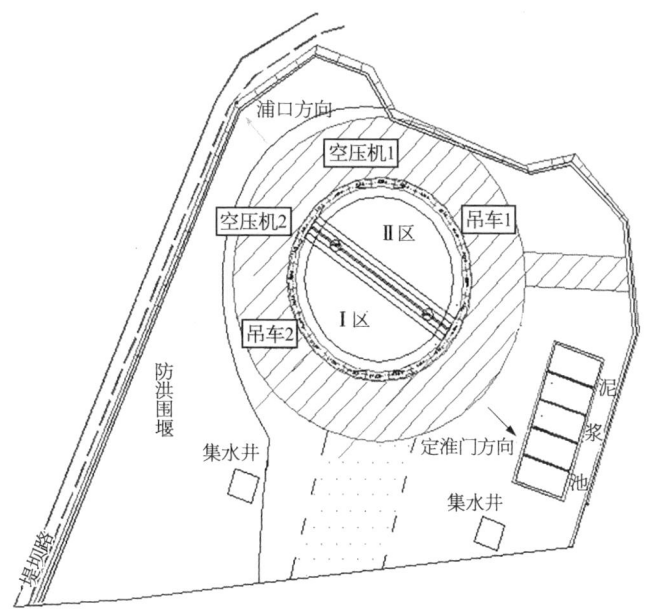

图 3-6　设备平面布置图

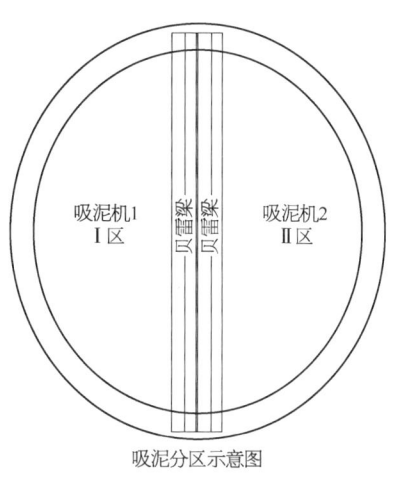

图 3-7　吸泥分区示意图

（c）吸泥时应按照吸泥分区示意图所示要求进行对称开挖，每层开挖深度不超过 1m。

（d）到达设计高程前应控制吸泥机头，宜平吸平扫，防止超吸而超深。

（e）吸泥机头应勤运动，平扫坑底，保证出泥率，防止吸清水。

（f）吸泥过程中，严格控制坑内水位不低于地下水位。

（5）泥浆处理。从吸泥管排出的泥浆先进入泥浆池进行初次沉淀，沉渣通过挖机从泥浆池挖出外运。然后用污水泵将泥浆池的水排入弃土场上的三级沉淀池,经三次沉淀后泥水分离,泥渣被挖机挖放于弃土场,水直接排入长江。

(6) 基底处理。当开挖至设计标高后,对基底进行处理,将基底泥渣处理干净,否则在灌注水下混凝土时泥渣在混凝土中形成夹层,影响混凝土质量。

(7) 剪力槽清理。潜水员下潜至剪力槽位置,在水底用风镐将三道剪力槽处的刨花板及混凝土凿除。

(8) 刷壁效果检查。

① 抽水检查。完成刷壁后,将液面下降 2~3 m,然后检查露出的坑壁,如若坑壁上干净没有泥皮附着,则可推断整个坑内刷壁效果良好,如果坑壁不干净,可重新刷壁,直至坑壁干净为止。

② 可视探头检查。刷壁结束后,将基坑内的泥浆全部用清水置换出来,使得基坑内水体基本澄清,然后将可视探头固定在旋喷施工机具上,由上而下,沿坑壁缓慢转动,在显示屏上可清晰看到坑壁情况。可视探头在水清澈的条件下可视距离在 0.5~1.5 m。在水浑浊条件下,厂家可根据施工要求调整探头焦距,满足施工要求,如图 3-8 所示。

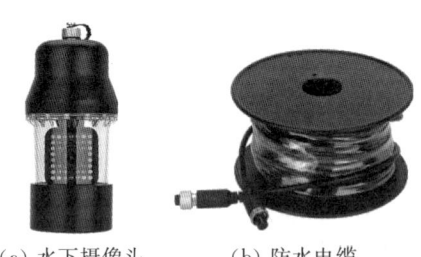

图 3-8 可视探头

5) 水下开挖质量保证措施

（1）原材料管理措施：所有工程材料应事先进行检查，严格把好原材料进场关，不合格材料不准验收，保证使用的材料全部符合工程质量的要求。每项材料到工地应有出厂检验单，同时在现场进行抽查，来历不明的材料不用，过期变质的材料不用，消除外来因素对工程质量的影响。

（2）加强施工技术管理，严格执行以总工程师为首的技术责任制，使施工管理标准化、规范化、程序化。认真熟悉施工图纸，深入领会设计意图，严格按照设计文件和图纸施工，吃透设计文件和施工规范、验标，施工人员严格掌握施工标准、质量检查和验收标准及工艺要求，并及时进行技术交底，在施工期间技术人员要跟班作业，发现问题及时解决。

（3）严格执行工程监理制度，施工队自检、经理部复检、合格后及时通知监理工程师检查签认，隐蔽工程必须经监理工程师签认后方能隐蔽。

（4）经理部、作业队设专职质检工程师、班组设兼职质检员，保证施工作业始终在质检人员的严格监督下进行。质检工程师有质量否决权，发现违背施工程序、不按设计图、规范及技术交底施工，使用材料半成品及设备不符合质量要求者，有权制止，必要时下停工令，限期整改并有权进行处罚，杜绝不合格成品。

（5）制定施工计划的同时，编制详细的质量保证措施，没有质量保证措施不许开工。质量保证体系和措施不完善或没有落实的应停工整顿，达到要求后再继续施工。

（6）建立质量奖罚制度，明确奖罚标准，做到奖罚分明，杜绝质量事故发生。

（7）严格施工纪律，把好工序质量关，上道工序不合格不能进行下道工序的施工，否则质量问题由下道工序的班组负责。对工艺流程的每一步工作内容要认真进行检查，使施工规范化。

（8）制定工程创优规划，明确工程创优目标，层层落实创优措施，责任到人。

（9）坚持三级测量复核制，各测量桩点要认真保护，施工中可能损毁的重要桩点要设好护桩，施工测量放线要反复校核。认真进行交接班，确保中线、水平及结构物尺寸位置正确。

（10）施工所用的各种计量仪器设备定期进行检查和标定，确保计量检测仪器设备的精度和准确度，严格计量施工。

(11) 做好质量记录：质量记录与质量活动同步进行，内容要客观、具体、完整、真实、有效，字迹清晰，具有可追溯性，各方签字齐全。由施工技术、质检、测试人员或施工负责人按时收集记录并保存，确保本工程全过程记录齐全。

(12) 加强量测和监测、施工开挖过程中，用测斜仪对施工围护结构和基坑周边建筑物的位移进行动态监测、沉降监测，开挖基坑前和开挖后定时对基底进行水位监测和地基沉降监测，并做监测记录。收集信息，反馈指导施工，保证地下施工安全。

(13) 混凝土拌合、运输、入模、捣固、养生必须按规范要求施工。模板支撑牢固，内面平整光滑，尺寸符合设计，中线水平准确。混凝土捣固密实，做到外光内实，成型美观。灌筑混凝土时按规定频率取样制作试块，养生后送试验室检验。

(14) 坚持文明施工，创造良好的施工环境，为优质、安全、高效创造良好的施工条件。做到道路平整、排水通畅、机械车辆停存和材料堆放有序。

3.3.2 水下开挖安全保证措施

1) 平台搭设吊装安全保证措施

(1) 吊装作业时，应先检查钢丝绳是否老化、断丝现象。严禁使用不合格的钢丝绳吊装。

(2) 起吊时人员要离开起吊半径范围，以免发生意外。

(3) 吊装前对吊车司机进行安全教育，吊装作业时必须由专业指挥人员指挥，其他人员不得指挥。

(4) 吊车不得超负荷使用。

(5) 作业地面应坚实平稳，支脚必须支垫牢靠，回转半径内不得有障碍物，不得站人。两台吊机同时起吊时，各吊车钢丝绳应保持垂直，升降应同步。各吊车不得超过各自的额定起重能力。

(6) 起吊时应将被吊物吊离地面 10 cm 左右，停机检查制动器灵敏性和可靠性及被吊物绑扎的牢固程度，确认情况正常后方可继续工作。起吊时被吊物下严禁站人。

(7) 起升或下降被吊物时，吊机速度要保持均匀、平稳，保持机身稳定，防止发生倾斜，严禁被吊物自由下落。

2) 深基坑临边作业安全保证措施

(1) 水下开挖前对所有施工人员进行三级安全教育及安全技术交底。

(2) 凡患有高血压、心脏病等人员严禁在临边作业。

(3) 基坑四周及施工平台按要求设置防护栏杆,设置踢脚板并悬挂密目网。

(4) 现场专职安全员加大巡查力度,发现安全隐患及违章现象及时进行整改及纠正,彻底消除一切不安全因素,确保施工人员有安全的工作环境。

(5) 经常性对施工人员进行安全教育,提高其安全意识及技能。

3) 水上作业安全保证措施

(1) 所有作业人员按要求正确佩戴安全帽和穿戴好救生衣、防滑鞋。

(2) 施工现场配备足够的救生圈,坑内放置一艘救生船。

(3) 非施工人员严禁进入施工现场。

(4) 夜间施工时,场地配备足够的灯光照明。

(5) 施工人员严禁酒后进行上岗作业。

4) 潜水作业安全保证措施

(1) 进行潜水作业的潜水员,必须具有专业技术和经验,并熟练掌握《潜水作业人员安全操作规程》和《潜水员水下作业安全操作规程》。

(2) 潜水员及其相关配合人员必须由正式潜水作业人员组成,严禁他人代替。

(3) 水下作业所需工具、物件应用绳索送接,严禁抛掷。潜水员不准携带重物上升出水。

5) 机械操作安全保证措施

(1) 空压机、储气罐等危险设备制定专门场地放置,且设置围栏并悬挂警告标志。

(2) 暴露于机体外部的运动机构部件或高压带电等有可能伤人的部分,应装设防护罩等安全措施。

(3) 机械设备凡没有安全保护装置及安全指示装置的,都必须定期按有关规定检查调整,如发现有动作不准或异常等情况严禁继续使用,停机修理。

(4) 机械集中停放场所必须有防火措施(如设置灭火器等)及防盗措施。

6) 临时用电安全保证措施

(1) 建立技术交底制度。向专业电工、各类用电人员介绍临时用电施工组织设计和安全用电技术措施的总体意图、技术内容和注意事项,并应在技术交底文字资料上履行交底人和被交底人的签字手续,载明交底日期。

(2) 合理配置各种保护电器,对电路和设备的过载、短路故障进行可靠的保护。在电气装置和线路周围不堆放易燃、易爆物和强腐蚀介质不使用火源。在电气装置相对集中的场所如变电所、配电室等配置绝缘灭火器材,并禁止烟火。加强电气设备相间和相-地间绝缘,防止闪烁。

(3) 临时用电系统的使用、管理与维护坚持电气专业人员持证上岗,非电气专业人员不准进行任何电气部件的更换或维修。施工现场的配电设施,每天进行安全巡查,发现隐患立即整改。

(4) 应保持配电线路及配电箱和开关箱内电缆、导线对地绝缘良好,不得有破损、硬伤、带电体裸露、电线受挤压、腐蚀、漏电等隐患,以防突然出事。

(5) 工地所有配电箱都要标明箱的名称、所控制的各线路称谓、编号、用途等。配电箱要做到"六有",在现场施工,当停止作业 1 h 以上时,应将动力开关箱断电上锁。

(6) 检查和操作人员必须按规定穿戴绝缘鞋、绝缘手套,必须使用电工专用绝缘工具。

(7) 平时应经常查看配电箱的进出线有没有承受外力,有没有被水泥砂浆浸污、被金属锐器划破绝缘,配电箱内电器的螺丝有没有松动,动力设备有没有缺相运行的声音等。

(8) 电缆在室外直接敷设的深度应不小于 0.6 m,并在电缆上下各均匀敷设不小于 50 mm 厚的细砂,然后覆盖砖等硬质保护层。

(9) 电缆穿越建筑物、构筑物、道路、易受机械损伤的场所及引出地面 2 m 至地下 0.2 m 处,必须加设防护套管。固定机械的电源电缆沿地面敷设时应穿管并埋地。

(10) 施工现场的电气设备应实行两级漏电保护,即在总配电箱和开关箱内设置漏电保护器。

(11) 施工现场的电动建筑机械、手持电动工具和用电安全装置必须符合相应的国家标准、专业标准和安全技术规程,并应有产品合格证和使用说明书。

7) 深基坑抗突涌安全保证措施

(1) 基坑开挖期间,现场成立安全应急协调小组,工区经理任组长,其他人员为成员。基坑开挖期间各成员之间保持通信畅通,发现问题,相关人员能以最快的速度赶赴现场。

(2) 基坑开挖时必须确保坑内水头高于长江水位,排泥时及时补充水流。

(3) 基坑开挖时监测人员密切注意位移、沉降、围护结构内力变化等项目。

一旦超过预警值,立即停止施工,制定出相关措施后再进行施工。

(4) 基坑开挖时须遵循"对称、分层、两台设备开挖高差不大于1m"的原则进行。

3.3.3 水下大体积混凝土封底施工工艺

1) 工艺选择

临江高承压水超深基坑的成功实施必须解决坑底突涌与抗浮安全两大关键问题。通过合理的施工工序设计确保围护结构与基坑安全,并为坑内主体结构施工提供安全的施工环境。南京市纬三路过江隧道梅子洲风井基坑,对该类复杂基坑的重难点问题进行分析,在支护结构、开挖方法、实施方案及施工工序等方面根据工程具体特点采取相应的技术对策,确定了采用水下混凝土封底的技术方案,并经计算分析确定了最优施工工序。

2) 工艺流程

水下大体积混凝土浇筑施工流程如图3-9所示。

(1) 施工平台。灌注平台采用贝雷梁搭设,标高为+9.7m,平台共设五道贝雷梁,每道梁间距90cm,贝雷梁采用I32型装配式公路钢桥桁架,五道梁两端用12槽钢进行相连形成整体。每道贝雷梁下设置一道加强弦杆,以此加强贝雷梁强度。贝雷梁顶上满铺10mm厚钢板。两道梁之间放导管处用30工字钢双拼。施工平台搭建过程中根据导管布置及水下混凝土标高测点预留孔洞。施工平台示意如图3-10～图3-12所示。

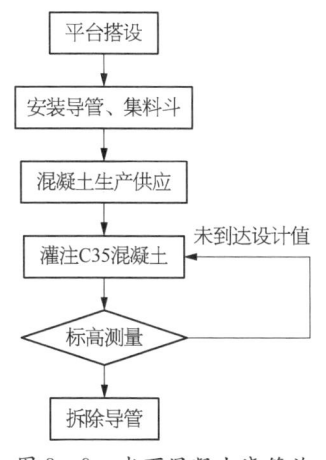

图3-9 水下混凝土浇筑施工工艺流程图

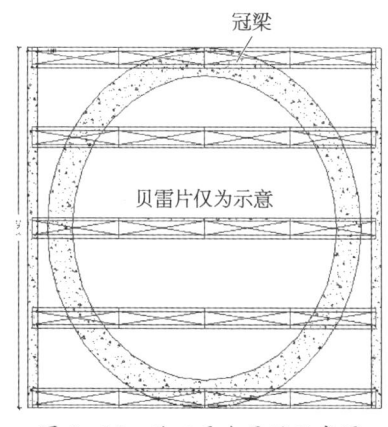

图3-10 施工平台平面示意图

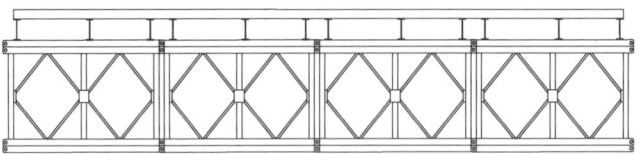

图 3-11　施工平台纵断面图

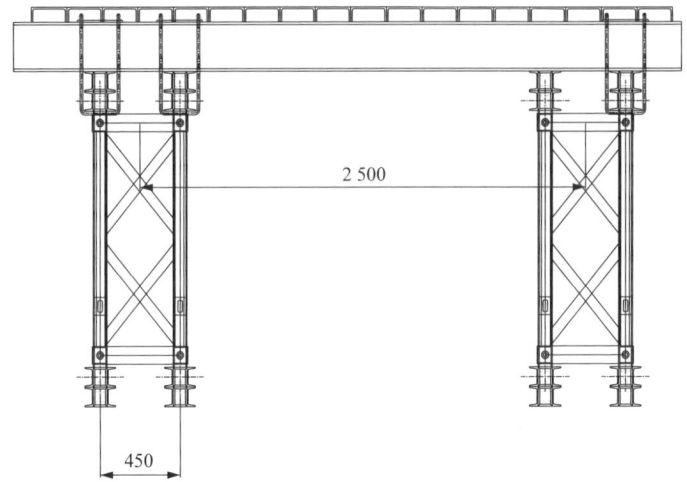

(a) 施工平面横断面示意图(单位：mm)

(b) 施工平台实物

图 3-12　施工平台示意及实物图

(2) 导管选布。导管选择外径 508 mm、内径 488 mm 的无缝钢管。导管内壁应光滑、圆顺、内径一致、接口严密,共 8 套。导管的选用满足《公路桥涵施工技术规范》(JTJ 041—2000)的相关规定,即每根导管施工前均需进行水密承压试验和抗拉试验,水密承压水压力不小于井孔内水深的 1.3 倍压力,也不应小于导管灌注混凝土时最大内压力的 1.3 倍。导管合格后编号,按编号进行下放。灌注封底混凝土时,按照先低处、后高处的顺序进行。浇筑过程中,导管随混凝土面升高而提升,导管埋入混凝土的深度在 2~4 m,但需与导管内混凝土下落高度相适应。导管扩散半径取 5 m。

① 导管选择:

(a) 导管选择基底标高为 -41.0 m、顶冠梁标高为 +8.0 m、贝雷梁高度为 1.7 m,故平台标高为 +9.7 m,导管长度定为 51 m,导管分节为:6×8+1.5+1.5=51 m。

导管采用外径 508 mm、内径 488 mm 的无缝钢管。

各导管间采用钢环和抱箍连接之后再用 U 形卡加强,每道抱箍处用 4 个 U 形卡,沿圆周四等分布置,如图 3-13~图 3-16 所示。

(b) 导管试验。钢环焊接时必须注意焊接质量,焊缝须饱满。导管焊接完毕后,每套导管需在现场进行拼接做密水试验。试验水压不低于施工水压的 1.3 倍,导管扩散半径取 5 m。

将导管首尾用密封扣件相连,然后把拼装好的导管灌入 70% 的水,两端封闭,一端焊输风管接头,输入通过按下列公式计算得出的风压力,导管滚动数

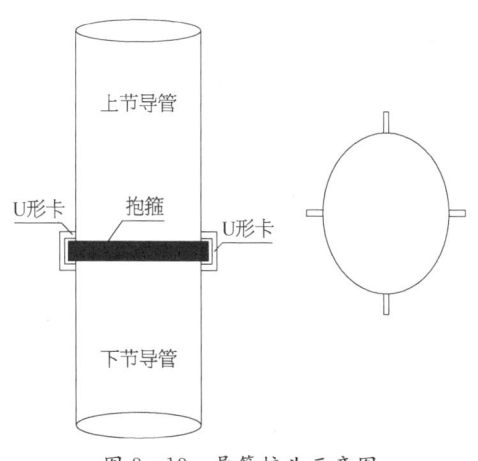

图 3-13 导管接头示意图

图 3-14 U 形卡

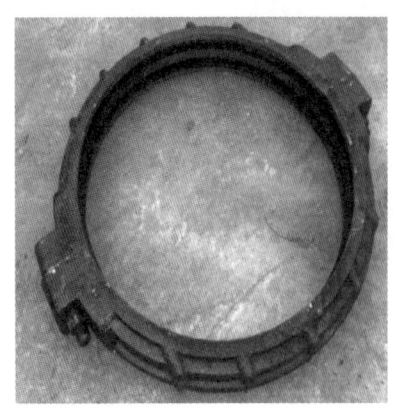 

图 3-15 抱箍　　　　　　　图 3-16 导管接口

次,经过 15 min 不漏水即为合格。

$$P_{\max} = 1.3(Y_c H_{c\max} - Y_w H_w) \tag{3-1}$$

式中:$P_{\max}$ 为导管壁可能承受的最大压力(kPa);Y_c 为混凝土容重(取 24 kN/m³);$H_{c\max}$ 为导管内混凝土柱最大高度,取导管全长(m);Y_w 为钻孔内水或泥浆容重,泥浆容重大于 12 kN/m³ 时不宜灌注水下混凝土(kN/m³);H_w 为钻孔内水或泥浆深度(m)。

② 导管布置:

(a) 布置原则:根据现场实际情况,导管布置 8 根,取导管扩散半径为 5 m。

(b) 平面布置:施工平台搭设完毕后在平台上进行导管平面布置,如图 3-17 所示。

在每套导管窗口处设置活动夹板,且与平台焊接固定,夹板如图 3-18 所示。导管提升时,夹板随着导管上升打开,导管下降时,夹板随着导管关闭。夹板的作用是卡住被拆除的导管的下节导管,防止导管掉落。每套导管口处设置图中夹板,方便安装、拆卸导管,共 8 套。

(3) 料斗选择。料斗选用 4 mm 钢板,L80×80×8 角钢焊接而成,共 1 个,如图 3-19 所示。经计算,导管内充满 1 m 的高度需混凝土约 0.2 m³。根据现场实际,选用约 3 m³ 的料斗,料斗底设置盖塞,每进行一次首灌时,在料斗的盖板下根据导管内径尺寸定做皮球,皮球充气后须紧贴导管内壁。皮球底部设置 20 cm 高的泡沫板作为隔水栓,泡沫板充满整个导管内壁确保不留缝隙。泡沫板和皮球形成双重隔水栓确保首灌成功。

第3章 圆形风井水下开挖及水下大体积混凝土封底施工技术

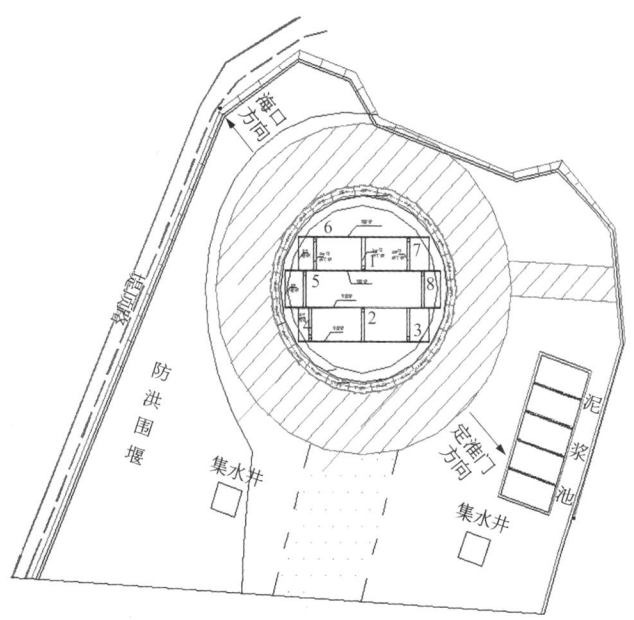

图 3-17 导管平面布置图

图 3-18 夹板

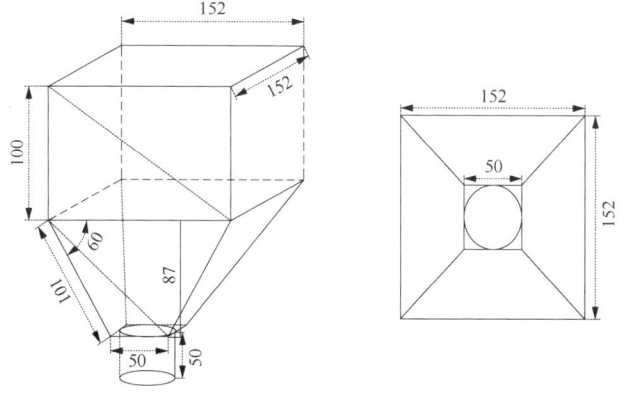

图 3-19 料斗示意图(单位:cm)

(4) 吊车选配。现场配置三台吊车,其中 50 t 履带吊 2 台、35 t 汽车吊 1 台。水下开挖的 2 台 50 t 履带吊停在场地,配合封底混凝土施工。

(5) 施工配合比。混凝土性能是水下封底成败的关键。要求配合比除强度满足设计要求外,还要求不离析、不翻浆、不板结、和易性好。混凝土坍落度应分为两个等级:

① 首灌混凝土:坍落度为 160~180 mm,保证导管周围混凝土的堆积高度和减小流动半径。

② 补灌与找平混凝土坍落度控制在 200~220 mm,以加大混凝土流动半径,便于混凝土面找平。

混凝土初凝时间大于 40 h。混凝土配合比见表 3-3。

表 3-3 混凝土配合比

试配编号	水胶比	砂率(%)	试配强度(MPa)	各项材料用量(kg/m³)						实测坍落度(mm)	实测表观密度(kg/m³)	抗压强度(MPa)	
				水泥	粉煤灰	矿粉	砂子	碎石	水	外加剂			7 d	28 d
试配 1	0.44	41	43.2	244	68	68	754	1084	167	5.3	210	2400	28.5	44.7
试配 2	0.41	40	43.2	261	73	73	724	1086	167	5.7	200	2420	33.1	49.5
试配 3	0.47	42	43.2	227	64	64	782	1081	167	5.0	215	2390	24.6	40.4

根据配合比,混凝土中不使用矿粉,用水泥或粉煤灰进行替代。拌和站进行 C35 混凝土坍落度试验,按照配合比对坍落度的要求,每 15 min 做一次坍落度试验,并记录每次试验数据,得出坍落度变为 15 时所需的时间。

(6) 混凝土供应。按照每小时水下混凝土面上升速度不小于 0.25 m 的方量计算,每小时需 141 m³ 混凝土。37 m 长汽车泵每小时可灌注混凝土 50 m³。选择 4 台汽车泵每小时可灌注 200 m³。

① 商品混凝土拌合站。选取距离工程场址较近的两家搅拌站联合供应混凝土。其中一家商品混凝土拌合站现有 180 型搅拌站一套,每小时生产混凝土 160 m³,37 m 泵车 1 台、12 m³ 搅拌车 18 台。另外一家商品混凝土拌合站每小时生产混凝土 200 m³,37 m 泵车 4 台、43 m 泵车 2 台、48 m 泵车 1 台、8 m³ 搅拌车 32 辆、12 m³ 搅拌车 25 辆。

本工程以商品混凝土供应为主,供应量为 5 000 m³,供应过程中做好车辆维修与保养,确保混凝土运输时所有车况良好。同时设立车辆维修小组,专门服务于混凝土罐车,一旦车辆出现故障,保证在第一时间到达现场维修。

② 自拌站。自拌站每小时生产混凝土 80 m³。6 个料仓堆满砂石料后能拌 800 m³。粉煤灰罐容料 70 t,两个罐 140 t,足够 800 m³ 混凝土中的粉煤灰参量。两个水泥罐能存水泥 140 t,需要水泥供应商提供两个水泥罐车共 100 t 停在场地备用。以自拌混凝土为辅,供应量为 600 m³。

(7) 混凝土运输。运输路线有两条,主要如下:

① 拌和站→板桥汽渡→绕城高速→河西大街→梅子洲风井工地。

② 拌和站→梅山街道→绕城高速→河西大街→梅子洲风井工地。

(8) 水下大体积混凝土浇筑。

① 首批灌注。

(a) 首灌量。首批灌注混凝土的数量应能满足导管首次埋置深度和填充导管底部的需要,所需灌注量根据公式:

$$V = \frac{\pi R^2}{3} h + \frac{\pi d^2}{4} h_1 \tag{3-2}$$

式中:V 为灌筑首批混凝土所需的数量(m³);R 为圆锥体坡率为 i 的扩散半径;i 为圆锥体坡率,一般不陡于 1∶5,取最大值 $R=5$;h 为导管混凝土埋置深度不小于 1.5 m;h_1 为桩孔内混凝土达到埋置深度时,导管内混凝土柱平衡导管外压力所需要的高度(m)。

$$h_1 = \frac{H_w \gamma_w}{\gamma_c} \tag{3-3}$$

式中:H_w 为井内水或泥浆深度;γ_w 为井内水或泥浆的比重,10 kN/m³;γ_c 为混凝土拌和物比重(取 24 kN/m³)。

(b) 首灌混凝土浇筑。首灌混凝土浇筑采用砍拔法,在料斗储料前,在导管内根据导管内径安装定做的皮球,皮球下部放置一块 20 cm 厚泡沫板,皮球和泡沫板须紧贴管壁。料斗的底部用塞子封闭出口。当料斗混凝土灌满料后,然后拔起塞子,皮球和泡沫板随混凝土从导管底口流出。待首批混凝土埋住导管底部,进行下一根导管首批灌注,依次完成所有导管首灌。具体操作步骤如下:

混凝土灌注前,需将加大基底测量频率,根据测量的标高数值,绘制平面

图和立面图,为混凝土灌注提供理论依据;

安装导管,使导管管底接触基底面,按照要求编号;

根据绘制的平面图和立面图,确定基底的最高点和最低点,混凝土灌注时,按照由高向低,从一边向另一边整体推进的原则进行;

安装皮球、泡沫板做封水装置,向导管对应的料斗内灌注混凝土,待料斗内灌满混凝土后,用吊车小钩提升料斗底盖,混凝土流入导管内,泵车不断向料斗内补充混凝土直至导管内完全充满混凝土;

缓慢提升导管距离基底20 cm左右,并且一边补充混凝土一边提升导管,灌注时用测绳加强量测确保导管在混凝土中埋置深度符合大于0.5 m的深度要求。然后灌注下一根导管,所有导管完成首灌后即进入正常灌注。首灌时,根据现场实际,4台泵车同供料斗混凝土,依次完成每根导管封底。

② 混凝土正常灌注。首灌结束后,按照表3-4泵车与导管对应的编号,继续浇筑至设计标高。在混凝土浇筑顺利时应保证一定的导管混凝土埋深,提导管时特别注意测量混凝土浇筑高度。需要提管时,采用吊车缓慢提升,以实际测量深度为提管依据,确保每次提升后导管埋深在1 m之内。

表3-4 泵车与导管对应的编号

名称	导管编号	值班人员(两班)
1#泵车	1#、2#	白班:4人 夜班:4人
2#泵车	3#、4#	
3#泵车	5#、6#	
4#泵车	7#、8#	

测点布置共设测点17个,8套导管处设8个测点,共计25个测点。浇筑过程中勤测多测,及时测量每个浇筑点标高与该浇筑点周围的测点标高,并做好浇筑记录工作,用以控制混凝施工进度。

正常灌注:全部导管封口完成后,进入正常灌注状态,在混凝土灌注过程中,做好测深及每根导管浇筑的起止时间记录,根据混凝土面的测量标高情况,合理调整浇筑顺序,及时对某一灌注点进行补料,使得混凝土面均匀上升;

时间控制:同一导管两次灌入混凝土的时间间隔,控制在1 h之内;

导管提升和埋深:导管埋深控制在2~3 m。导管提升采用吊车,每次提升高度控制在 30~50 cm。

混凝土顶面控制：每个集料斗配置一个技术员测量混凝土面标高，一般每根导管灌一次混凝土测量一次，且每隔 1 h 对全浇筑面测量一次，及时绘制混凝土面上升情况草图。在第一根导管开始灌注后，每 30 min 记录各测点的混凝土表面标高，以显示混凝土流动半径和坡度，作为各导管首灌混凝土的依据。

再灌注：先灌注 7.526 m 厚 C35 封底混凝土，然后再灌注 8.278 m 厚 C20 素混凝土至盾构中心线处，即 -22.648 m 标高位置。

混凝土终浇阶段：混凝土浇筑临近结束时，全面测出混凝土面标高，重点检测导管作用半径相交处。根据结果对标高偏低的测点附近导管增加浇筑量，力求封底混凝土顶面平整，并保证封底厚度达要求，当所有测点均符合要求后，终止混凝土浇筑，上拔导管，冲洗堆放。

3) 大体积混凝土浇筑质量保证措施

(1) 严格进行混凝土质量控制。通过对原材料的质量检验与控制、混凝土配合比的确定与控制、混凝土的生产和施工过程各工序的质量检验与控制及合格性检验控制，使混凝土的质量符合规定要求。主要体现在以下几方面：

① 加强对封底混凝土组成成分的研究，优化混凝土配合比。

② 严格控制混凝土原材料质量，保证均满足施工配合比要求，同时加强施工原材料的现场质量管理工作。

③ 在进行混凝土拌制过程要保证计量准确，保证施工配合比的准确性，同时要加强骨料含水量的检测工作，并即时进行拌和用水量的调整。

④ 混凝土浇筑连续不间断进行，如因故必须间断，其间断时间必须小于已浇混凝土的初凝时间，并不大于 30 min。

(2) 加强现场施工组织管理：

① 在施工过程中应进行质量检测，应用各种质量管理图表，掌握动态信息，控制整个生产和施工期间的混凝土质量。

② 现场施工必须严格按照要求进行组织施工，导管随混凝土面升高而徐徐竖向提升，混凝土浇筑时导管埋入混凝土的深度不小于 1.5 m。

③ 加强混凝土泵送设备及管道的维修与保养，保证混凝土浇筑过程的连续性。

④ 加强施工道路上的交通组织，防止因交通堵塞影响混凝土罐车的通行造成混凝土的中断。

3.3.4　水下开挖及大体积混凝土封底实施效果

临江富水超深基坑开挖是大型水下隧道建设的重要组成部分,如何保证开挖时基坑稳定是面临的重大难题。南京纬三路过江通道通风井基坑根据其工程地质、场地条件和技术难点,通过水下开挖和水下浇筑混凝土,成功完成了临江富水超深基坑建设。施工结果表明,临江富水超深基坑支护、水下基坑开挖和水下混凝土灌注等关键施工技术,很好地解决了基坑开挖深度大、地下水位浅、场地条件差等难点问题。

针对水下封底混凝土施工的特点,施工单位进行了大量的试验工作,编制了详细的施工方案,每次施工生产时,技术人员都严格按照编制的施工方案控制混凝土质量,同时严格履行规章制度要求逐车对混凝土性能进行检测,混凝土工作性能检测结果均满足施工技术要求,确保施工灌筑顺利有序地进行。基坑封底混凝土留置 28 d 标准养护试件,经第三方检测,混凝土 28 d 力学性能均满足设计标准要求。封底混凝土灌筑完成后,施工单位将基坑封底内的余水抽净,封底混凝土成型质量较好,不同导管下料处搭接质量也较好,满足设计要求。

第4章 大直径盾构连续穿越风井关键技术

盾构隧道施工改变了原地层的状态，不可避免地会对土体造成扰动从而引起地表沉降，对周围的环境造成一定的损害。一直以来，穿越建构筑物是盾构施工的一个重难点，前人对此进行了大量研究，但国内对于大直径盾构机穿越圆形风井的研究还处于真空阶段。因此，如何通过对盾构机进行适应性改进及对盾构机穿越风井时的施工过程控制，减少对风井结构的扰动，从而最终达到顺利穿越是个亟须解决的问题。

4.1 关键技术问题

为了实现盾构机微扰动掘进，选用盾构机时应对其高负荷条件下的可靠性及其具体施工工艺参数进行分析，提出具体的设备性能要求，以适应高难度穿越的技术条件。

南京纬三路过江通道梅子洲风井基坑施工阶段，梅子洲风井作为盾构施工的中间检修井，风井中心处盾构隧道埋深约 23.417 m，盾构穿越区地连墙设计采用玻璃纤维筋代替普通钢筋以便于盾构机直接切割；盾构穿越梅子洲风井时，在高水压下超深地层旋喷加固稳定技术、盾构直接切削玻璃纤维筋地连墙技术、进出洞技术等方面施工难度极大。

盾构机穿越过程中将依次经历软土—高压旋喷加固区—地下连续墙—井内素混凝土—地下连续墙—高压旋喷加固区—软土的多次切削转换，施工工况十分复杂。穿越风险主要体现在以下几个方面：

（1）盾构穿越过程中经历的不同强度的切削转换，对盾构设备及施工控制提出了极高的要求。尤其是盾构将对 10 幅地墙、8 处地下连续墙幅间接头进行切削，高强度的混凝土、高韧性的玻璃纤维筋及玻璃纤维板接头对刀盘刀具的性能提出了挑战。

（2）由于风井呈圆形，在刀盘刚接触地连墙的时候，仅盾构中心部分承受高强度的地下连续墙混凝土,其余部分仍处于高压旋喷加固体中;而当刀盘中心部分穿过地连墙开始切削风井中素混凝土时,刀盘两侧仍然处于高强度的地连墙范围。这样的受力状态极其容易引起刀盘受力不均,引起刀盘变形、刀具脆断、刀盘卡死等现象。

因此,如何对盾构机进行合理的适应性改造,并对盾构施工参数进行有效控制,将是盾构高效、安全穿越风井的重要因素。

4.2 盾构机适应性改进技术

4.2.1 纬三路过江通道盾构机简介

盾构选型必须与地质条件紧密结合,所选用盾构必须能适用于大部分地质条件的掘进。南京纬三路过江通道工程使用的 2 台气垫式泥水平衡复合盾构由中交天和机械设备制造有限公司根据纬三路过江通道工程地质条件专门设计,如图 4-1 所示。盾构刀盘开挖外径 15.02 m,采用复合式刀盘结构。刀盘结构形式为中心支撑、辐条+面板式,共设计 8 个辐条、16 个面板,其开口率为 25.7%、刀盘最大开口尺寸为 60 cm。

图 4-1　纬三路过江通道盾构机

盾构前舱设有泥水舱与气垫舱,通过气垫舱气压的调节来实现开挖面压力的精确设定。盾构设有两个人闸,一个位于盾构中部,为常压换刀人闸,用于常压更换切削刀;另一个位于盾构上部,为带压换刀人闸,用于进入泥水舱或气垫舱。盾构在破碎机前端设置 200 mm×200 mm 格栅,在落石箱后端设置 150 mm×150 mm 格栅。

4.2.2 盾构机穿越梅子洲风井前刀盘刀具配置

根据工程地质情况,刀盘结构采用面板式,开挖直径为 15 020 mm、开口率为 25.7%,刀盘上主要配置切削刀和滚刀两种类型刀具共 717 把,其中先行切削刀和可推出式切削刀(可调)高度为 200 mm、滚刀为 160 mm、主切削刀为 100 mm。

针对工程地质特点刀盘设计采取如下措施:

(1) 为了刀具检修更换方便,刀盘可以整体向后滑动 100 mm。

(2) 刀盘面板上焊接了 312 把先行切削刀,主要用于砂层和软土层切削,刀具高度为 200 mm,在盾构机进入硬岩层之前对刀盘刀具保护。

(3) 刀盘 NO2、4、6、8 辐条安装了 80 把可更换式切削刀,主要用于砂层和软土层切削,在刀盘辐条内常压状态可以对刀具伸、缩及更换。

(4) 盾构机共安装滚刀 89 把,其中固定滚刀 57 把,三联式可推出滚刀 1 组共 3 把、四联式可推出滚刀 6 组共 24 把、五联式可推出滚刀 1 组共 5 把。在刀盘面板和外周安装的可推出式滚刀,当固定滚刀磨损后,可以在同轨道上推出两次新的滚刀。刀具具体配置见表 4-1,刀具布置及刀具形式如图 4-2～图 4-7 所示。

表 4-1 刀具配置表

类 型		数 量
主切削刀		172 把
更换型切削刀		80 把
向导型削刀		15 把
先行切削刀		312 把
外周保护切削刀		32 把
推出式切削刀	单独的	5 把
	3 连推出式	12 把

（续表）

类 型		数 量
推出式双刃滚刀	最外周	6 把
	5 连推出式	5 把
	4 连推出式	24 把
	3 连推出式	3 把
双刃滚刀（19″）		45 把
单刃滚刀（17″）〈中心部〉		6 把
仿形刀	行程 150 mm	1 把
	最大超挖量 120 mm	

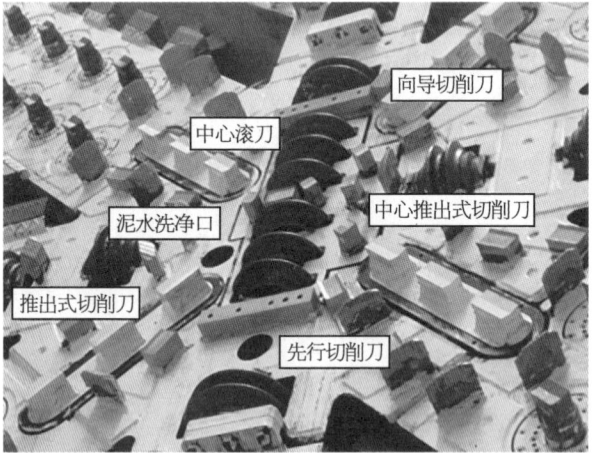

图 4-2 刀盘中心部切削刀

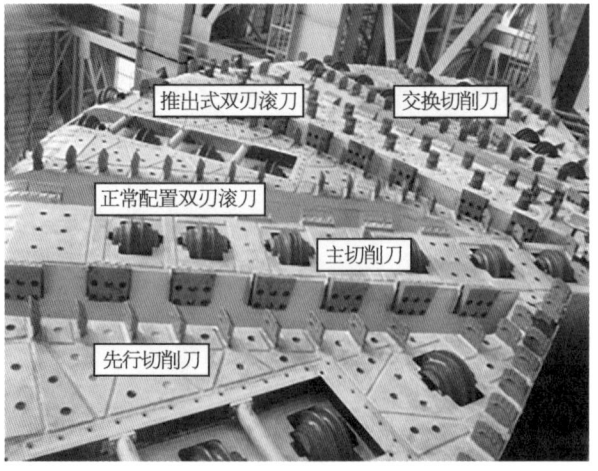

图 4-3 刀盘外周部切削刀

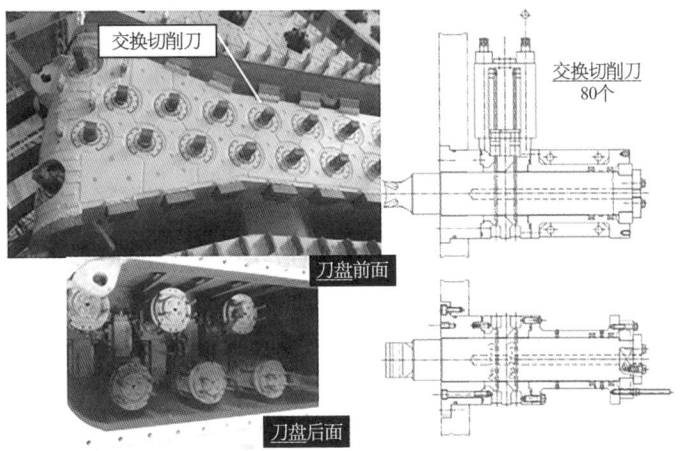

图 4-4 交换切削刀

滚刀
(a) 正常配置双刃滚刀：19英寸　45把
　　正常配置中心双刃滚刀：17英寸　6把
(b) 推出式双刃滚刀：19英寸　38把
(c) 复合地盘对应型滚刀
　　高水压对应型滚刀

图 4-5 滚刀

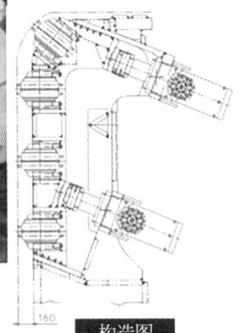

(a) 最外周用推出式双刃滚刀：6个
(b) 5连推出式双刃滚刀：5个（1套）
(c) 4连推出式双刃滚刀：24个（4套）
(d) 3连推出式双刃滚刀：3个（1套）

图 4-6 推出式双刃滚刀

图 4-7 其他切削刀

4.2.3 盾构机穿越梅子洲风井前刀具优化

从盾构的地层适应性角度出发,对盾构刀盘结构进行改造,使刀盘结构能有效满足泥水盾构在穿越风井掘进时的要求。盾构机穿越风井前,将刀盘上正常配置 45 把 19″双刃滚刀更换为双刃撕裂刀(图 4-8)。

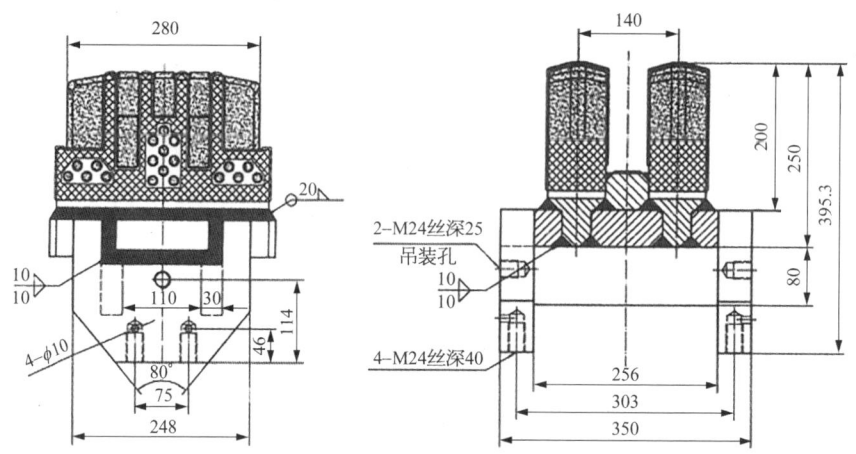

图 4-8 双刃撕裂刀(单位:mm)

撕裂刀是随刀盘转动而没有自转的破岩刀具,是盾构机向前推进的同时刀具随刀盘向前旋转对开挖面土体产生轴向(沿隧道前进方向)的剪切力和径向(刀盘旋转切线方向)切削力,不断将开挖面前方土体切削下来。

为增强撕裂刀的耐磨性和整体性,在原有撕裂刀的基础上进行改进,刀体材料采用40CrNiMo(锻造),合金材料选用KE13,合金的焊接方式采用中高频银基钎焊,合金抗弯强度大于等于2800MPa,合金的硬度为HRA87-88,刀体堆焊耐磨层厚度为5mm。刀体堆焊耐磨层厚度大于等于HRC58。

4.3 盾构机穿越梅子洲风井施工方案比选

为了使盾构机能够一次性成功穿越梅子洲风井,工作人员拟定了多套施工方案,通过方案比选,对其中一套施工方案进行优化后采用,以下为原施工方案与优化后施工方案的步骤对比。

4.3.1 盾构机穿越梅子洲风井施工方案一

步骤一:将井内预留的盾构检修空间以密实砂土进行回填,回填后砂的重度应不低于$20\,kN/m^3$,如图4-9所示。

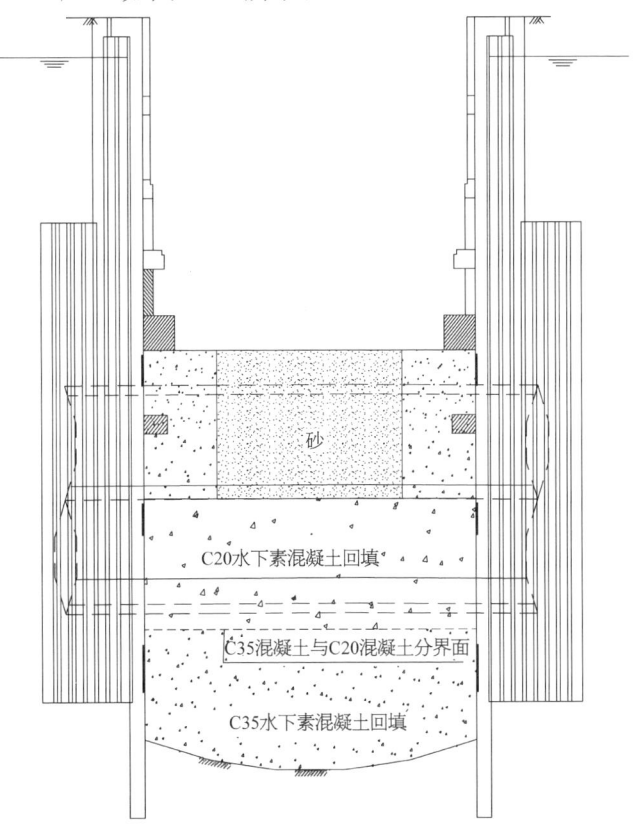

图4-9 原设计方案步骤一示意图

步骤二：浇筑主体结构底板的剩余部分，并对底板上的孔洞用于主体结构底板混凝土标号的素混凝土进行临时封堵，如图4-10所示。

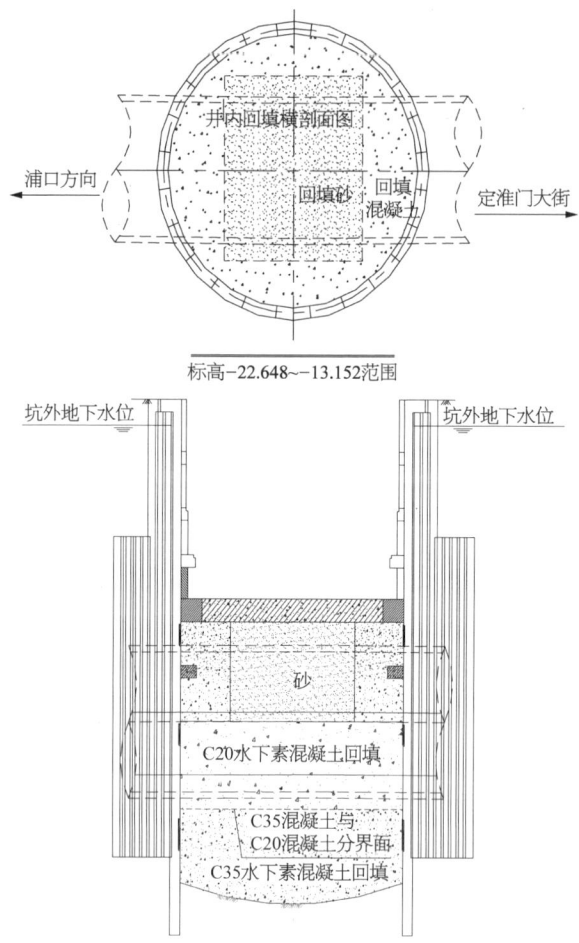

图4-10　原设计方案步骤二示意图

步骤三：盾构切削含玻璃纤维筋地连墙进入风井，在盾构进洞过程中需加强盾尾管片的同步注浆与二次注浆，必要时需进行补充注浆以充分堵塞盾尾后方的渗水通道。盾尾完全进入风井一定距离后，如有必要则停机对盾构刀盘进行检修，如图4-11所示。

步骤四：盾构检修完毕后切削风井大里程端含玻璃纤维筋地连墙出洞，出洞过程中需加强盾尾管片的同步注浆、二次注浆及补充注浆以充分堵塞盾尾后方的渗水通道如图4-12所示。

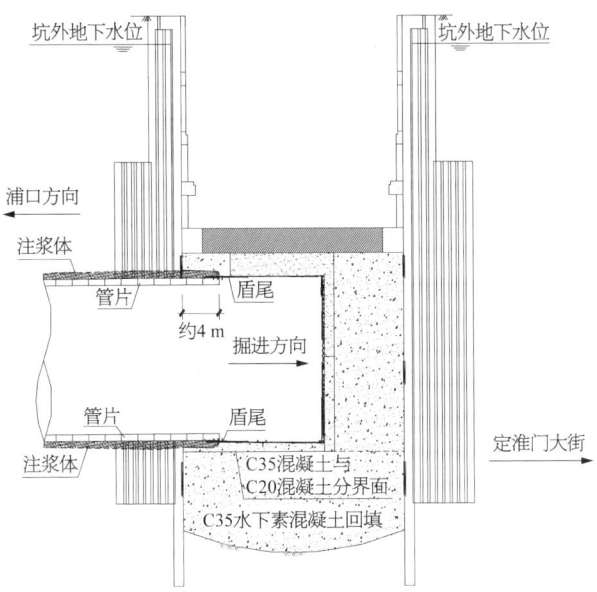

图 4-11 原设计方案步骤三示意图

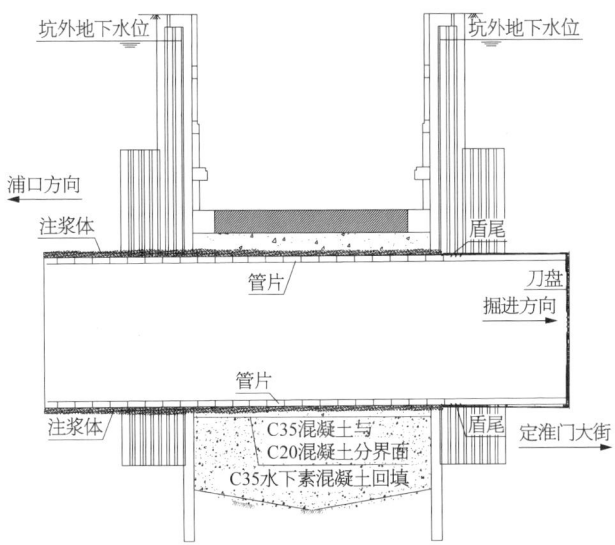

图 4-12 原设计方案步骤四示意图

步骤五：挖除主体结构底板上各孔洞处的临时封堵混凝土。挖除时应精确定位挖除区域并采用人工方式挖除，严禁采用爆破或机械开挖。临时封堵混凝土挖除完毕后，须对其表面进行清理、平整，并用水泥砂浆抹平，确保孔洞大小符合图纸要求。步骤五示意如图 4-13 所示。

步骤六如图 4-14 所示：

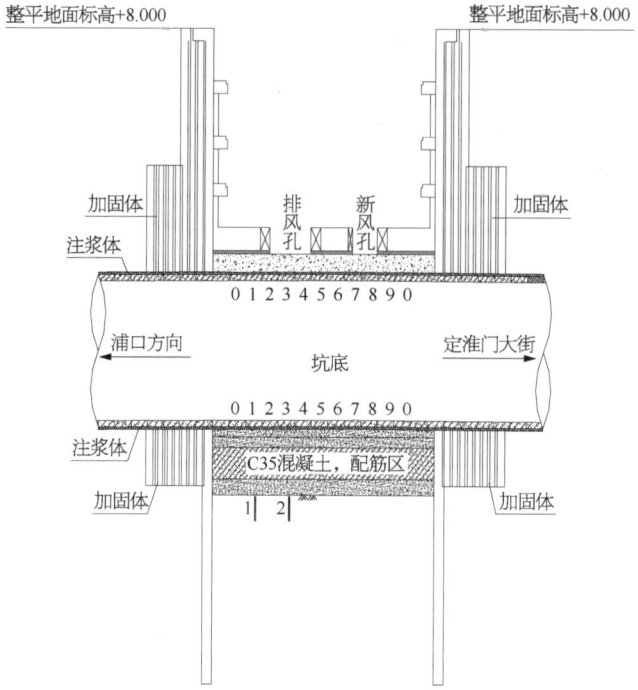

图 4-13　原设计方案步骤五示意图

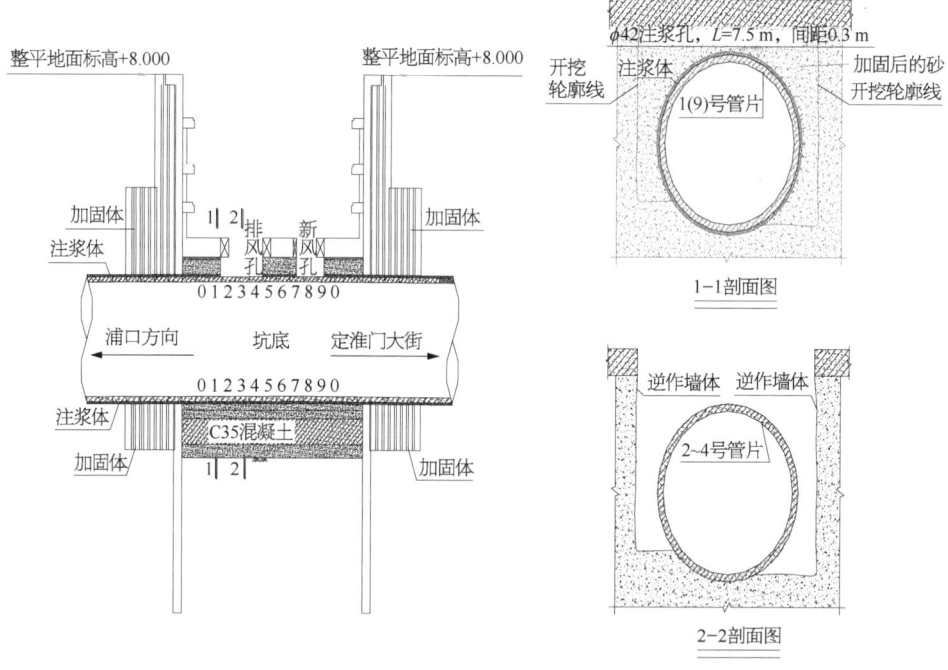

图 4-14　原设计方案步骤六示意图

（1）分层挖除新风孔与排风孔下方的附属结构范围内的坑内加固素混凝土及砂。挖除时应精确定位挖除区域并采用人工方式挖除，严禁采用爆破或机械开挖。挖除过程中，应及时观测开挖面上是否有地下水渗漏，如有渗漏，应及时采取注浆方式进行封堵，同时对开挖面至风井外侧 40 m 范围内的盾构管片通过预留注浆孔压注聚氨酯；经处理开挖面基本无渗漏后，方可进行后续开挖。

（2）开挖过程中需加强围护结构受力及变形监测；如有异常，应根据实际情况在素混凝土开挖面上及时架设钢支撑进行临时支护。

步骤七：对素混凝土开挖面进行整平，敷设附属结构防水层，浇筑风井两端环梁及侧墙；浇筑新风孔与排风孔下方的附属结构及车道板层（图 4-15）。

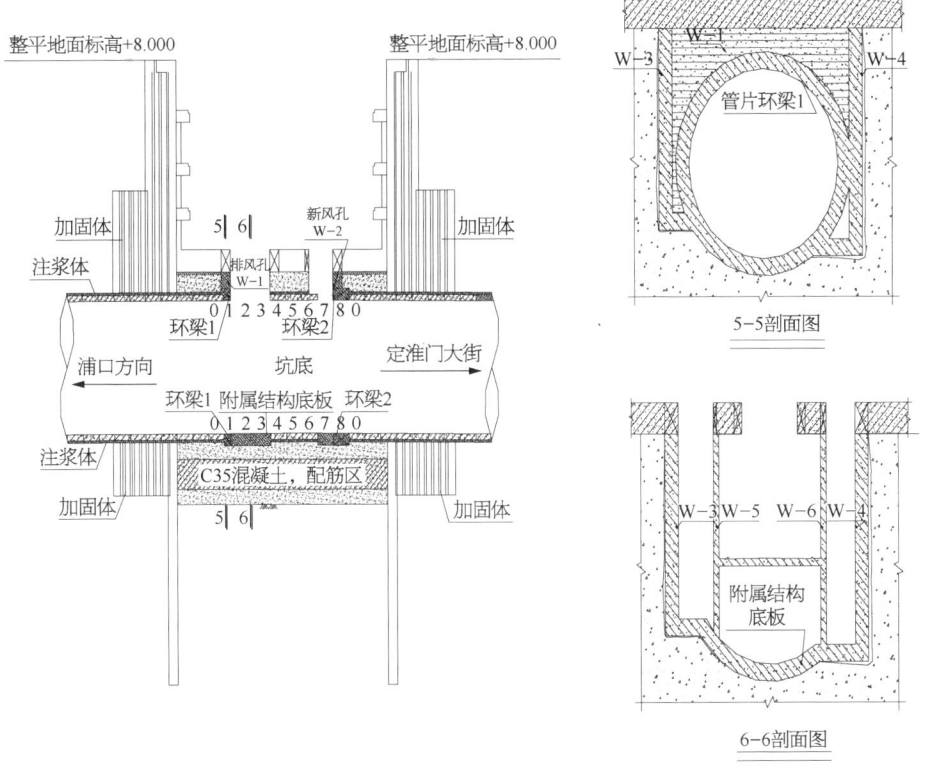

图 4-15　原设计方案步骤七示意图

步骤八：挖除 4~6 号管片上方的回填素混凝土；拆除 4~6 号管片；挖除管片下方附属结构底板范围内的素混凝土（图 4-16）。

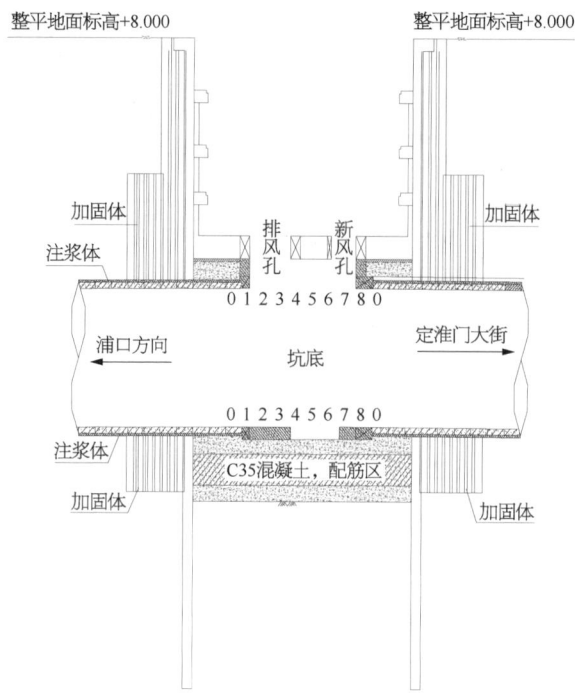

图 4-16　原设计方案步骤八示意图

步骤九：对素混凝土开挖面进行整平，敷设附属结构防水层，浇筑附属结构底板、侧墙及车道板层；浇筑附属结构内部隔墙、排烟道顶板等（图 4-17）。

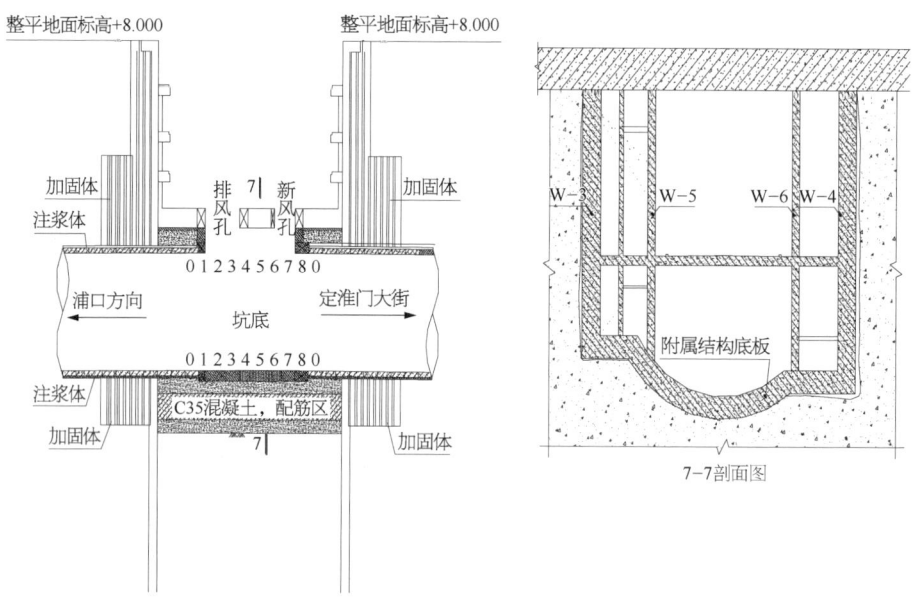

图 4-17　原设计方案步骤九示意图

4.3.2 盾构机穿越梅子洲风井施工方案二

步骤一：暂不进行砂回填，首先如图4-18所示凿除部分C20回填素混凝土至原设计附属结构底板以下不小于60 cm。

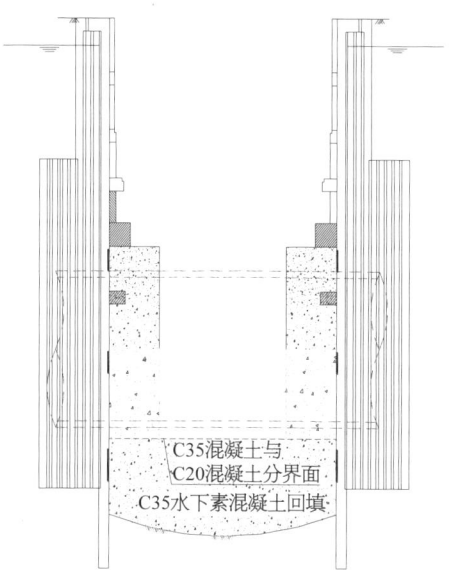

图4-18 优化后方案步骤一示意图

步骤二：敷设防水层，施作附属结构底板(图4-19)。

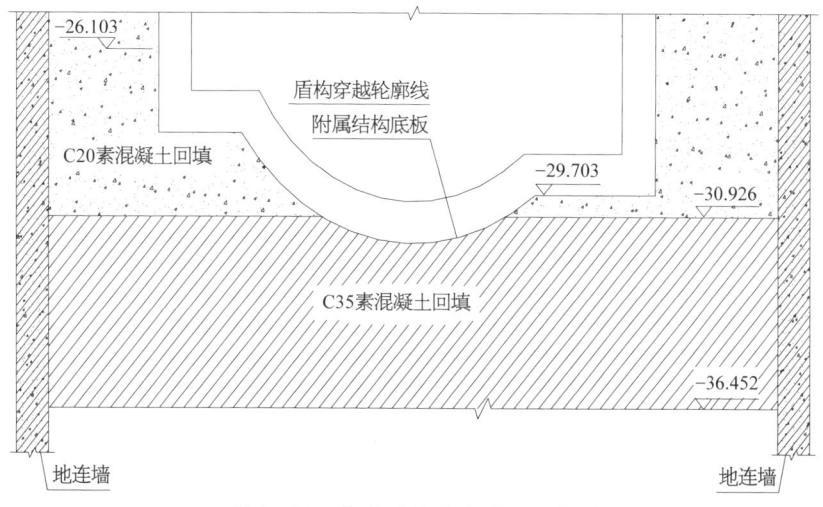

图4-19 优化后方案步骤二示意图

步骤三：施工盾构穿越区范围外的其他附属结构，并回填砂至标高 $-13.152\,\mathrm{m}$，回填后砂的重度应不低于 $20\,\mathrm{kN/m^3}$（图 4-20）。

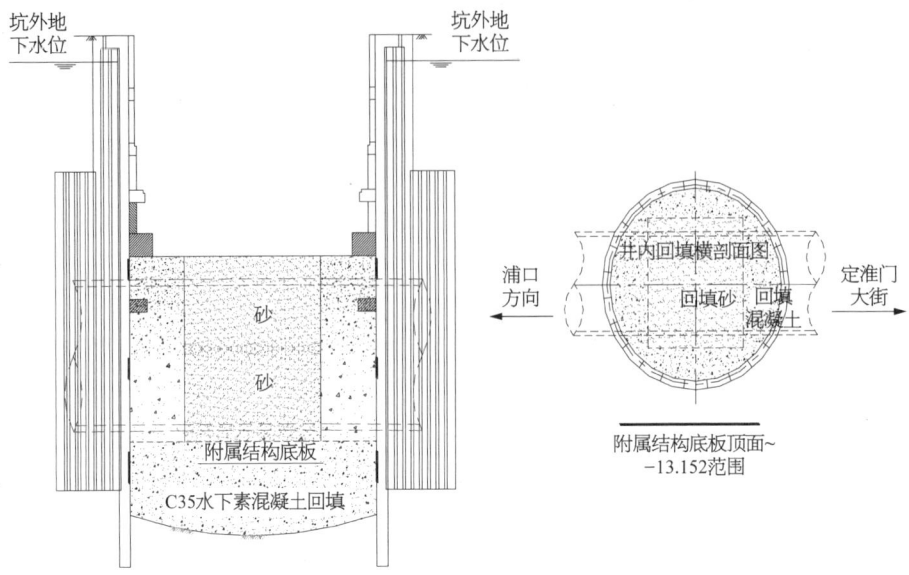

图 4-20 优化后方案步骤三示意图

步骤四：浇筑主体结构底板的剩余部分，并对底板上的孔洞用于主体结构底板混凝土标号的素混凝土进行临时封堵（图 4-21）。

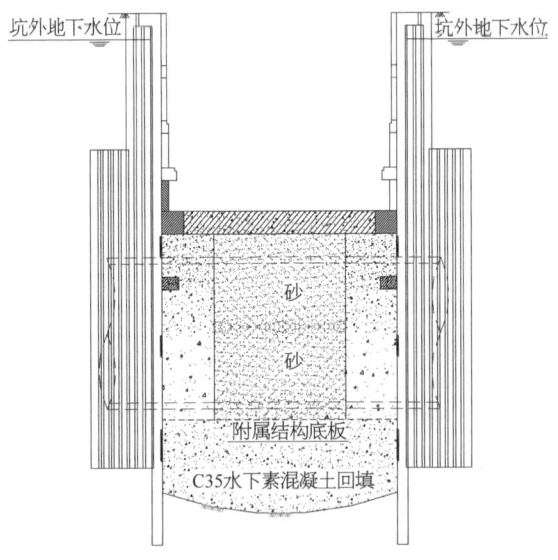

图 4-21 优化后方案步骤四示意图

步骤五如图 4-22 所示：

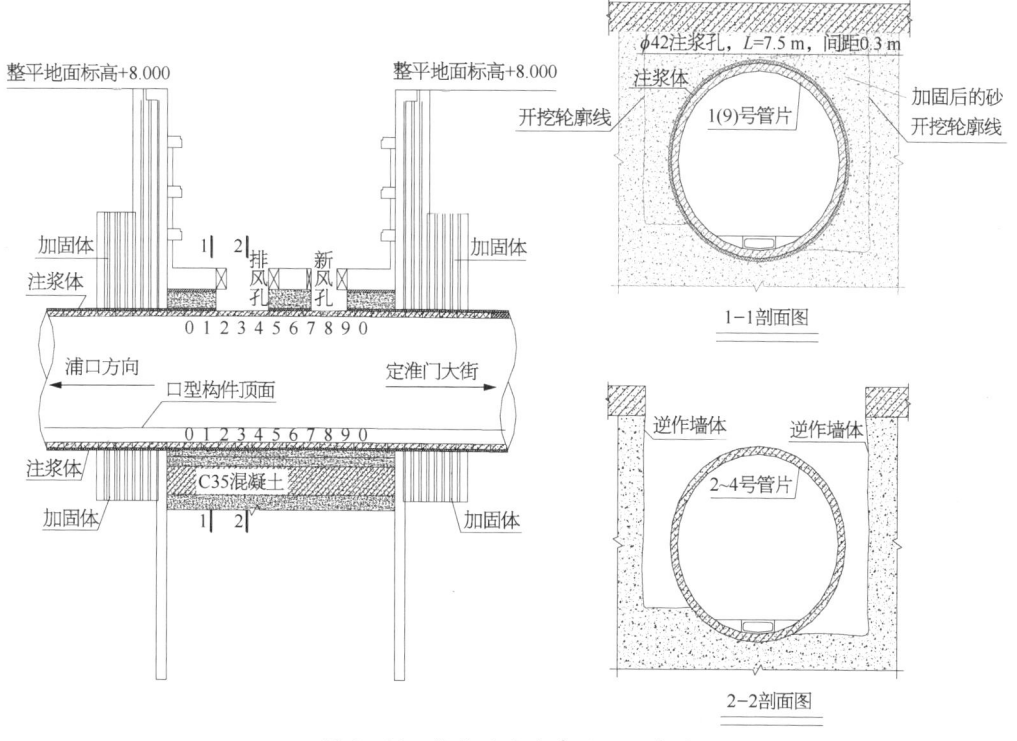

图 4-22　优化后方案步骤五示意图

（1）分层挖除新风孔与排风孔下方的附属结构范围内的坑内加固素混凝土及砂。挖除时应精确定位挖除区域并采用人工方式挖除，严禁采用爆破或机械开挖。挖除过程中，应及时观测开挖面上是否有地下水渗漏，如有渗漏，应及时采取注浆方式进行封堵，同时对开挖面至风井外侧 40 m 范围内的盾构管片通过预留注浆孔压注聚氨酯；经处理开挖面基本无渗漏后，方可进行后续开挖。

（2）开挖过程中需加强围护结构受力及变形监测，如有异常，应根据实际情况在素混凝土开挖面上及时架设钢支撑进行临时支护。

步骤六：拆除管片至口型构件顶面位置（图 4-23）。

步骤七：施作风井内其余盾构穿越段剩余结构（图 4-24）。

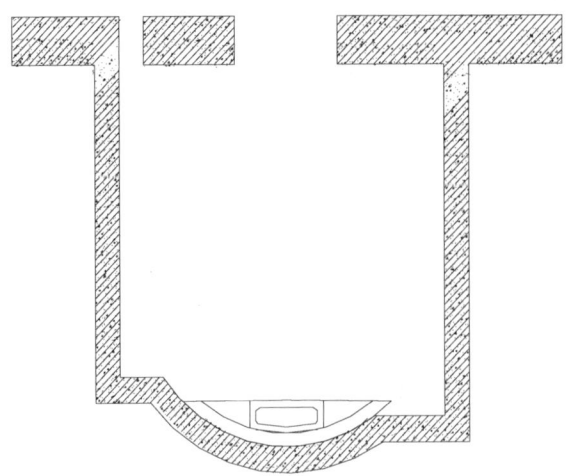

图 4-23 优化后方案步骤六示意图

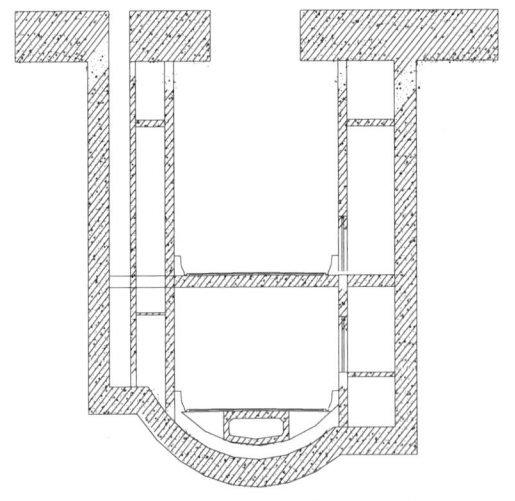

图 4-24 优化后方案步骤七示意图

4.3.3 盾构机穿越梅子洲风井施工方案对比分析

施工方案一中施工工序须在盾构穿越后拆除盾构下部的混凝土管片及口型构件等构件，不可避免地造成盾构隧道内部施工交通中断，进而无法进行盾构掘进、盾构段内部结构的施工。施工方案二对附属结构底板位置及施工顺序进行优化调整，进而保证附属结构底板结构不变的同时，保证盾构穿越后可持续施工，避免盾构在软弱地层中长时间停机，同时避免了盾构机穿越上软下硬的"地层"，从而起到对刀盘刀具的保护作用。

4.4 盾构穿越素混凝土强度优化分析

素混凝土强度的选取考虑盾构穿越风井的施工过程。盾构穿越时，考虑到施工的可行性，被开挖破除的素混凝土强度不能太大，且又须满足盾构穿越开挖时风井的整体稳定性。为此，对风井建设回填的素混凝土材料强度进行计算对比，以提出能满足盾构施工要求的素混凝土材料。素混凝土分别采用C20、C15、C10 3种强度，通过计算，对结果进行对比分析，各素混凝土的材料参数见表4-2。

表4-2 素混凝土材料参数

工况	素混凝土强度	重度(kN/m³)	弹性模量 E(GPa)	泊松比 μ
1	C20	24	25	0.2
2	C15	24	22	0.2
3	C10	24	17	0.2

表4-3～表4-6为工况1至工况3关于地连墙变形和受力、内衬墙、素混凝土的受力计算结果对比。从表4-3～表4-6可以看出：对于地连墙来说，工况1和工况2的内力计算结果相差较小，即采用C15和采用C20混凝土对地连墙影响相似，工况3的计算结果稍大；变形方面主要体现在地连墙的径向，C20和C15混凝土产生的地连墙径向变形分别为6.09 mm和6.12 mm，C10混凝土的地连墙径向变形稍大，为6.28 mm；对于内衬墙来说，3种工况的环向轴力、竖向轴力、竖向弯矩和环向弯矩量值都较为接近，仅工况3的竖向弯矩稍大；素混凝土受力结果表明，3种工况的最大压应力几乎一致，工况3(C10)的最大拉应力偏大，为1.15 MPa。

表4-3 地连墙内力对比

工况	轴力(kN)				弯矩(kN·m)			
	环向		竖向		竖向		环向	
	最大正向	最大负向	最大正向	最大负向	最大正向	最大负向	最大正向	最大负向
1	454	6 444	111	5 369	1 105	901	693	1 121
2	456	6 615	112	5 379	1 115	925	702	1 137
3	460	6 947	115	5 444	1 136	976	715	1 163

表 4-4　内衬墙内力对比

工况	轴力(kN)				弯矩(kN·m)			
	环向		竖向		竖向		环向	
	最大正值	最大负值	最大正值	最大负值	最大正值	最大负值	最大正值	最大负值
1	1 318	2 844	559	3 681	173	131	94	218
2	1 319	2 849	559	3 681	180	130	94	219
3	1 320	2 862	559	3 681	193	126	95	222

表 4-5　地连墙变形对比分析

名称	工况 1	工况 2	工况 3
地连墙变形(mm)	6.09	6.12	6.28

表 4-6　素混凝土受力对比分析

名称	工况 1	工况 2	工况 3
最大拉应力(MPa)	1.02	1.03	1.15
最大压应力(MPa)	5.80	5.80	5.80

基于以上分析,3种工况结果相差均不大,但工况3(C10)的变形和最大拉应力稍大,为减小盾构穿越施工难度,素混凝土采用C15,既能保证受力构件的安全,又利于盾构施工开挖。

4.5　盾构机穿越梅子洲风井施工技术

4.5.1　盾构穿越梅子洲风井掘进作业工序

(1) 盾构机到达加固区前,通过水位观测井观测加固区域的地下水位,如果水位较高,则对加固区进行注浆补强以增加固体的抗渗性。

(2) 梅子洲风井地连墙外侧40 cm区域的提前加固,采用双液浆压注,将可能出现的渗漏水通道提前封堵。

(3) 盾构掘进至距风井外侧地基加固区一定距离时,对盾构机姿态进行复核并及时纠偏,以确保盾构机切削至地下连续墙时,盾构姿态在预定的位置。

(4) 对盾构刀盘抵达地连墙端面前的最后 40 环管片,同步注浆的浆液配合比中应适当增加水泥用量,同时增加同步注浆量,每环注浆要达到密实均匀,保证注浆量的同时也要保证盾尾密封的安全,在掘进过程中根据注浆压力和地面监测情况进行实时调整,以达到管片壁后同步注浆充填密实的效果。

(5) 对盾构刀盘抵达地连墙端面时盾尾后部纵向 30 m 范围内的管片外侧土体,通过盾构管片上预留的二次注浆孔,实施整环二次注浆,注浆材料采用水泥浆。注浆完成后,打开注浆接头上的球阀,检查是否出现渗漏水现象,若出现漏水则再次实施补充注浆。

(6) 盾构机直接切削地连墙玻璃纤维筋混凝土,在切削过程中应控制好各项掘进参数以减少超挖。在盾构进洞过程中,进行同步注浆及二次注浆,并对此过程中脱出盾构尾部的管片压注聚氨酯,同时需通过水位观测井等密切关注周边的水土流失情况。

(7) 盾构全部进入风井后,对风井外侧 20 m 至盾尾之间的所有管片,通过管片上预留的二次注浆孔再一次进行聚氨酯压注以截断盾构尾部可能存在的地下水通道、堵塞管片壁后的空隙。

盾构掘进作业工序流程图如图 4-25 所示。

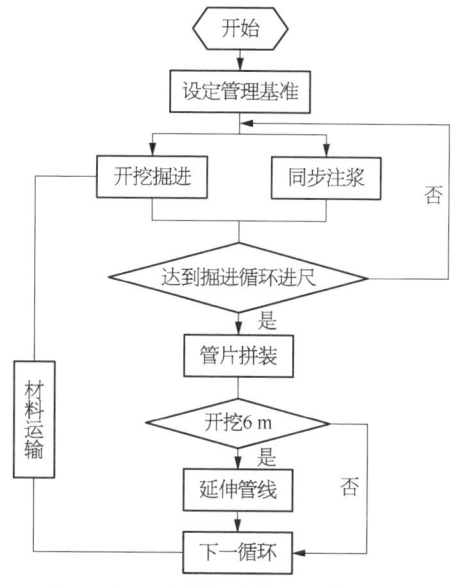

图 4-25 盾构掘进作业工序流程图

4.5.2 盾构穿越梅子洲风井关键控制技术

1) 切口水压控制

盾构切口泥水压力的设置准确与否对于盾构前方土体的稳定和地面沉降变化具有很大的影响,因此施工过程中应对切口水压做出准确的计算。

(1) 切口水压上限值:

$$P_{上}=P_1+P_2+P_3=\gamma_w \cdot h + K_0[(\gamma-\gamma_w)h+\gamma(H-h)]+20 \tag{4-1}$$

式中:$P_{上}$ 为切口水压上限值(kPa);P_1 为地下水压力(kPa);P_2 为静止土压力(kPa);P_3 为变动土压力,一般取 20 kPa;γ_w 为水的容重(kN/m³);h 为地下水位以下的隧道埋深(算至隧道中心,m);K_0 为静止土压力系数;γ 为土的容重(kN/m³);H 为隧道埋深(算至隧道中心,m)。

(2) 切口水压下限值:

$$P_{下}=P_1+P_2'+P_3=\gamma_w \cdot h + K_a[(\gamma-\gamma_w)h+\gamma(H-h)]-2C_u\sqrt{K_a}+20 \tag{4-2}$$

式中:$P_{下}$ 为切口水压下限值(kPa);P_2' 为主动土压力(kPa);K_a 为主动土压力系数;C_u 为土的凝聚力(kPa)。

本工程施工过程中切口压力设定值见表 4-7。

表 4-7 穿越区域覆土厚度及切口压力一览表

里程	盾心标高(m)	覆土厚度(m)	盾心水土压力(kPa)
SDK6+720	-22.98	22.11	339
SDK6+730	-22.87	21.99	338
SDK6+740	-22.78	21.88	336
SDK6+750	-22.71	22.03	336
SDK6+800	-22.72	20.62	330
SDK6+810	-22.79	20.32	330
SDK6+820	-22.88	19.96	330

(续表)

里程	盾心标高(m)	覆土厚度(m)	盾心水土压力(kPa)
SDK6+830	−22.99	23.08	340
SDK6+840	−23.12	25.37	348
SDK6+850	−23.28	25.54	350
SDK6+860	−23.46	25.61	352
SDK6+870	−23.66	25.73	354
SDK6+880	−23.88	25.85	357
SDK6+890	−24.12	25.9	361
SDK6+900	−24.39	25.84	364
SDK6+910	−24.68	25.87	368
SDK6+920	−24.99	26.16	372
SDK6+930	−25.33	26.42	376
SDK6+940	−25.68	26.22	381
SDK6+950	−26.04	26.03	384

2) 盾构推进速度控制

盾构进洞段施工时，推进速度应放慢，尽量做到均衡施工，减少对周围土体的扰动，避免在途中有较长时间耽搁。如果推得过快则刀盘开口断面对地层的挤压作用相对明显，在加固区前的推进速度在 20～30 mm/min，进入加固区以后推进速度控制在 10 mm/min。

盾构掘进 K6+720～750（防洪子堤）推进速度保持在 15～20 mm/min 以内。

盾构掘进 K6+750～800（加固体及风井）加固体内推进速度保持在 5～10 mm/min 以内，地连墙及风井内回填推进速度控制在 5 mm/min。

盾构推进 K6+800～950（地表民房）推进速度保持在 15～20 mm/min 以内。

盾构推进速度设定时，注意以下几点：

(1) 启动时，盾构司机需检查千斤顶是否顶实，开始推进和结束推进之前速度不宜过快。每环掘进开始后应逐步提高推进速度,防止启动速度过大冲击扰动地层。

(2) 一环正常掘进过程中,推进速度值应尽量保持恒定,减少波动,以保证切口水压稳定和送、排泥管的畅通。在调整推进速度时应逐步调整,避免速度突变对地层造成冲击扰动和切口水压摆动过大。

(3) 推进速度的快慢必须满足每环掘进注浆量的要求,保证同步注浆系统始终处于良好工作状态。

(4) 推进速度选取时,必须注意与地质条件和地表建筑物条件匹配,避免速度选择不合适对盾构机刀盘、刀具造成非正常损坏和隧道周边土体扰动过大。

3) 其他掘进参数控制

本工程盾构机穿越梅子洲风井施工过程中,盾构掘进参数见表4-8。

4) 盾构纠偏量的控制

在确保盾构正面沉降控制良好的情况下,使盾构均衡匀速施工,盾构姿态变化不可过大。每环检查管片的超前量,隧道轴线和折角变化不能超过0.3‰。推进时不急纠、不猛纠,多注意观察管片与盾壳的间隙,相对区域油压的变化量随出土量和千斤顶行程逐渐变化。采用稳坡法、缓坡法推进,以减少盾构施工对地面的影响。在盾构进入加固区前应根据洞门中心调整好盾构进洞位置与姿态,避免在进入加固区以后再调整盾构姿态。

方向控制及纠偏注意事项:

(1) 在切换刀盘转动方向时,应保留适当的时间间隔,推进油缸油压的调整不宜过快、过大,切换速度过快可能造成管片受力状态突变,而使管片损坏。

(2) 根据掌子面地层情况应及时调整掘进参数,调整掘进方向时应设置警戒值与限制值。达到警戒值时应立即实行纠偏程序。

(3) 严格控制纠偏力度,防止盾构机发生卡壳现象。

(4) 盾构方向控制极其重要,应按照掘进的有关技术要求,做好测量定位工作。

5) 同步注浆量和浆液质量控制

同步注浆在盾构向前推进盾尾空隙形成的同时进行,通过同步注浆系统及盾尾的内置注浆管(图4-26)。壁后注浆装置由注浆泵、清洗泵、储浆槽、管路、阀件等组成,安装在拖车上。当盾构掘进时,注浆泵将储浆槽中的浆液泵

表 4-8 盾构掘进梅子洲风井相关掘进参数

环号	里程 (m)	切口水压 (MPa)	总推力 (kN)	扭矩 (%)	刀盘转速 (r/min)	推进速度 (mm/min)	送泥流量 (m³)	排泥流量 (m³)	注浆量 (m³)	刀盘所在位置
1595	6751.4	0.31	8700~9200	15~28	左1	15	39.5	43.7	41.8	高压旋喷桩加固区
1596	6753.4	0.3	8700~9200	10~20	右1	13	39.5	43.7	42	
1597	6755.4	0.3	9300~9800	10~15	右1	12	40.1	42.9	42	
1598	6757.4	0.3	8800~9300	10~15	右1	12	39.8	42.3	41	
1599	6759.4	0.3	9700~10000	5~8	右1	11	40.4	42.5	42	
1600	6761.4	0.3	11800~12000	40~70	右1	7	39.7	41.8	42	地连墙
1601	6763.4	0.3	12000~13000	45~70	右1	4.5	39.9	43.5	42	梅子洲风井内部回填 C15 细石素混凝土
1602	6765.4	0.3	13000~13500	50~70	右1	3.8	41.3	42.7	45	
1603	6767.4	0.3	12300~12800	50~65	右1	10	39.6	42.2	42.6	
1604	6769.4	0.3	12800~13300	50~68	左1	20	42.5	45.5	42	
1605	6771.4	0.3	12800~13300	55~70	左1	13	42.4	45.2	42	
1606	6773.4	0.3	12800~13300	50~65	左1	10	40.8	43.3	42	
1607	6775.4	0.3	12800~13300	50~65	左1	10	41.4	43.4	42	
1608	6777.4	0.3	12800~13300	50~65	左1	10	41.4	43.4	42	
1609	6779.4	0.3	12400~12600	40~55	右1	10	41.1	43.2	42	
1610	6781.4	0.3	12300~12800	50~60	右1	10	40.3	42.5	43	
1611	6783.4	0.3	12500~13000	50~65	右1	10	40.7	42.6	42	
1612	6785.4	0.3	11600~12600	55~70	右1	5	42.3	43.9	42	
1613	6787.4	0.3	11200~12200	40~50	左1	10	42	44.1	42	
1614	6789.4	0.3	12300~12800	40~70	右1	3	41.4	42.1	42.3	地连墙
1615	6791.4	0.3	10000~10500	6~10	右1	3.5	41.9	43.8	43.1	高压旋喷桩加固区
1616	6793.4	0.27	9700~10000	10~18	左1	18	40.8	42.9	41.5	
1617	6795.4	0.27	9500~10000	10~18	右1	14	38.8	41.1	48.3	
1618	6797.4	0.27	9300~9800	10~18	右1	14	41.2	44.5	42.3	
1619	6799.4	0.27	8700~9200	10~18	右1	14	40.9	44.6	42.7	
1620	6781.4	0.27	8600~9000	10~16	左1	16	39.7	44.3	42.8	

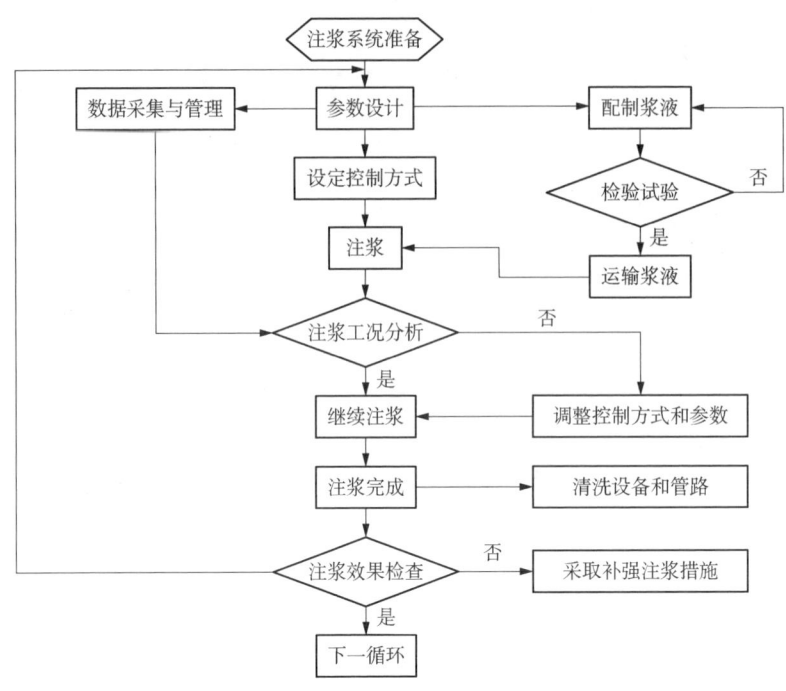

图 4-26 注浆工艺流程

出,通过盾尾壳体内的 12 根同步注浆管,对管片外表面的环形空隙中进行同步注浆。

对同步注浆量和浆液质量的控制,务必做到三点:

(1) 保证每环注浆总量。
(2) 保证每环推进时均匀合理地压注。
(3) 浆液的配比和稠度必须符合质量标准。

通过同步注浆及时充填建筑空隙,减少施工过程中的土体变形。

盾构机穿越后考虑到环境保护和隧道稳定因素,如发现同步注浆有不足的地方,通过管片的预留注浆孔进行二次补强注浆,补充同步注浆未填充部分和体积减少部分,从而减少盾构机通过后土体的后期沉降,减轻隧道的防水压力,提高止水效果。

根据穿越长江北岸大堤、保健村民房等施工经验,注浆量取环形间隙理论体积的 1.4~2.0 倍,其中 K6+720~750(防洪子堤)段每环注浆量应约 38 m³。加固体内注浆量约 35 m³,风井内回填掘进注浆量控制在 32 m³,切口压力一般控制在+(0.6~1.0)MPa,目前注浆时注浆泵口压力控制在 18 MPa 以内,出口压力控制在1MPa以内。目前注浆压力控制在当浆液压力高于盾尾密封的压力时,就会击穿盾尾密封而造成窜浆,因此在施工中必须严格控制浆液的配比,加大现场试验频率,浆液稠度控制在8~12cm,在注浆压力剧增时应立即停止注浆,查明原因或者更换孔位后再进行注浆。同时调整同步注浆的浆液配比,增加浆液中的水泥用量,以便增强同步注浆的强度。

本工程盾构机穿越梅子洲风井施工过程中,同步注浆各项参数见表4-9。

表4-9 穿越梅子洲风井注浆配合比及试验记录

样品名称			硬性浆液
每方浆液材料用量(kg)	水泥		50
	粉煤灰		300
	石灰		—
	沙		1160
	膨润土		80
	外加剂		3
	水		350
试拌记录	密度		1.95
	稠度(cm)	初始	10.4
		30 min	10.2
		3 h	7.5
	流动度(cm)	初始	29
		30 min	28
		3 h	27
	分层度(mm)		4
	泌水率(%)		1.5
	凝结时间(h:min)		17:30
抗压强度(MPa)	3 d		0.19
	7 d		1.35
	28 d		1.24

6) 盾尾油脂的压注

在同步注浆量充足的前提下,盾构机的盾尾密封功能就显得特别重要。为了顺利、安全地进洞,必须切实地做好盾尾油脂的压注工作。每班上班时检查并保证储桶内有充足的油脂。推进时油脂开关用自动挡根据压力情况自动补压(同时配备专人观察,需要时人工压注),杜绝因人为欠压造成的漏浆、漏水现象。盾尾油脂压注施工工艺流程如图4-27所示。

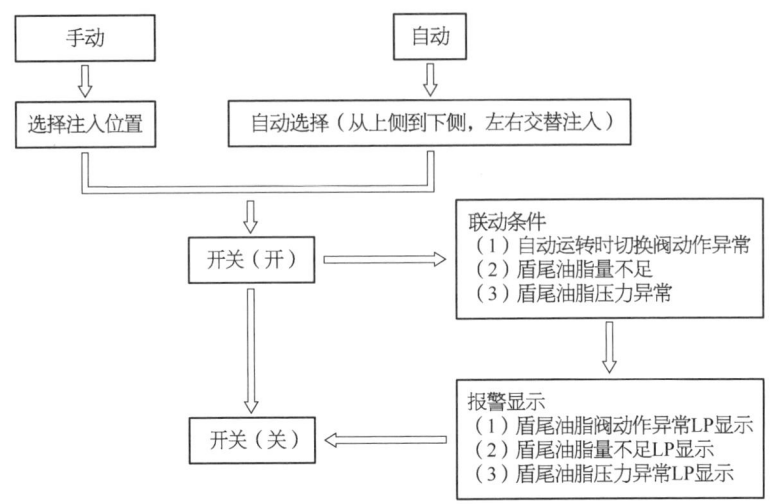

图4-27 盾尾油脂压注施工工艺流程

7) 二次注浆施工控制

为了保证盾构掘进后,确保后续洞门环梁施工不致产生渗漏,故对风井前后采用全环二次注浆加固止水,加固范围在进入风井前40～前20环,掘进至风井后的20～40环。盾构掘进后、口型构件安装前,把每环管片三个位于口字件和两侧混凝土回填下方的二次注浆孔全部压注完成,方可安装口型构件及施作两侧回填。其余注浆孔在盾构后续车架行驶过后再进行压注。

采用双液浆,注浆材料为PO42.5普通硅酸盐水泥和水玻璃(浓度46Be)根据现场搅拌罐体积,其施工材料配合比见表4-10。

表4-10 双液注浆材料配合比表

材料	水泥(kg)	水(L)	水玻璃(L)
配合量	200	200	200

双液浆注入方式及工艺流程：利用管片预留的二次注浆孔作为注浆孔位，安装上注浆单向逆止阀后，用电锤钻穿二次注浆孔保护层，接上三通及水泥浆管和水玻璃管。注双液浆时，先注纯水泥浆 1 min 后，打开水玻璃阀进行混合注入，终孔时应加大水玻璃的浓度。

在一个孔注浆完结后应等待 5～10 min 后将该注浆头打开疏通查看注入效果，如有水流出，应二次注浆压力控制在 3.5～4 MPa，超过 4 MPa，停止注浆。每块管片注浆之前，在其后面一环管片临近的注浆孔上开一个观测孔，若双液浆从观测孔流出，则停止注浆。再次注入至无水流出时可终孔，并进行下一孔位注浆。

二次注浆双液浆流程如图 4-28 所示。

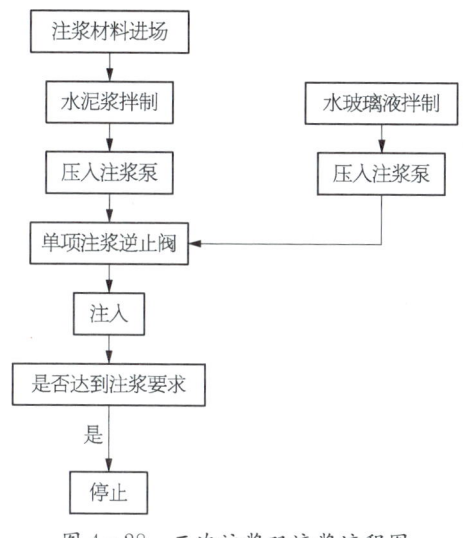

图 4-28 二次注浆双液浆流程图

4.5.3 回填凿除及管片拆除

盾构掘进至 K6+950 时，即穿越周边建筑物，在地下四层结构底板处预留的排风井处，凿除风井内回填混凝土及砂浆。以待拆除的 3 号管片为中心，沿隧道轴线向两侧分台阶凿除，台阶高度以人工手持风镐适宜操作为主(1.5～2.0 m)，沿隧道轴线宽度不小于 1.5 m。首先凿除部分混凝土，并拆除 3 号环管片最顶部一块，作为后续施工弃渣使用。

步骤一(图 4-29)：在通风井 5 m×5 m 预留排风口处凿除回填 C15 细石混凝土直至管片外弧面，凿除废渣通过预留排风口运出。沿隧道轴线方向凿除 3 号环管片上方回填凿除即可，垂直轴线方向凿除一块管片长度。利用管片

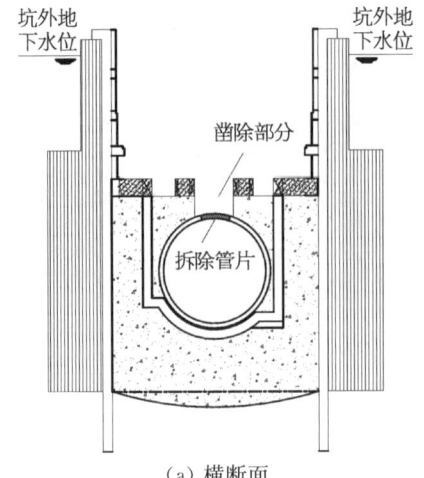

(a) 横断面

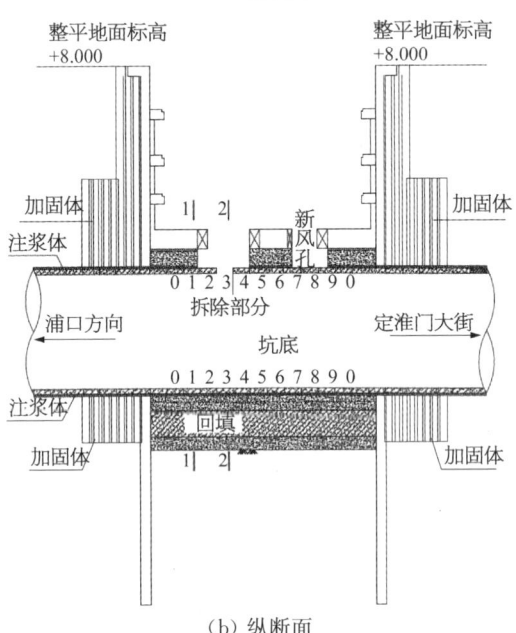

(b) 纵断面

图 4-29　步骤一示意图

预留的二次注浆孔穿过钢丝绳,拆除该块管片。

步骤二(图 4-30):沿垂直隧道轴线方向凿除回填 C15 细石混凝土,凿除后的渣土从上一步拆除管片处利用溜槽弃至运渣车上,隧道下方设置长度为 20 m 可移动保护平台。凿除一块,拆除一块,重复以上步骤直至拆除 3 号管片至圆心位置,按照 3 号→4 号→5 号→6 号→7 号→8 号→2 号→1 号→9 号顺序拆除

第4章 大直径盾构连续穿越风井关键技术

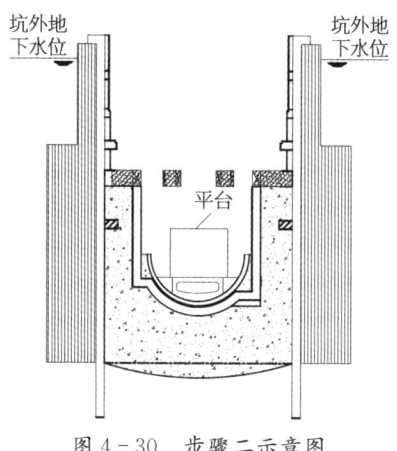

图4-30 步骤二示意图

至圆心位置,且在拆除1号和9号管片过程中,每拆除一块施作一次洞门环梁。

步骤三(图4-31):圆心以下位置采用人工手持风镐配合镐头机凿除管片及回填混凝土。仍由中间向两侧逐步拆除,最后拆除1号和9号管片,并逐块施作洞门环梁。完成后的环梁如图4-31所示。

在凿除风井内的混凝土时,应随时观察开挖面的渗水情况,如有渗漏应立即停止凿除,采用注浆方式进行封堵。注浆对地连墙两侧以外40 m范围内至开挖面间的管片通过二次注浆孔压注聚氨酯。待开挖面基本无渗漏后,再进行凿除工作。

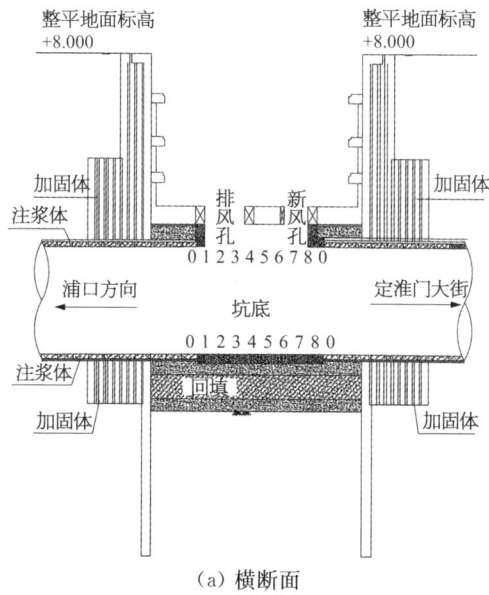

(a) 横断面

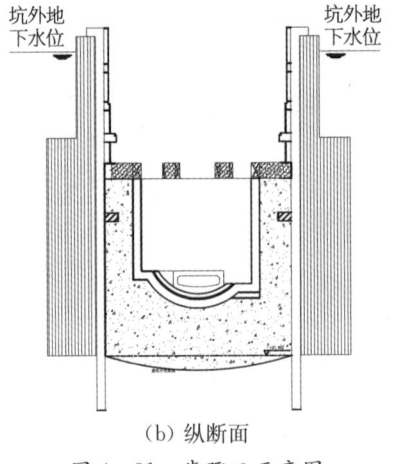

(b) 纵断面

图4-31 步骤三示意图

4.6 施工质量与安全保证措施

4.6.1 盾构掘进质量保证措施

1) 同步注浆保证措施

(1) 石灰、粉煤灰及膨润土不可有结块现象,砂子细度模数满足配比要求无杂质,含泥量不大于1%。

(2) 原材料计量误差控制在配比允许范围内,其中石灰计量偏差不大于1‰,其余材料计量偏差不得大于2%。

(3) 各材料按照合理顺序投放,搅拌均匀,严禁注浆材料中有结块现象,在泵送至注浆箱之前,在输送泵受料口处放置晒网,防止结块、杂质进入。

(4) 定期检查注浆压力传感器,确保压力控制准确。

(5) 注浆与掘进同步进行,根据推进速度适时调整注浆速度,并严格按照方案要求压注,确保注浆量满足。

(6) 在安装管片或停止掘进时应间歇性少量注入浆液,确保管路畅通,砂浆箱内搅拌器不得停止搅拌。

(7) 注浆过程中应密切关注管片变化,如发现管片有错台变化等,及时停止掘进和注浆,处理后方可恢复。

(8) 及时总结管片监测情况及地面变形监测情况,调整注浆数量、注入速度等,确保管片稳定及减小地面变形。

(9) 严格控制同步注浆浆液黏稠度,加大浆液黏稠度检测频率。

(10) 严格制度,确保"不注浆不掘进"。

2) 二次注浆质量保证措施

(1) 加强现场材料管理,严格执行材料进场检验程序,保证水泥、水玻璃等原材料满足设计和规范要求,不合格材料严禁进场使用,所有材料合格证等应予存档。

(2) 水、水泥及水玻璃应使用准确的计量工具,并按照配比施工。

(3) 做好注浆记录,结合同步注浆记录及监控量测情况调整浆液压注数量。

(4) 密切关注水泥浆及水玻璃注入速度,避免浆液单一压注。

(5) 施工前检查好管路,做好施工准备工作,避免管路堵塞等造成的单孔注浆停止,应尽量做到一孔开始注浆直至压注完成不停止,一次注完为宜。

(6) 水泥浆液的搅拌时间应大于 3 min,一次不宜搅拌过多,投料顺序先投水后投放水泥。浆液在使用前应过滤,浆液自制备到使用前不得超过初凝时间,且不大于 2 h。

3) 监控量测质量保证措施

(1) 监控量测管理及监测实施过程纳入施工生产管理过程,作为一个重要的施工环节,每天量测时间及所得成果及时对照施工生产工序进行总结分析。

(2) 监测所用仪器,定期检查,并保证按照国家计量部门要求进行标定。

(3) 各量测项目人员要相对固定,保证数据资料的连续性,量测仪器专人使用,专门机构进行检查保养。

(4) 数据测量过程中,遵守测量制度,水准及全站仪的操作应经过换手测量确保数据的真实性和准确性。

(5) 严格测点布置工艺、布点位置等,同时经常检查测点,尽早取得初始测量数值。加强日常巡视,确保测点不被损坏。

4) 盾构穿越堤坝、房屋质量保证措施

盾构穿越构筑物前由项目工程部制定详细的施工方案,并向各作业班组下发技术交底,安环部下发安全交底,明确各部门在施工过程中的职责和任务。在盾构推进前向盾构班组下达本班的指令单,明确各项作业参数的范围。

(1) 盾构推进措施:

① 切口水压:原则上根据切口水压的计算值,实际施工中按照地面沉降监测结果进行调整。

② 泥水质量指标:在施工期间采用高质量的泥水输送到切口,使其能很好地支护正面土体。泥水比重控制在 1.25 左右,黏度控制在 32~35 s,同时根据地层情况和刀盘前方土体稳定性进行调整。

③ 推进速度：此阶段推进速度不宜太快，控制在 20~30 mm/min，采用中速推进可以使土体被盾构推进所产生的应力充分释放，避免产生由于推进应力过大或过于集中而造成破坏，这样也有利于盾构纠偏。

(2) 沉降控制。地面沉降控制分为两个方面：盾构切口前的沉降，由切口泥水压力、推进速度、土砂量控制，为使切口泥水能更好地支护正面土体，必须同时严格控制泥水指标；盾尾后的沉降由同步注浆进行控制。在盾构实际推进过程中同样要根据地面沉降情况，由当班技术人员分析判断后对压浆量、压浆部位和注浆压力进行调整，并根据实际施工情况，及时进行补注浆，必要时辅以地面跟踪注浆，以有效控制村民房屋后期沉降。

(3) 通信联络

在盾构穿越期间，有专职人员昼夜对盾构影响范围内的村民房屋进行沉降监测，及时观察结构的变形情况。采用先进的通信手段，将监测数据及时、准确地反馈给盾构控制室，使得盾构控制室能够根据地面所反映的情况，进行正确判断，及时组织各子系统调整施工参数。

4.6.2 盾构掘进安全保障措施

(1) 在盾构推进过程中，由安全环保部对推进各班组进行安全教育，主要侧重点是针对本工程的盾构推进各道工序的危险源进行。

(2) 在施工过程中由安全环保部对施工现场进行定期和不定期的安全检查，对于不合安全规定的立即进行教育和限期整改，情节严重的进行处罚。

(3) 在盾构的推进中，根据控制地面变形要求在地面上沿盾构轴线和与轴线垂直的横断面上，布设地表位移测量标志点；在每环推进中跟踪测量地表隆沉变化，并通过调整推力、推进速度、盾构正面压力、注浆压力、注浆数量等施工参数，以使地面沉降位移尽量减少，从而为下一步盾构推进取得施工参数和施工操作经验。

(4) 根据工程对隧道变形及地表变形的控制要求选用同步注浆、二次补强注浆甚至三次注浆的工艺，注入的浆液必须按地层性质、地面超载条件、变形控制要求合理选定。

(5) 注浆安全要求：注浆人员必须经过专门培训，并熟练掌握有关作业规程；严禁在不停泵的情况下进行任何修理；注浆泵及管路内压力未降至零时，不准拆除管路或松开管路接头，以免浆液喷出伤人；注浆泵由专人负责操作，未经同意其他人不得操作；注浆人员在拆管路、操作注浆泵时戴防护眼镜，以防浆液溅入眼睛；保持机械及隧道内整洁，工作结束后必须对设备清洗保养，并清理周围环境。

第5章 工序转换过程梅子洲风井稳定性控制技术

5.1 关键技术问题

风井从水下开挖,到盾构机通过,再到地下水抽干排放、破除素混凝土,需经过复杂的工序转换过程。在此过程中,风井将承受复杂多变的荷载作用,这对风井结构安全影响极大,如基坑内从有水压到无水压的泄压工序转换中可能会产生突水涌水,使得工作井产生较大变形,从而导致工作井失稳的后果;盾构机破井过程,如果盾构前方土体加固不够,将导致正面涌水、涌砂、地表塌陷等险情。

梅子洲风井设计为圆形,由于存在拱效应,盾构穿越前后围护结构的受力变形将会更加复杂。风井围护结构在施工后,由于外围水土压力作用处于承力状态,当盾构穿越时,素混凝土被开挖,地连墙部分被破坏,风井的整个支护结构将发生较大程度的应力和变形调整,特别是地连墙部分被开挖破除,圆形拱效应影响较大。因此,对于梅子洲支护结构,盾构穿越前后地连墙、内衬墙、冠梁和环梁的内力状态变化情况及支护结构的整体稳定性评估,都是影响梅子洲风井建设的关键性难题。

5.2 梅子洲风井工序转换过程的数值模拟

5.2.1 梅子洲风井工程概况

梅子洲风井位于梅子洲尾部一水塘中,平面呈圆形,外径为 29.2 m、内径为 26.8 m、底板埋深约为 21.152 m,基坑开挖深度 44.452 m,风井中心处盾构隧道埋深约为 23.417 m。工作井采用了壁厚为 1.2 m 的圆形地下连续墙,地连墙内上半部分紧贴内衬墙,包括顶冠梁在内的 4 道钢筋混凝土环梁对结构进行围檩支撑，顶冠梁尺寸(高×宽)为1.2m×2.5m，第1~3道环梁尺寸均为1.2×1.5(高×宽)。围护结构形式如图5-1所示。

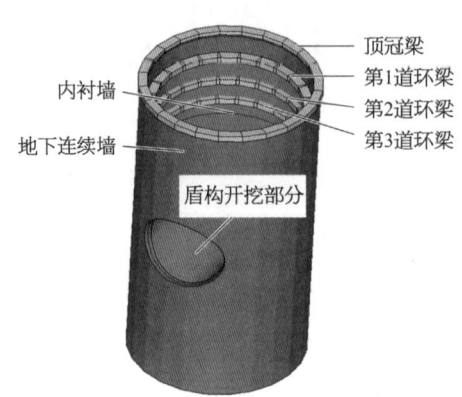

图5-1 围护结构示意图

5.2.2 计算采用参数

本次计算岩土体参数根据地勘报告选取，见表5-1。
钢筋混凝土和各标号素混凝土参数见表5-2。

5.2.3 计算方法(荷载结构法)

荷载结构法又称为弹性地基梁基床系数法，采用文克尔弹性地基模型，结构构件设为板壳和梁组成的空间结构，把围护结构和支撑视为一体，对挡土结构进行整体计算，假定主动侧土压力已知，被动土压力用土弹簧体现。通过在外侧迎土面施加不同的外力边界和逐次杀死内侧开挖面各土层土弹簧单元，实现开挖过程的模拟。

5.2.4 计算模型及边界条件

采用荷载结构法，建立风井结构的三维计算模型，如图5-2所示。其中，地连墙、内衬墙和底板均采用三维壳单元模拟，冠梁、三道环梁均采用三维梁单元模拟，盾构开挖的土体采用三维实体单元模拟，连续墙分幅之间采用连接单元连接。

边界条件：连续墙底部采用竖向约束，地连墙外部施加主动土压力和水压力，采用水土分算，内部有水荷载时施加边墙水压力，如图5-3所示。基坑内部采用法向弹簧约束，周边土体的弹性抗力系数取1.7×10^7 N/m(根据基床系

表 5-1 土层物理力学参数建议值表

层号	岩土名称	重度 γ(kN/m³)	固结快剪 C_q (kPa)	固结快剪 φ_q (°)	土侧压力系数 ξ	压缩模量 E_s (MPa)	泊松比 ν	渗透系数 垂直 k_v (m/d)	渗透系数 水平 k_h (m/d)	基床系数 垂直 K_v (MPa/m)	基床系数 水平 K_h (MPa/m)	标贯击数 N (击)
①₁	黏土	18.5	18	15.2	0.65	4.08	0.4	0.01	0.05	12	18	4.7
①₂	淤泥质粉质黏土	17.9	17	10	0.72	2.86	0.42	0.02	0.1	6	6	3.2
③₁	粉质黏土	17.9	28	17.1	0.68	3.28	0.4	0.05	0.2	10	15	12.4
④₁	粉砂	18.4	1	33.4	0.4	13	0.29	6.3		20	30	18.4
④₂	粉质黏土夹粉砂	18.1	26	13.6	0.65	3.67	0.39	0.05	0.2	20	30	13.3
④₃	粉砂	20.2	1	33.7	0.37	18.38	0.27	6.5		25	35	25.1
⑥₁	圆砾混卵石	20.6	0	45	0.25	—	0.2	35		60	180	>50
⑥₂	含砾中砂	19.8	5	20.9	0.38	—	0.28	10		30	80	>50

表 5-2　钢筋混凝土和素混凝土材料参数

混凝土种类	重度 ρ (kN/m³)	弹性模量 E (GPa)	泊松比 ν
钢筋混凝土	25	30	0.2
C20 素混凝土	25	25	0.2
C15 素混凝土	25	22	0.2
C10 素混凝土	25	17	0.2

数转换得到,基床系数见表 5-1),当模拟地连墙内部土体开挖时,采用释放弹簧的方式实现。

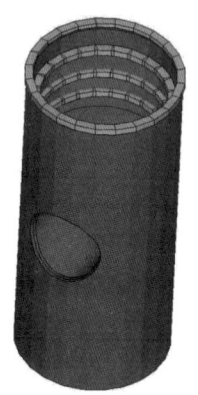

图 5-2　荷载结构法计算模型

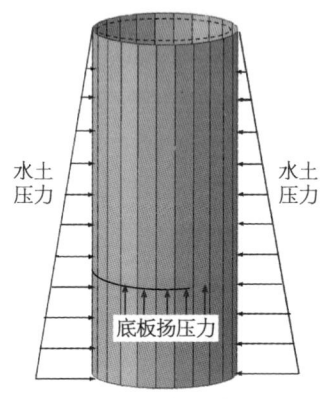

图 5-3　风井结构受力示意图

5.2.5　施工分析过程

荷载结构法的计算过程中,其风井施工模拟过程按照以下步骤进行:

Step 1:地层清表,风井连续墙成槽,浇筑。
Step 2:施加冠梁,进行第一步开挖。
Step 3:施加第一道环梁,进行第二步开挖。
Step 4:施加第二道环梁,进行第三步开挖。
Step 5:施加第三道环梁,进行第四步开挖。
Step 6:风井内灌水,水下分层开挖第一步。
Step 7:保持风井内水位,水下分层开挖第二步。
Step 8:保持风井内水位,水下分层开挖至坑底。
Step 9:浇筑坑底底板混凝土及钢筋混凝土。

Step 10：浇筑坑底素混凝土。
Step 11：井内降水至坑底。
Step 12：浇筑内衬钢筋混凝土底板及侧墙。
Step 13：盾构破地连墙进洞。
Step 14：盾构破除洞内隧道范围内的素混凝土。
Step 15：盾构破地连墙出洞。
Step 16：超挖，破除洞内需施作风井结构的素混凝土。

各主要计算步的三维示意如图5-4～图5-14所示。

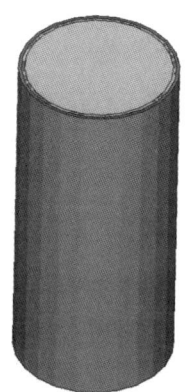

图5-4 地层清表，连续墙成槽，浇筑

图5-5 施加冠梁，开挖第一分层土体

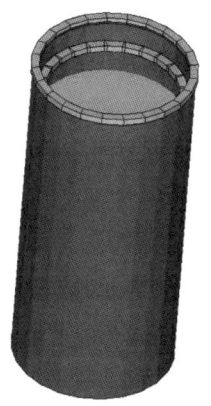

图5-6 施加第一道环梁，开挖第二分层土体

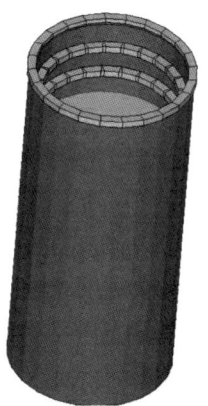

图5-7 施加第二道环梁，开挖第三分层土体

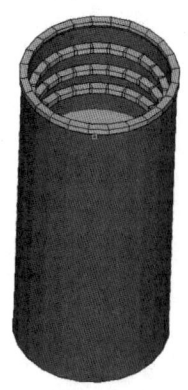

图 5-8 施加第三道环梁,开挖第四分层土体

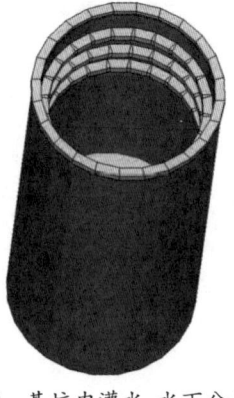

图 5-9 基坑内灌水,水下分层开挖至坑底

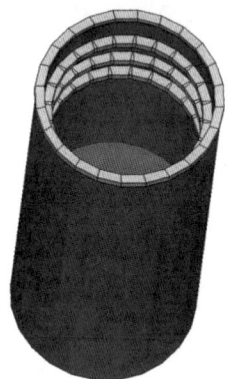

图 5-10 浇筑坑底素混凝土及钢筋混凝土

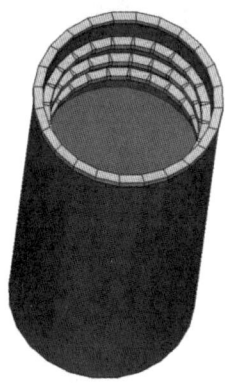

图 5-11 素混凝土回填至内衬墙底板标高

图 5-12 浇筑内衬钢筋混凝土底板及侧墙

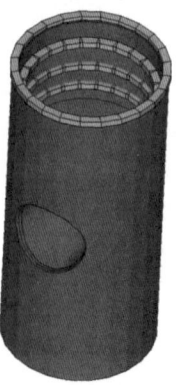

图 5-13 盾构破除洞内隧道范围内的素混凝土

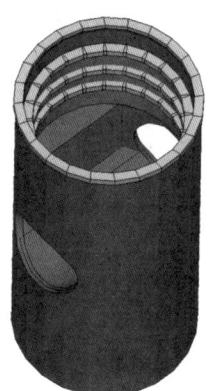

图 5-14 盾构破墙出洞,破除洞内需
施作风井结构的素混凝土

5.2.6 风井结构受力计算结果

1) 内衬墙内力计算结果

内衬墙的模型示意如图 5-15 所示。

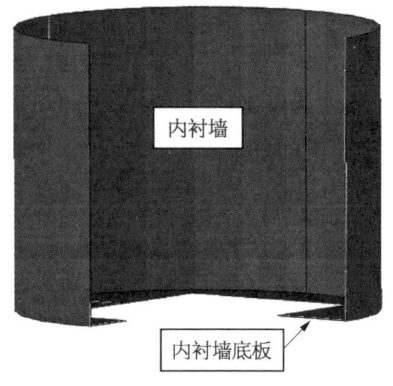

图 5-15 内衬墙示意图

盾构破井前,内衬墙的内力计算结果如图 5-16~图 5-19 所示。

由图可知,盾构破井前,内衬墙整体内力较小,仅在顶冠梁和三道环梁部位内力较大,环向轴力最大值分布在顶冠梁和第一道环梁部位,最大值为 952 kN;竖向轴力最大值分布在顶冠梁部位,最大值为 563 kN;竖向最大正负弯矩分布在顶冠梁和第一道环梁部位,最大正弯矩为 131 kN·m;最大负弯矩为 84.5 kN·m;环向最大正负弯矩分布在环梁部位,最大正弯矩为 21.4 kN·m,最大负弯矩为 132 kN·m。

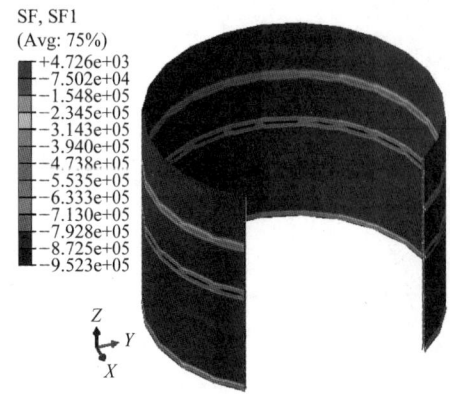

图 5-16　盾构破井前环向轴力

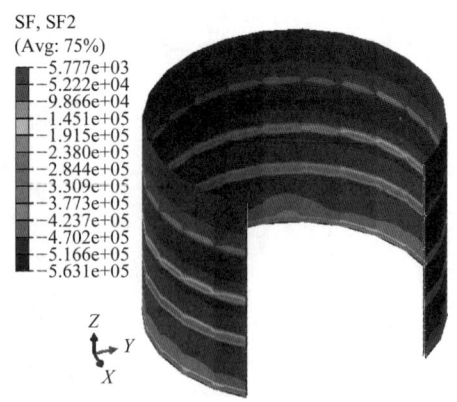

图 5-17　盾构破井前竖向轴力

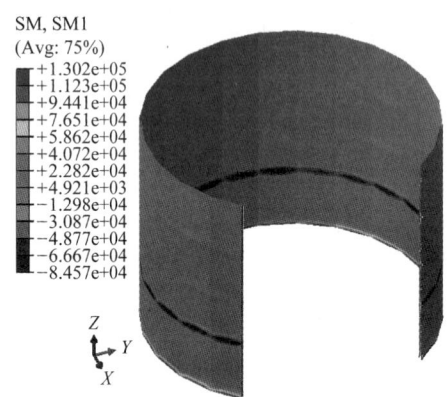

图 5-18　盾构破井前环向弯矩

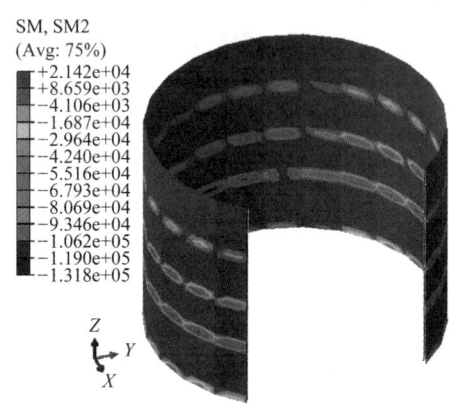

图 5-19　盾构破井前竖向弯矩

盾构破井时，内衬墙的内力计算结果如图 5-20～图 5-23 所示。

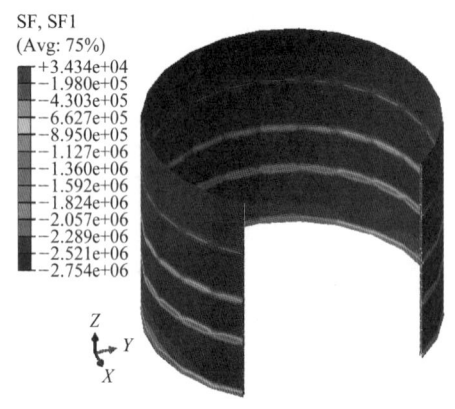

图 5-20　盾构破井时环向轴力

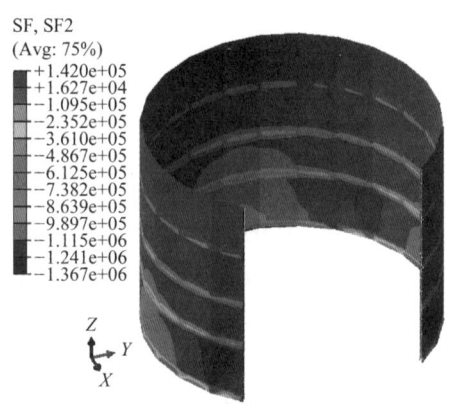

图 5-21　盾构破井时竖向轴力

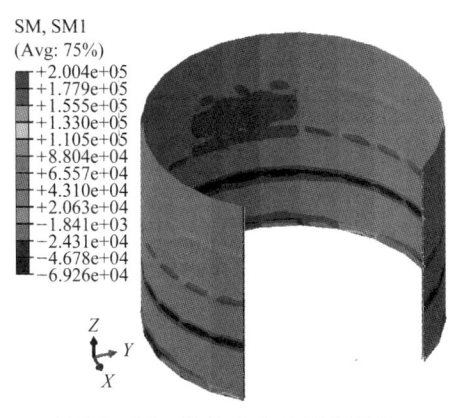
图 5-22 盾构破井时环向弯矩

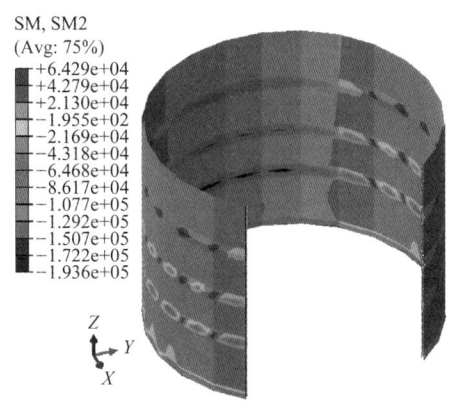
图 5-23 盾构破井时竖向弯矩

由图可知,盾构破井时,内衬墙在底板部位的环向和竖向轴力较大,最大环向轴力为 2754 kN,最大竖向轴力为 1367 kN;竖向最大正负弯矩分布在底板和第三道环梁部位,最大正弯矩为 200 kN·m,最大负弯矩为 69.3 kN·m,环向最大正弯矩较小,最大负弯矩分布在环梁部位,为 194 kN·m。

考虑风塔荷载和内部结构的作用后,内衬墙的内力计算结果如图 5-24~图 5-27 所示。

由图可知,考虑风塔荷载和内部结构的作用后,内衬墙在顶冠梁部位的环向受拉轴力较大,最大值为 1319 kN;靠近内衬墙底板部位环向受压轴力较大,最大值为 2849 kN;最大竖向轴力主要分布在内衬墙顶部,最大竖向轴力为 3681 kN;竖向最大正负弯矩分布在内衬墙底板部位,最大正弯矩为 179 kN·m,最大负弯矩为 129 kN·m;环向最大正弯矩分布在内衬墙顶部,最大值为 94 kN·m,最大正弯矩分布在底板部位,最大值为 219 kN·m。

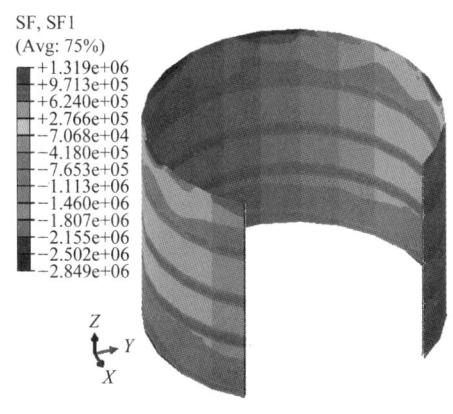
图 5-24 风塔荷载作用时环向轴力

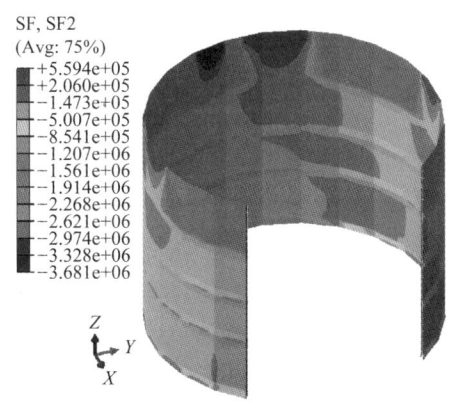
图 5-25 风塔荷载作用时竖向轴力

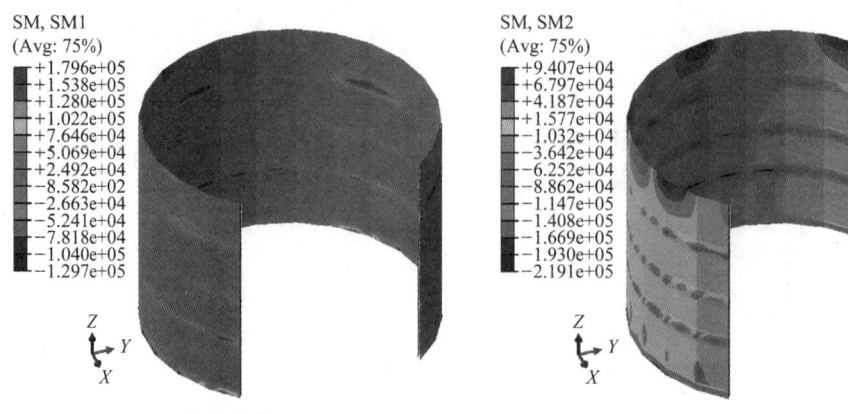

图 5-26 风塔荷载作用时环向弯矩　　图 5-27 风塔荷载作用时竖向弯矩

内衬墙的最大弯矩见表 5-3。

表 5-3　内衬墙的最大弯矩

施工步	内衬墙弯矩(弯矩向井内侧为负,向井外侧为正)			
	竖向弯矩(kN·m)		环向弯矩(kN·m)	
	最大正向	最大负向	最大正向	最大负向
破洞前	130	84.5	81.5	132
破洞后	200	746	89.3	734
风塔荷载	334	1014	195	966

从表 5-3 中可看出：内衬墙的竖向最大正弯矩为 334 kN·m,竖向最大负弯矩为 1014 kN·m,环向最大正弯矩为 195 kN·m,环向最大负弯矩为 966 kN·m,均为风塔荷载作用后的最大值。

内衬墙沿纵深方向的环向和竖向弯矩如图 5-28 和图 5-29 所示。

由图可知,考虑风塔荷载和内部结构后,内衬墙底板的受力较大,盾构向最大正弯矩为 334 kN·m,最大负弯矩为 1014 kN·m,分布在盾构隧道周边;垂直盾构向最大正弯矩为 195 kN·m,最大负弯矩为 966 kN·m,主要分布在盾构区域的中心部位,垂直盾构向最大轴力为 12510 kN,盾构向最大轴力为 1782 kN。其云图如图 5-30 和图 5-31 所示。

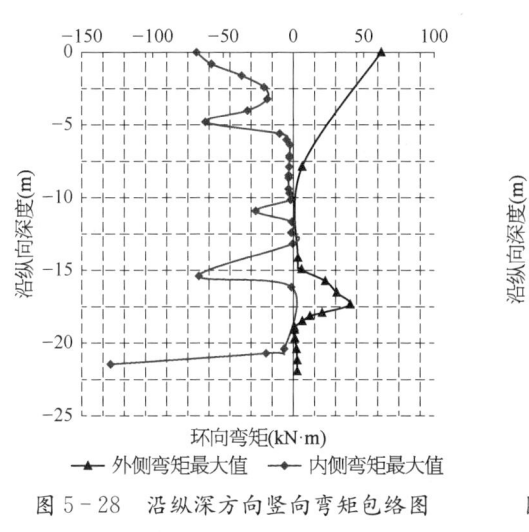

图 5-28 沿纵深方向竖向弯矩包络图

图 5-29 沿纵深方向环向弯矩包络图

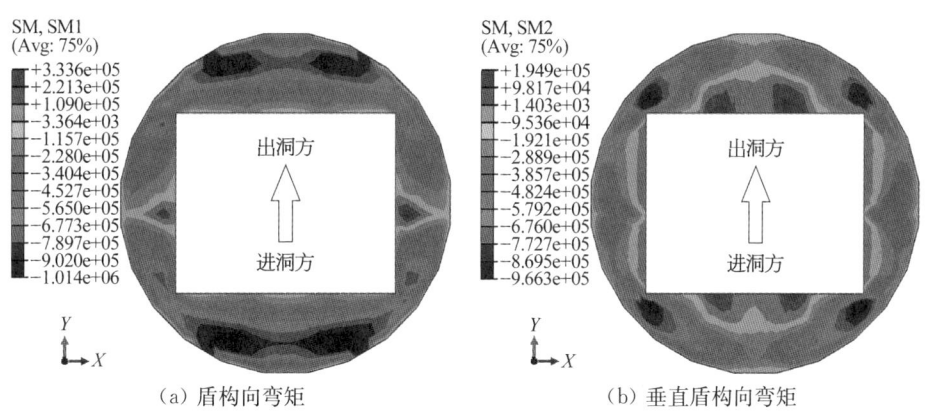

（a）盾构向弯矩　　　　　　　　　（b）垂直盾构向弯矩

图 5-30 底板弯矩云图

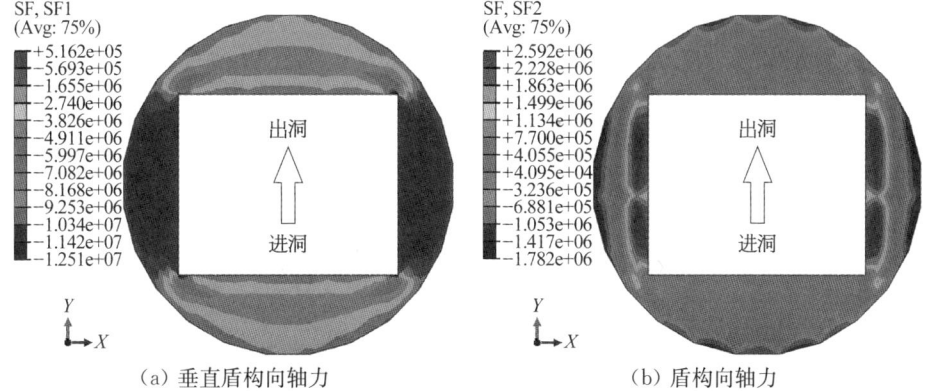

（a）垂直盾构向轴力　　　　　　　　（b）盾构向轴力

图 5-31 底板轴力云图

2) 冠梁和环梁受力计算结果

冠梁和环梁的位置如图 5-32 所示。

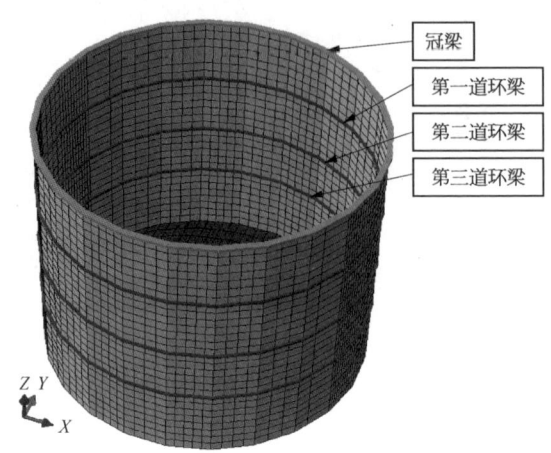

图 5-32 冠梁和环梁位置图

（1）冠梁受力分析。冠梁竖向和环向弯矩随整个施工分布步的变化曲线，如图 5-33 和图 5-34 所示。由曲线图可看出：竖向和环向弯矩均在风塔荷载作用后内力达到最大值。

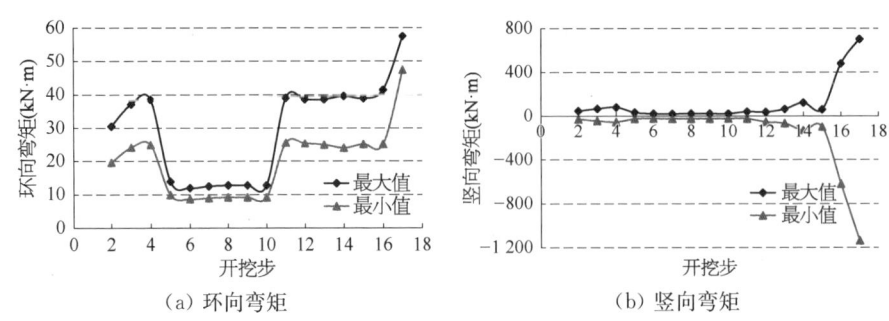

(a) 环向弯矩　　　　　　　　　　　(b) 竖向弯矩

图 5-33 竖向弯矩随施工过程变化曲线

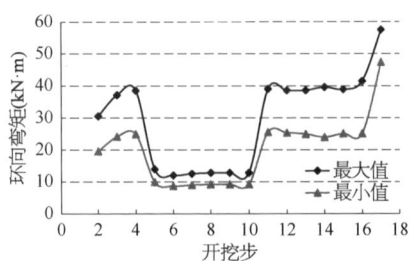

图 5-34 环向弯矩随施工过程变化曲线

冠梁轴力随施工过程变化如图 5-35 所示。

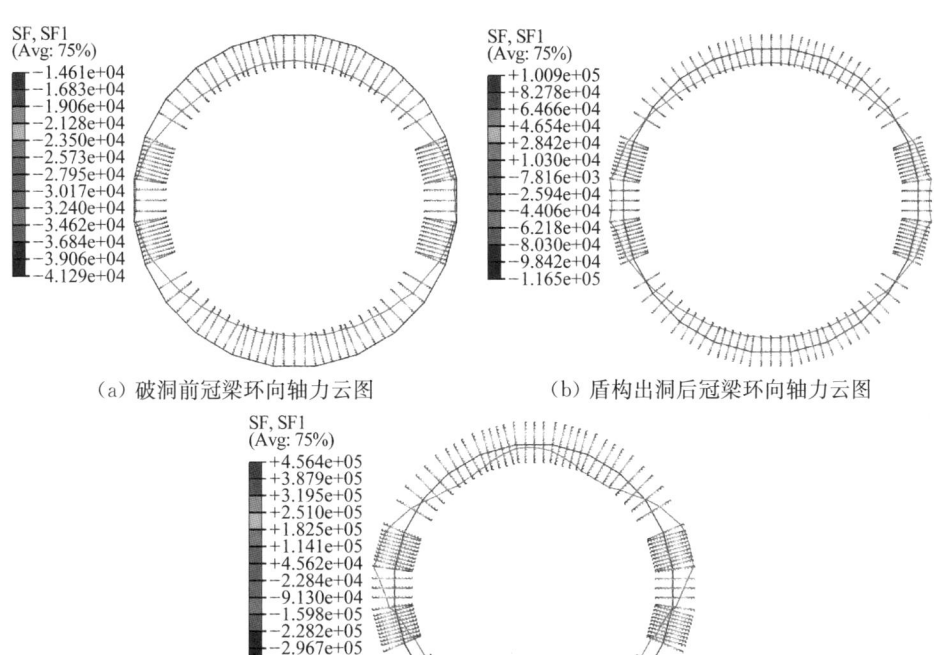

图 5-35 冠梁轴力随施工过程变化

由图可知，从风井破洞前到风塔荷载施作后，冠梁的内力变化较大，其环向轴力：破洞前最大轴力为 41 kN，盾构出洞后为 116 kN，风塔荷载施作后为 365 kN。

冠梁剪力随施工过程变化如图 5-36 所示。

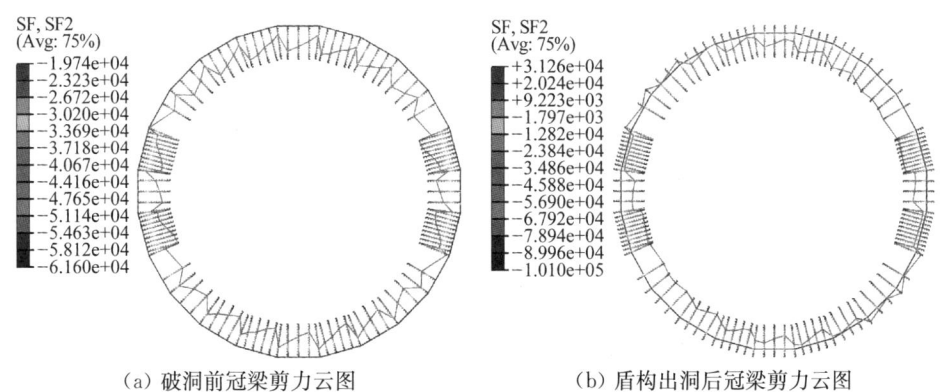

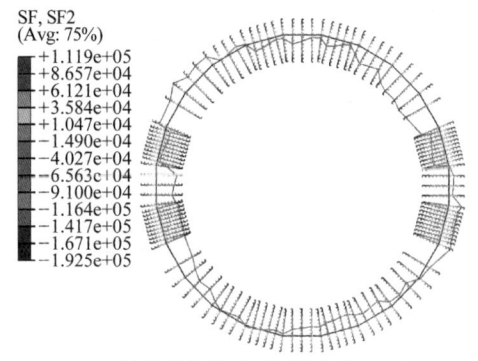

(c) 风塔荷载作用后冠梁剪力云图

图 5-36　冠梁剪力随施工过程变化

由图可知，破洞前最大剪力为 62 kN，盾构出洞后最大剪力为 101 kN，风塔荷载作用后最大正向剪力为 112 kN，最大负向剪力为 193 kN。

冠梁竖向和环向弯矩随施工过程变化如图 5-37 和图 5-38 所示。

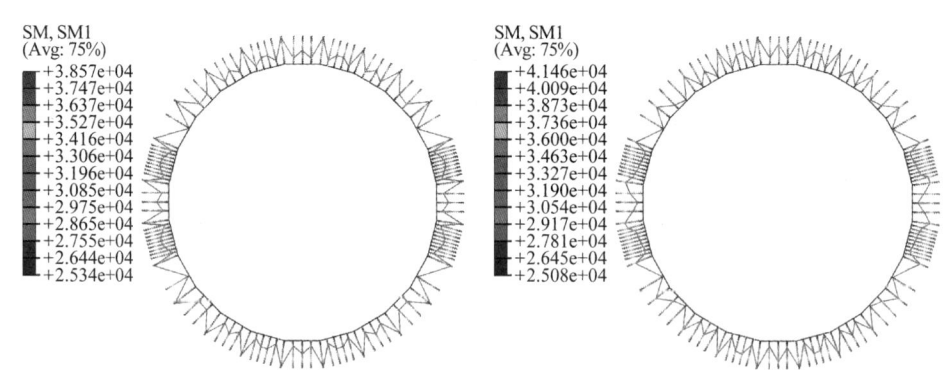

(a) 破洞前冠梁竖向弯矩云图　　　　(b) 盾构出洞后冠梁竖向弯矩云图

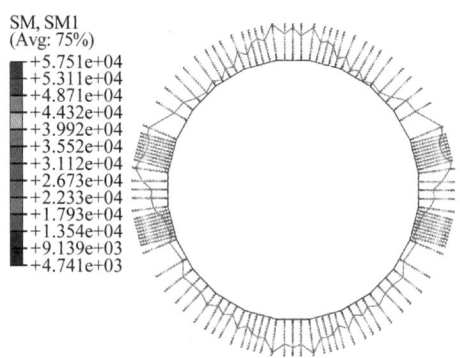

(c) 风塔荷载作用后冠梁竖向弯矩云图

图 5-37　冠梁竖向弯矩随施工过程变化

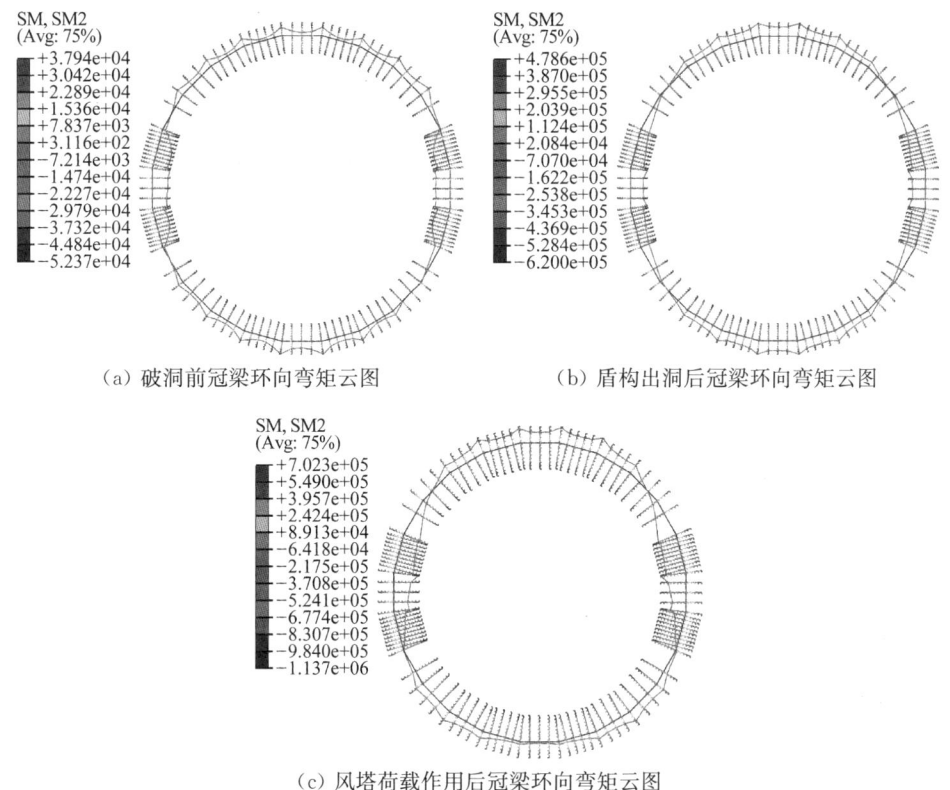

图5-38 冠梁环向弯矩随施工过程变化

由图可知,破洞前和出洞后的竖向弯矩变化不大,最大正弯矩接近41kN·m,风塔荷载作用后最大正弯矩为57kN·m。其环向弯矩:破洞前最大正弯矩为37.9kN·m,最大负弯矩为52.4kN·m,破洞后最大正弯矩为479kN·m,最大负弯矩为620kN·m,风塔荷载作用后最大正弯矩为702kN·m,最大负弯矩为1137kN·m。

(2)第一道环梁受力分析。第一道环梁环向和竖向弯矩随整个施工分布步的变化曲线如图5-39和图5-40所示。从曲线可看出:环向和竖向弯矩均在风塔荷载作用后内力达到最大值。

第一道梁轴力随施工过程变化如图5-41所示。

由图可知,从风井破洞前到风塔荷载施作后,第一道环梁的内力整体变化不大。其环向轴力:破洞前最大轴力为498kN,盾构出洞后为515kN,风塔荷载施作后为601kN。

第一道环梁竖向弯矩(SM1)随施工过程变化如图5-42所示,第一道环梁

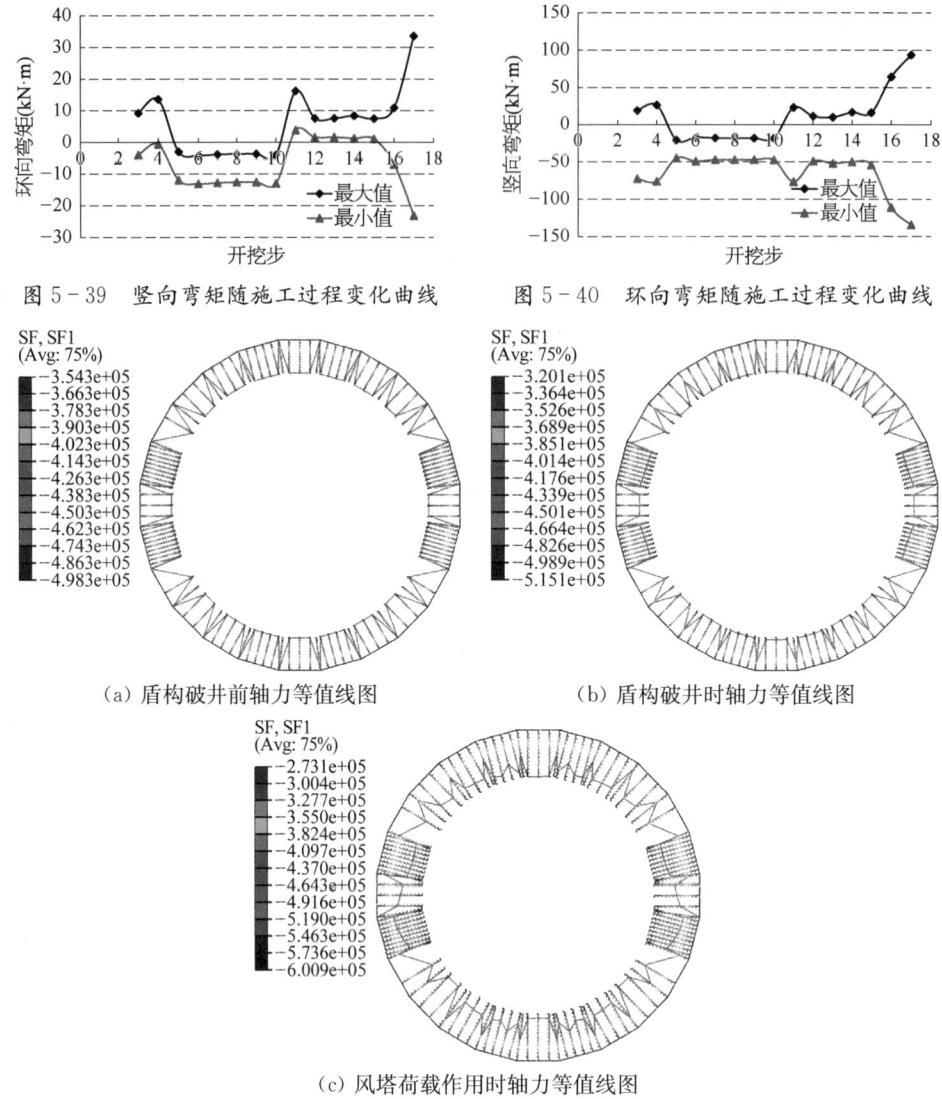

图 5-39 竖向弯矩施工过程变化曲线   图 5-40 环向弯矩随施工过程变化曲线

(a) 盾构破井前轴力等值线图   (b) 盾构破井时轴力等值线图

(c) 风塔荷载作用时轴力等值线图

图 5-41 第一道梁轴力随施工过程变化

环向弯矩(SM2)随施工过程变化如图 5-43 所示。

由图可知,破洞前和出洞后的竖向弯矩均不大,方向主要指向井外,最大弯矩接近 7.5 kN·m,风塔荷载作用后,最大正弯矩为 33.5 kN·m,最大负弯矩为 23.2 kN·m。破洞前的环向最大正弯矩为 11 kN·m,最大负弯矩为 49 kN·m,破洞后的环向最大正弯矩为 64.3 kN·m,最大负弯矩为 111 kN·m,风塔荷载作用后的最大正弯矩为 93.6 kN·m,最大负弯矩为 134 kN·m。

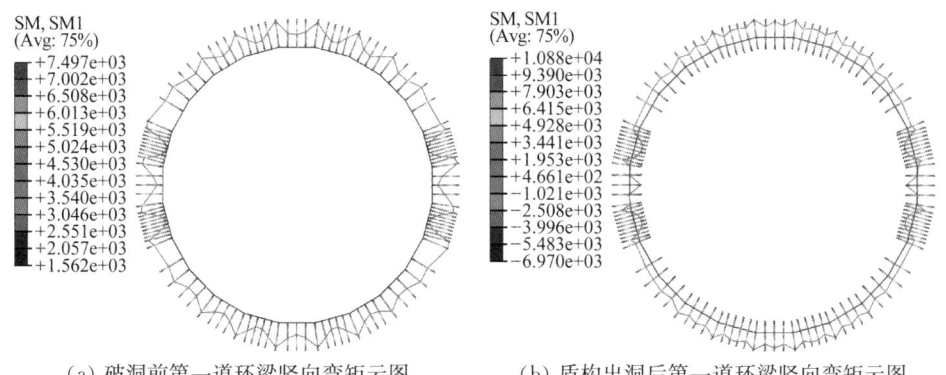

(a) 破洞前第一道环梁竖向弯矩云图　　(b) 盾构出洞后第一道环梁竖向弯矩云图

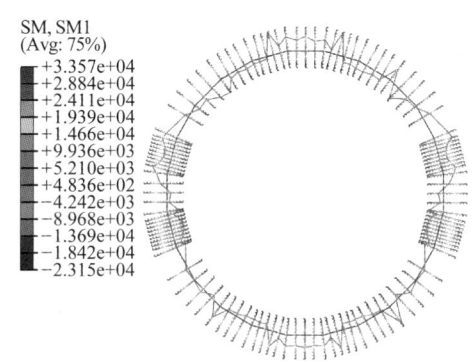

(c) 风塔荷载作用后第一道环梁竖向弯矩云图

图 5-42　第一道环梁竖向弯矩(SM1)随施工过程变化

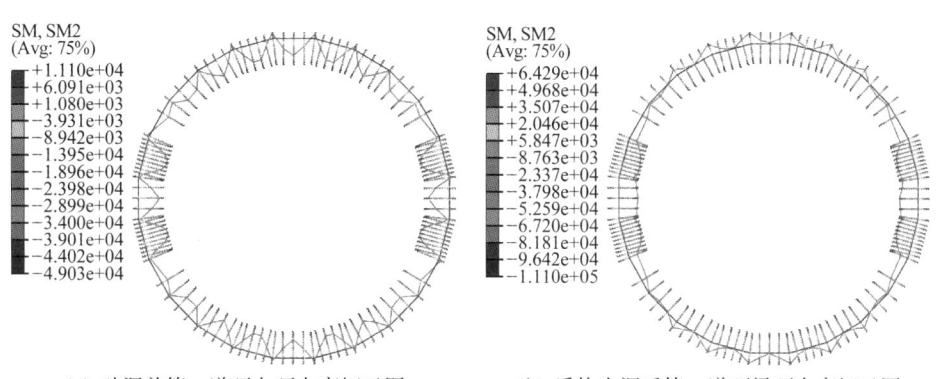

(a) 破洞前第一道环向环向弯矩云图　　(b) 盾构出洞后第一道环梁环向弯矩云图

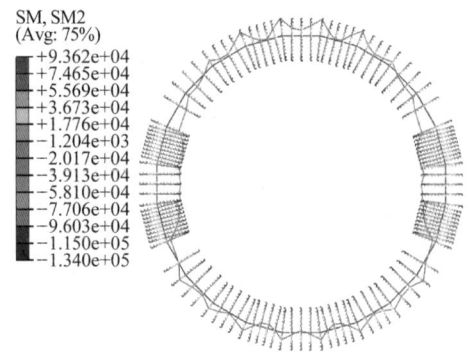

(c) 风塔荷载作用后第一道环梁环向弯矩云图

图 5-43　第一道环梁环向弯矩(SM2)随施工过程变化

(3) 第二道环梁受力分析。第二道环梁环向和竖向弯矩随整个施工分布步的变化曲线如图 5-44 和图 5-45 所示。从曲线可看出：环向和竖向弯矩均在风塔荷载作用后内力达到最大值。

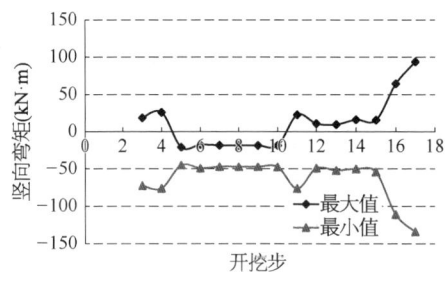

图 5-44　竖向弯矩随施工过程变化曲线

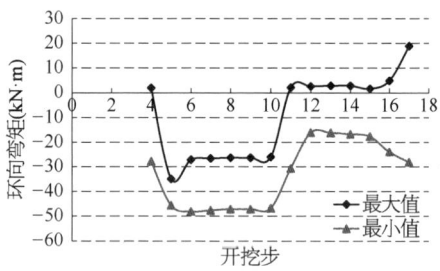

图 5-45　环向弯矩随施工过程变化曲线

第二道环梁轴力(SF1)随施工过程变化如图 5-46 所示。

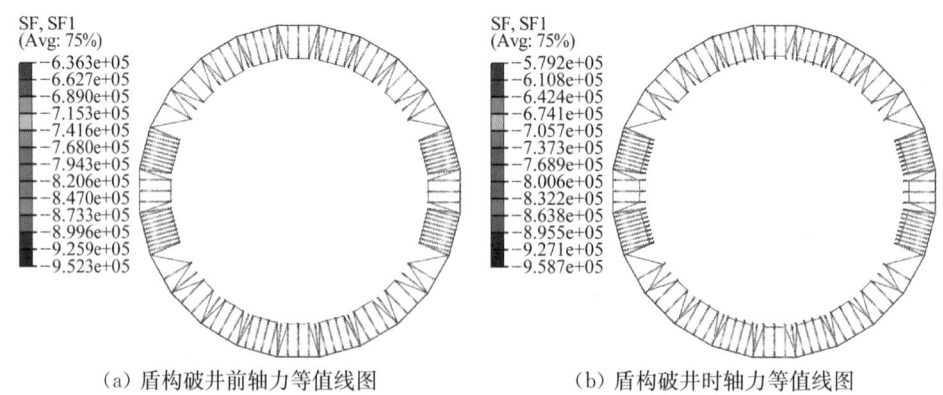

(a) 盾构破井前轴力等值线图　　(b) 盾构破井时轴力等值线图

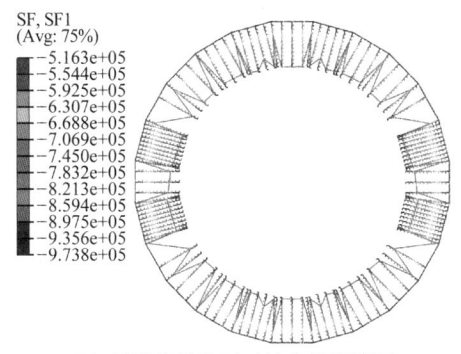

(c) 风塔荷载作用时轴力等值线图

图 5-46　第二道环梁轴力(SF1)随施工过程变化

从风井破洞前到风塔荷载施作后，第二道环梁的内力整体变化不大。其环向轴力：破洞前最大轴力为 952 kN，盾构出洞后为 959 kN，风塔荷载施作后为 974 kN。

第二道环梁竖向弯矩(SM1)随施工过程变化如图 5-47 所示，第二道环梁环向弯矩(SM2)随施工过程变化如图 5-48 所示。

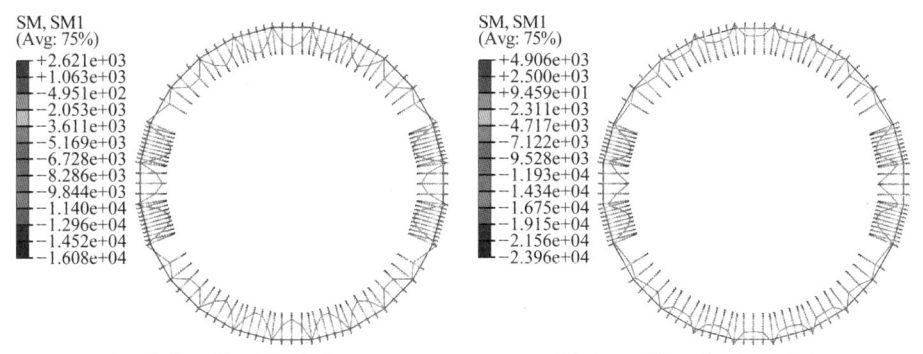

(a) 破洞前第二道环梁竖向弯矩云图　　　(b) 盾构出洞后第二道环梁竖向弯矩云图

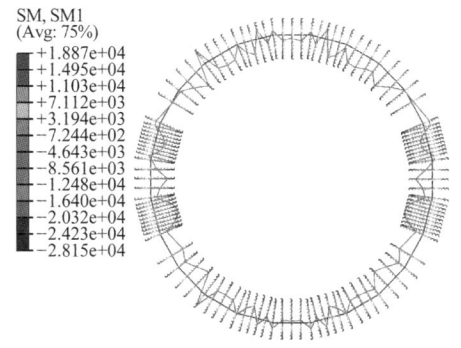

(c) 风塔荷载作用后第二道环梁竖向弯矩云图

图 5-47　第二道环梁竖向弯矩(SM1)随施工过程变化

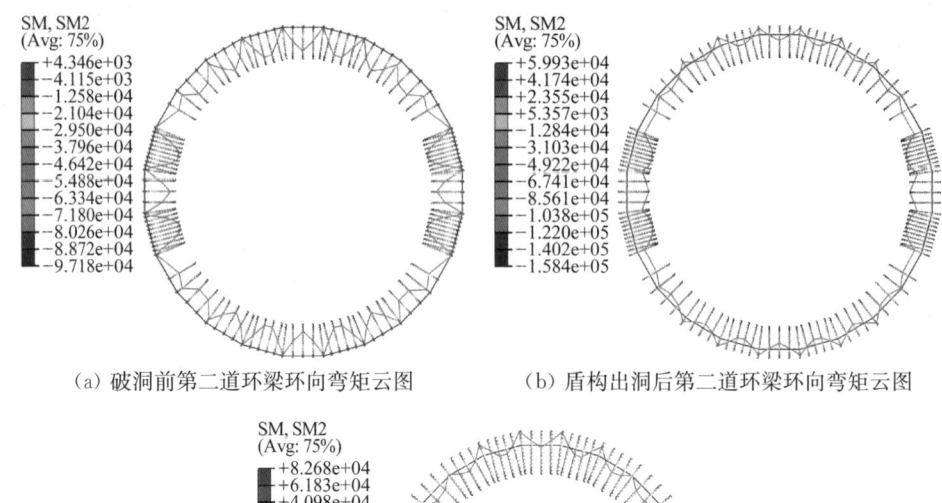

(a) 破洞前第二道环梁环向弯矩云图　　(b) 盾构出洞后第二道环梁环向弯矩云图

(c) 风塔荷载作用后第二道环梁环向弯矩云图

图 5-48　第二道环梁环向弯矩(SM2)随施工过程变化

弯矩方面：破洞前和出洞后的竖向弯矩均不大，最大正弯矩接近 5.0 kN·m，最大负弯矩不到 25 kN·m，风塔荷载作用后，最大正弯矩为 18.9 kN·m，最大负弯矩为 28.2 kN·m。破洞前的环向最大正弯矩为 4.3 kN·m，最大负弯矩为 97.2 kN·m，破洞后的环向最大正弯矩为 59.9 kN·m，最大负弯矩为 158 kN·m，风塔荷载作用后的最大正弯矩为 82.7 kN·m，最大负弯矩为 168 kN·m。

(4) 第三道环梁受力分析。第三道环梁环向和竖向弯矩随整个施工分布步的变化曲线如图 5-49 和图 5-50 所示。从曲线可看出：环向和竖向弯矩均在风塔荷载作用后内力达到最大值。

第三道环梁轴力(SF1)随施工过程变化如图 5-51 所示。

从风井破洞前到风塔荷载施作后，第三道环梁的内力整体变化较大。其环向轴力：破洞前最大轴力为 112 kN，盾构出洞后为 1267 kN，风塔荷载施作后为 1230 kN。

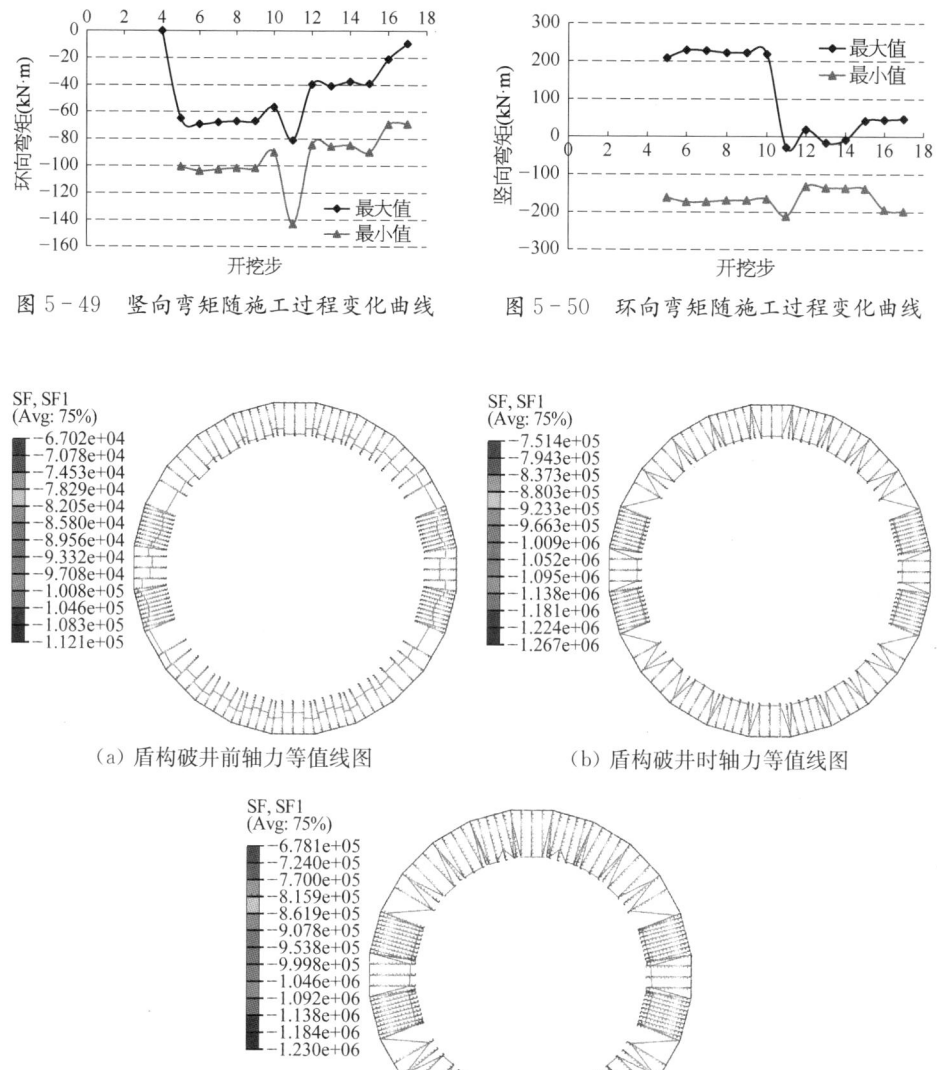

图 5-49　竖向弯矩随施工过程变化曲线

图 5-50　环向弯矩随施工过程变化曲线

(a) 盾构破井前轴力等值线图

(b) 盾构破井时轴力等值线图

(c) 风塔荷载作用时轴力等值线图

图 5-51　第三道环梁轴力(SF1)随施工过程变化

第三道环梁竖向弯矩(SM1)随施工过程变化如图 5-52 所示,第三道环梁环向弯矩(SM2)随施工过程变化如图 5-53 所示。

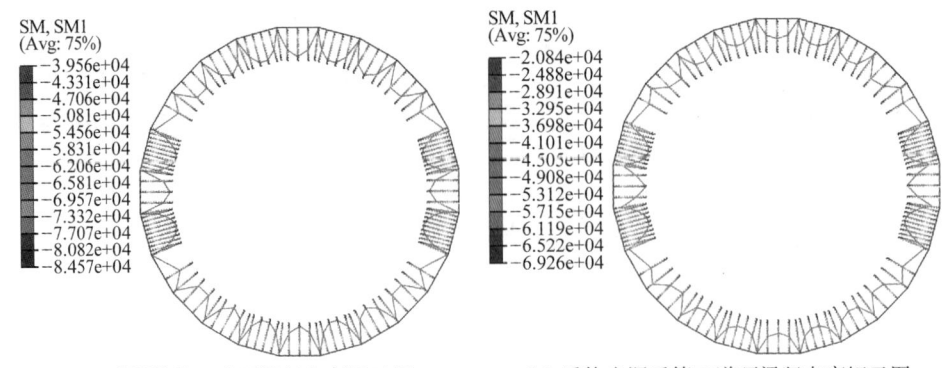

(a) 破洞前第三道环梁竖向弯矩云图　　(b) 盾构出洞后第三道环梁竖向弯矩云图

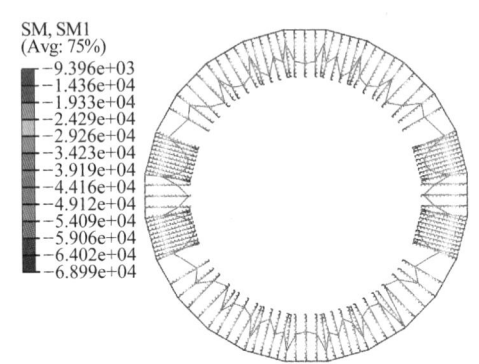

(c) 风塔荷载作用后第三道环梁竖向弯矩云图

图 5-52　第三道环梁竖向弯矩(SM1)随施工过程变化

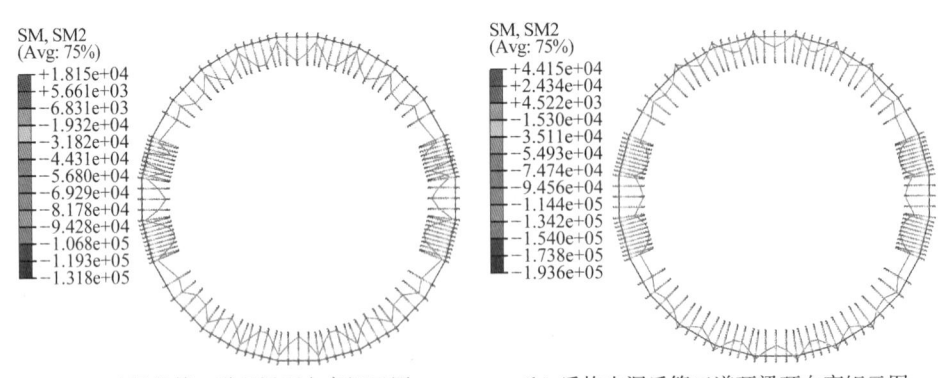

(a) 破洞前第三道环梁环向弯矩云图　　(b) 盾构出洞后第三道环梁环向弯矩云图

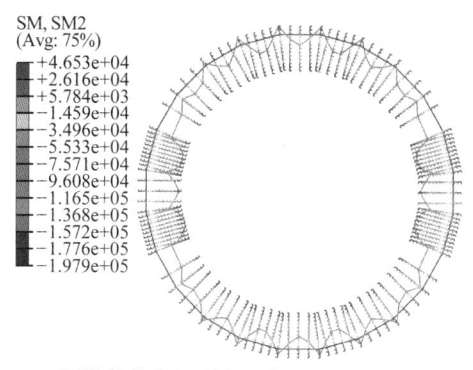

(c) 风塔荷载作用后第三道环梁环向弯矩云图

图 5-53 第三道环梁环向弯矩(SM2)随施工过程变化

弯矩方面：竖向弯矩均不大，以指向洞内侧为主。破洞前最大负弯矩接近 84.5 kN·m，破洞后最大负弯矩接近 69.3 kN·m，风塔荷载作用后，最大负弯矩接近 69.0 kN·m。环向弯矩也以指向洞内侧为主。破洞前最大负弯矩接近 132 kN·m，破洞后最大负弯矩接近 194 kN·m，风塔荷载作用后，最大负弯矩接近 198 kN·m。

3) 地连墙内力计算结果

地连墙在不同施工步下的最大弯矩值见表 5-4。从表中可看出：地连墙的竖向最大正弯矩、环向最大正弯矩、环向最大负弯矩均为风塔荷载作用后的最大值分别为 1 115 kN·m、702 kN·m、1 137 kN·m，竖向最大负弯矩为 939 kN·m，为盾构破洞后出现的。

表 5-4 地连墙的最大弯矩

施工步	地连墙弯矩(弯矩向井内侧为负，向井外侧为正)			
	竖向弯矩(kN·m)		环向弯矩(kN·m)	
	最大正向	最大负向	最大正向	最大负向
破洞前	247	278	69.5	344
破洞后	1200	939	479	620
风塔荷载	1115	925	702	1137

地连墙沿风井纵深方向的竖向和环向弯矩的包络图如图 5-54 和图 5-55 所示。

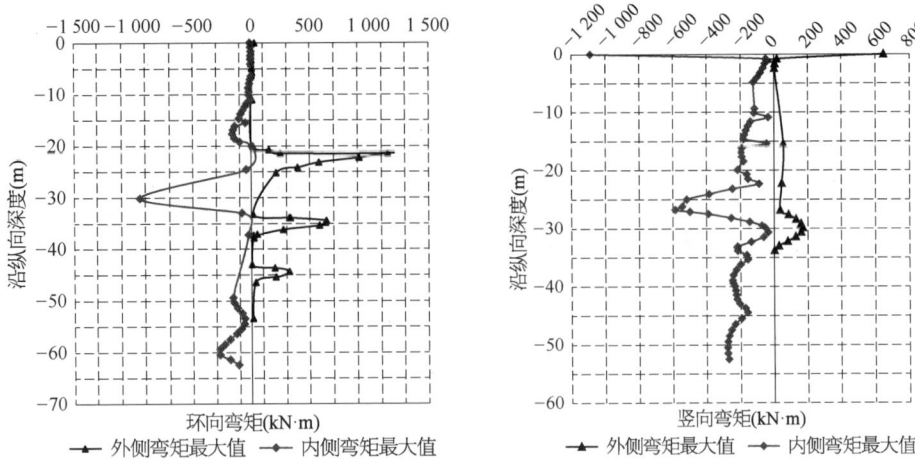

图 5-54 沿纵深方向竖向弯矩包络图

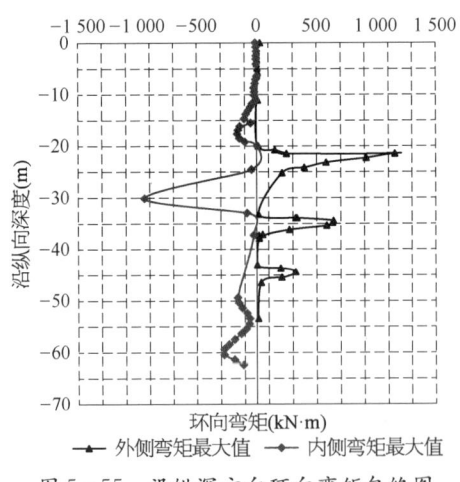

图 5-55 沿纵深方向环向弯矩包络图

风塔荷载作用后地连墙位移云图、地连墙环向轴力云图、地连墙竖向轴力云图、地连墙竖向弯矩云图及地连墙环向弯矩分别如图 5-56～图 5-60 所示。

由图可知,风塔荷载作用后地连墙最大位移为 6.16 mm,主要分布在盾构区域;最大环向轴力主要分布在盾构隧洞上下两端,最大轴力为 6 615 kN;竖向轴力主要分布在地连墙底部,最大轴力为 5 379 kN;最大竖向弯矩主要分布在盾构隧道的上方区域,最大正弯矩为 1 115 kN·m,最大负弯矩 925 kN·m;最大环向弯矩主要分布在盾构隧道的拱腰和顶部区域,最大正弯矩为 702 kN·m,最大负弯矩为 1 137 kN·m。

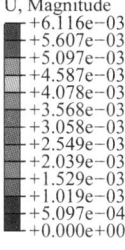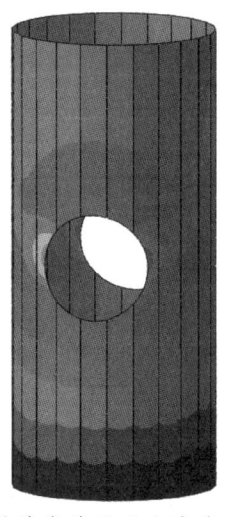

图 5-56　风塔荷载作用后地连墙位移云图　　　　图 5-57　风塔荷载作用后地连墙环向轴力云图

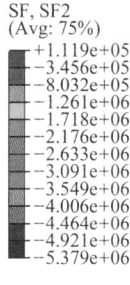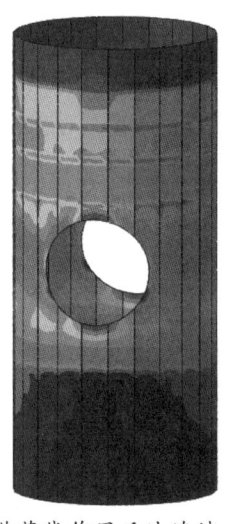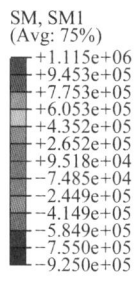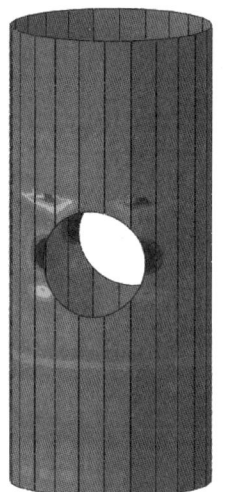

图 5-58　风塔荷载作用后地连墙竖向轴力云图　　　　图 5-59　风塔荷载作用后地连墙竖向弯矩云图

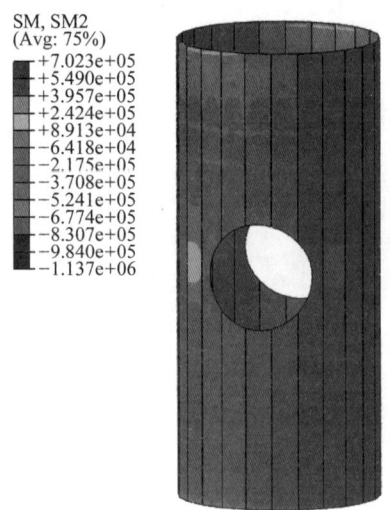

图 5-60 风塔荷载作用后地连墙环向弯矩云图

5.3 风井稳定性控制技术

根据计算结果,盾构穿越风井前后地连墙的变形和内力变化都很大,特别是盾构区域附近的竖向和环向弯矩,最大增幅分别为 45% 和 228%。内衬墙除竖向最大负弯矩值变化较小外,环向弯矩和竖向最大正弯矩均存在较大变化,竖向弯矩最大增幅 54%,环向弯矩最大增幅 200%。冠梁的最大竖向弯矩变化不大,但最大环向弯矩变化很大,3 道环梁的内力值在盾构穿越前后均较小。因此,工程设计时应对地连墙、内衬墙和冠梁内力较大区域加强配筋,以保证盾构安全顺利地通过。

第6章 现场监测及监测数据分析

盾构机在穿越风井施工时,对风井内衬墙会产生一定程度上的扰动作用,因此施工的方法稍有失误,将会造成不可估量的损失。为了盾构机能够安全穿越风井,往往会对风井的内衬墙收敛变形和应力进行监测。

6.1 监测点分布设置

根据梅子洲风井现场监测点布设情况和盾构穿越过程中内衬墙收敛变形、应力的分布特点和趋势,为便于结果处理和分析,将梅子洲风井沿内衬墙周围监测点划分为三个区域,如图6-1所示。区域①为盾构穿越部分测点,包括进洞测点和出洞测点;区域②为盾构穿越时进洞半圆部分的内衬墙测点,分左右两边;区域③为盾构穿越时出洞半圆部分的内衬墙测点,也各分左右两边。

区域①为盾构穿越部分的测点,包括测点1～6。其中,测点1～3为进洞时穿越的测点,测点4～6为出洞时穿越的测点,如图6-2所示。

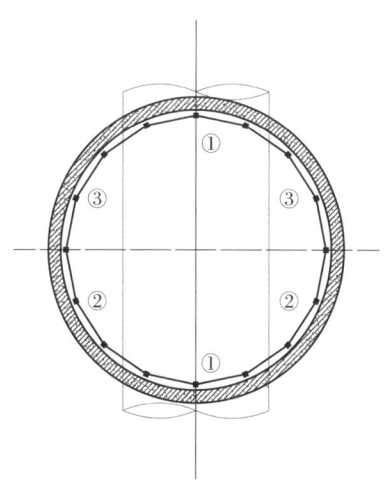
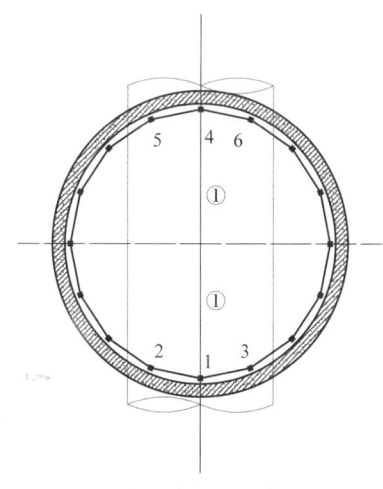

图6-1 监测点布置示意图　　图6-2 完全穿越测点布置示意图

区域②为盾构穿越时进洞半圆部分的内衬墙测点,包括测点7~12。其中,测点7、9、11为半圆左半部分的测点,测点8、10、12为半圆右半部分的测点,分布对称布置,如图6-3所示。

区域③为盾构穿越时出洞半圆部分的内衬墙测点,包括测点13~16。其中,测点13、15为半圆左半部分的测点,测点14、16为半圆右半部分的测点。分布对称布置,如图6-4所示。

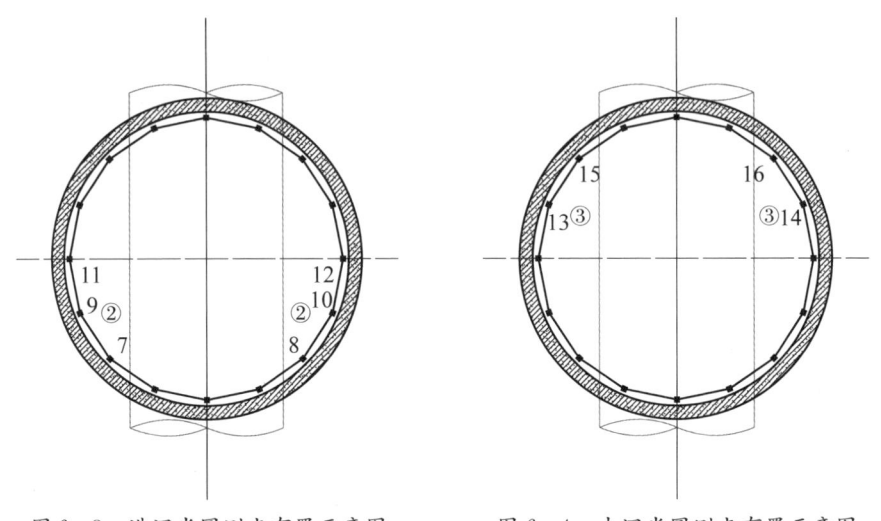

图6-3 进洞半圆测点布置示意图　　　　图6-4 出洞半圆测点布置示意图

6.2 监测项目

现场监测项目主要为围护结构的变形、围护结构的内力等,见表6-1。

表6-1 监测项目

序号	监控量测项目	常用测量仪器	检验方法
1	围护结构的变形	收敛计、全站仪	测线检测
2	围护结构的内力	应力计、频率仪	监测应变

6.2.1 围护结构的变形

盾构穿越梅子洲风井区域时（K6+750～800），风井内部位移监测采用收敛仪进行。于风井地下第二层、第三层和第四层布置周边位移监测点，每层均匀布置 16 个测点，其测点布置如图 6-5、图 6-6 所示。

盾构穿越过程中净空变化速度持续大于 1.0 mm/d 时，风井处于急剧变形状态，应控制推进速度。盾构穿越过程中净空变化速度小于 0.2 mm/d 时，风井达到基本稳定。

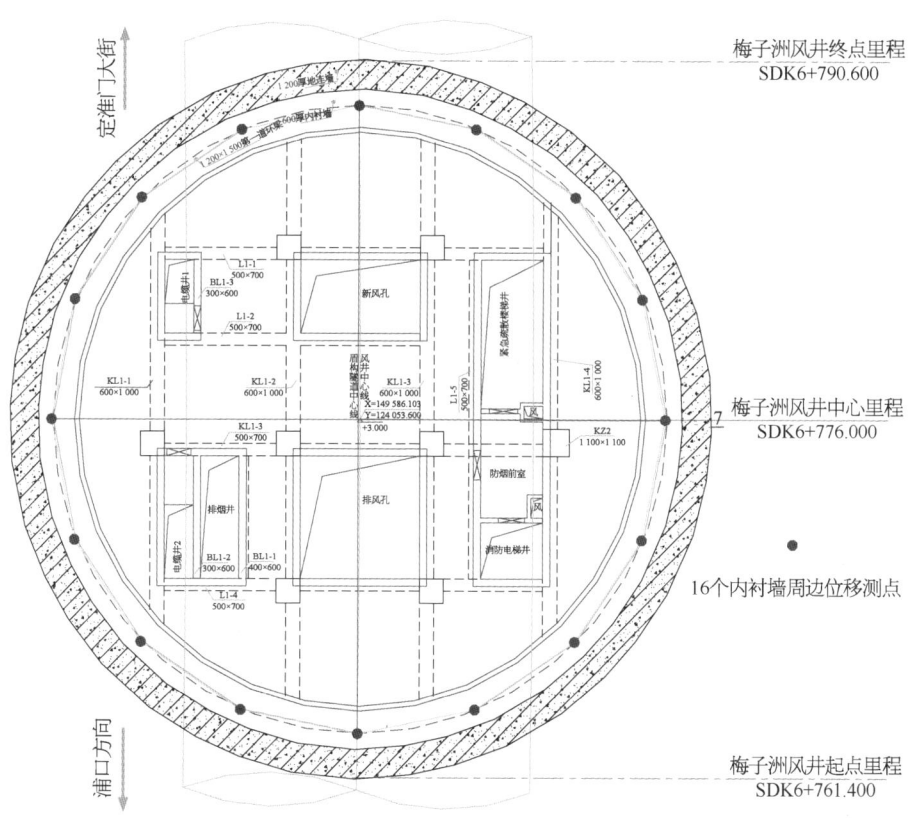

图 6-5 梅子洲风井围护结构变形监测点位布置图

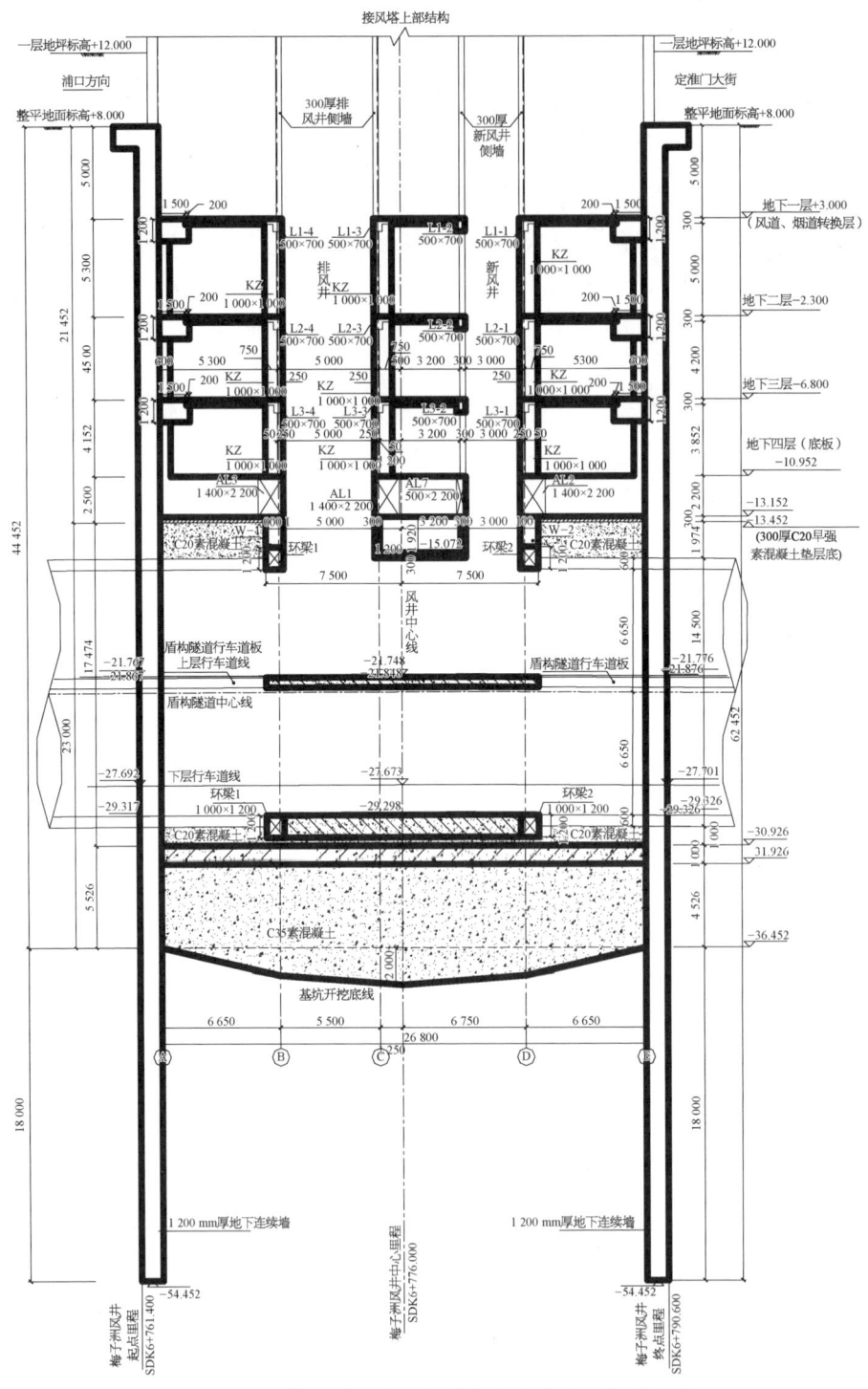

图6-6 梅子洲风井围护结构变形监测点位剖面图

6.2.2 围护结构的内力

1) 监测目的

为了解风井结构在盾构穿越过程中的受力状况,验证设计参数,应选择特征断面进行风井结构混凝土应力的监测。

2) 测点布置与埋设

混凝土应力采用表贴式混凝土应变计进行测量,于风井地下第四层布置48个测点、地下第三层布置32个测点、地下第二层布置16个测点,其测点布置如图6-7~图6-9所示。

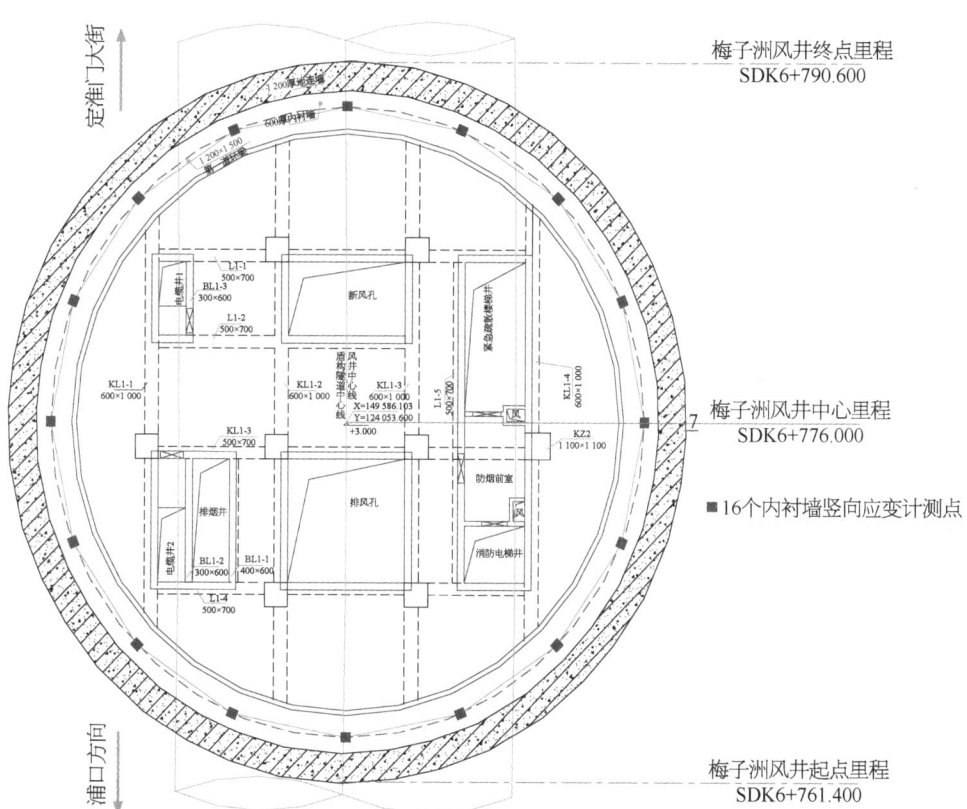

图6-7 梅子洲风井地下二层围护结构内力监测点位

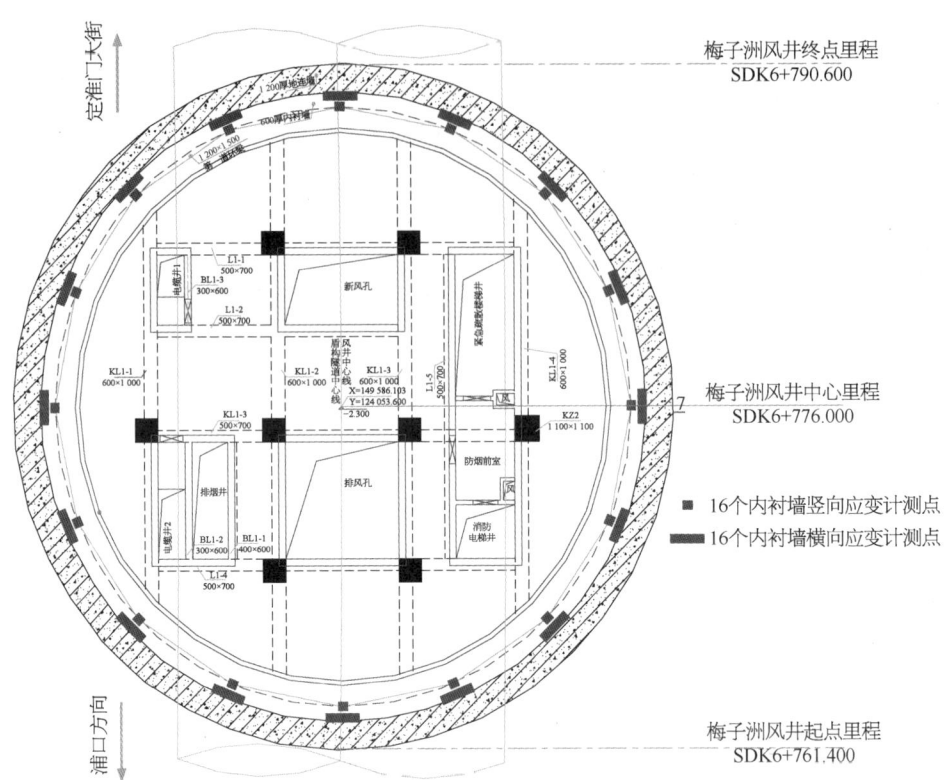

图 6-8 梅子洲风井地下三层围护结构内力监测点位布置图

3)监测方法与原理

测试使用频率接收仪所得读数均为频率值,频率计显示的一定频率对应一定的应力值,通过频率的改变来测得应力变化。计算时按照实验标定换算数据,即可换算出相应测量值。

4)监测精度要求

钢筋计、混凝土应变计的量程应满足被测钢筋应力的要求,其上限可取设计值的 1.2 倍,精度不低于 $0.5\%F·S$,分辨率不低于 $0.2\%F·S$。

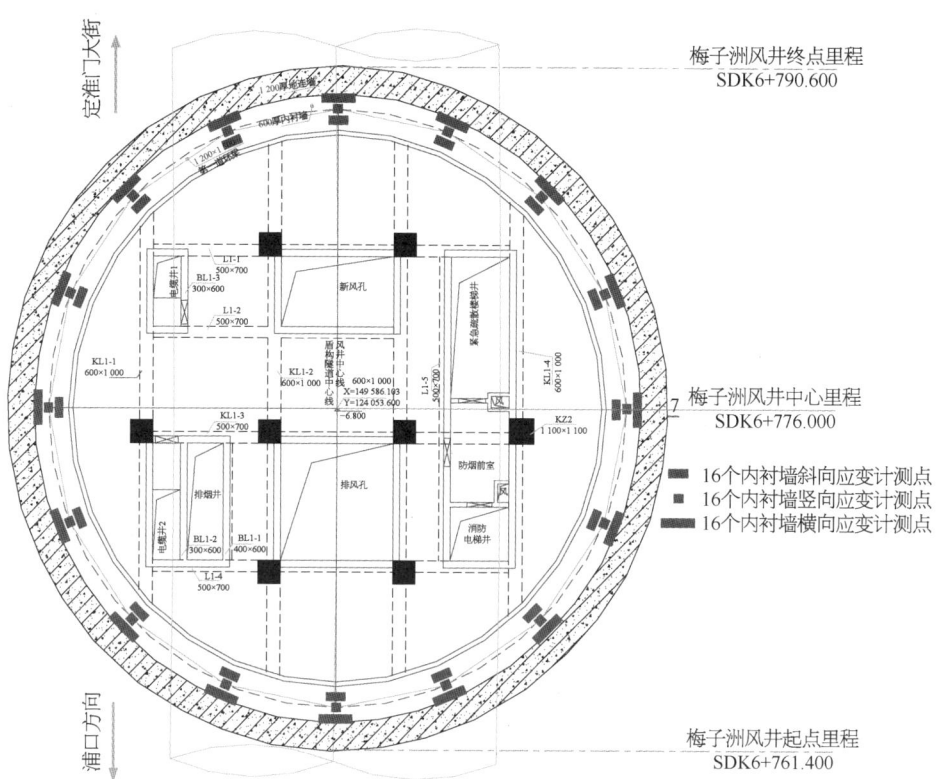

图 6-9　梅子洲风井地下四层围护结构内力监测点位布置图

6.3　监测要求

6.3.1　监测频率要求

监测频率要满足工程监测工作实际需要,根据不同等级而不同。当监测项目的累计变化值接近或超过报警值时,应提高监测频次;当出现工程事故或其他因素造成监测项目的变化速率加大,应进行连续监测,直至危险或隐患消除为止。当时态曲线趋于平衡时,及时进行回归分析,推算其终值不超过监测控制值后方可停测。

本工程盾构隧道下穿梅子洲的监测频率见表 6-2。

表 6-2　南京纬三路过江隧道盾构穿越梅子洲风井监测频率

监测项目	监测频率		
	预警、应采取特殊措施	应加强监测	可正常施工
围护结构变形	掘进面距监测断面前后距离 $L \leqslant 20$ m 时,2 次/d; $L \leqslant 50$ m 时,1 次/d; $L > 50$ m 时,2 次/周 距离再增大时,可延长监测间隔至每月 2 次	掘进面距监测断面前后距离 $L \leqslant 20$ m 时,1 次/d; $L \leqslant 50$ m 时,1 次/2 d; $L > 50$ m 时,1 次/周 距离再增大时,可延长监测间隔至每月 2 次	掘进面距监测断面前后距离 $L \leqslant 20$ m 时,1 次/d; $L \leqslant 50$ m 时,1 次/2 d; $L > 50$ m 时,1 次/周 距离再增大时,可延长监测间隔至每月 2 次
围护结构内力			

6.3.2　监测报警要求

根据《建筑基坑工程监测技术规范》(GB 50497—2009)的技术要求,对基坑及支护结构的变形及受力设置了监测报警值。针对一级基坑的监测报警值设置见表 6-3(详表请参见规范)。

6-3　基坑及支护结构监测报警值

序号	监测项目	支护结构类型	一级基坑		
			累计值		变化速率 (mm/d)
			绝对值 (mm)	相对基坑深度 (h)控制值	
1	墙(坡)顶水平位移	放坡、土钉墙、喷锚支护、水泥土墙	30～35	0.3%～0.4%	5～10
		钢板桩、灌注桩、型钢水泥土墙、地下连续墙	25～30	0.2%～0.3%	2～3
2	墙(坡)顶竖向位移	放坡、土钉墙、喷锚支护、水泥土墙	20～40	0.3%～0.4%	3～5
		钢板桩、灌注桩、型钢水泥土墙、地下连续墙	10～20	0.1%～0.2%	2～3
3	围护墙深层水平位移	水泥土墙	30～35	0.3%～0.4%	5～10
		钢板桩	50～60	0.6%～0.7%	2～3

(续表)

序号	监测项目	支护结构类型	一级基坑		变化速率 (mm/d)
			累计值		
			绝对值 (mm)	相对基坑深度 (h)控制值	
3	围护墙深层水平位移	灌注桩、型钢水泥土墙	45~55	0.5%~0.6%	2~3
		地下连续墙	40~50	0.4%~0.5%	
4	立柱竖向位移		25~35		
5	基坑周边地表竖向位移		25~35		
6	坑底回弹		25~35		
7	支撑内力		60%~70%f		
8	墙体内力				
9	锚杆拉力				
10	土压力				
11	孔隙水压力				

注：h 为基坑设计开挖深度、f 为设计极限值。

根据《公路钢筋混凝土及预应力混凝土规范》(JTG D62—2004)，地下连续墙采用 C35 水下混凝土材料，抗压设计极限值为 16.1 MPa，抗拉设计极限值为 1.52 MPa，因此，一级基坑下围护和支撑结构的应力预警值抗压值应为 10.5~12.25 MPa、抗拉值应为 0.91~1.06 MPa。

6.4 监测结果分析

6.4.1 围护结构变形分析

根据围护结构收敛变形设计形式和监测点布置得到地下二层、地下三层和地下四层不同区位的收敛变形随时间变化趋势。

6.4.1.1 地下二层围护结构

1）穿越测点

（1）进洞穿越测点。进洞穿越测点随时间的收敛变形变化趋势曲线如图 6-10 所示，进洞穿越测点收敛变形随时间的变化速率曲线如图 6-11

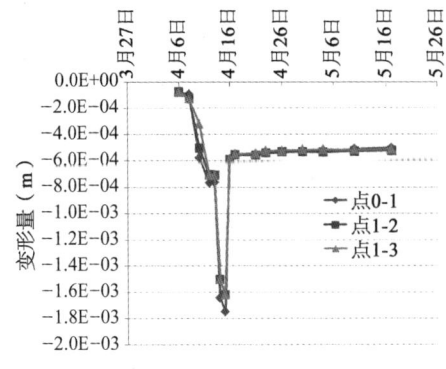

图 6-10 进洞穿越点累计变量变化趋势

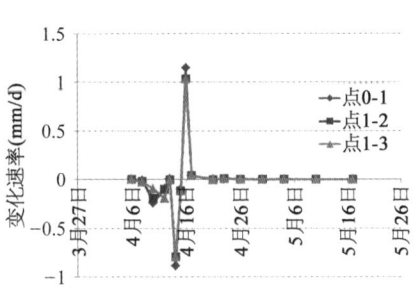

图 6-11 进洞穿越点变化速率趋势

所示。

由图 6-10 可知,测点在盾构进洞前变形很小,当盾构穿越时,收敛变形急速增加(负号表示两收敛点距离急剧减小),最大值约为 1.78 mm。随后,当盾构出洞并逐渐远离风井时,收敛变形逐渐趋向稳定,最后收敛值约为 0.54 mm。

由图 6-11 可知,盾构穿越前收敛变形变化速率较小,盾构穿越风井期间,变形速率变化很大,并正负跳跃,但最大变化速率不超过 1.2 mm/d,随后变形速率很快降低,并趋向于零。

(2) 出洞穿越测点。出洞穿越测点随时间的收敛变形变化趋势曲线如图 6-12 所示,出穿越测点收敛变形的随时间的变化速率曲线如图 6-13 所示。

由图 6-12 可知,测点在盾构进洞前变形较小,当盾构穿越时,收敛变形急速增加(负号表示两收敛点距离急剧减小),最大值约为 3.2 mm。随后,当盾

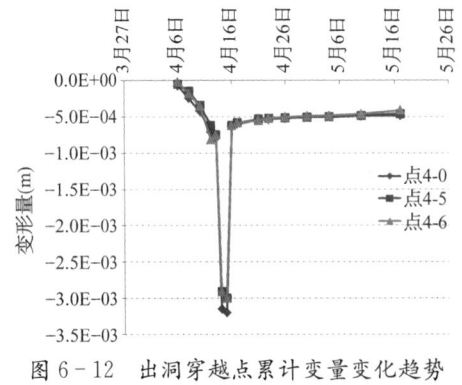

图 6-12 出洞穿越点累计变量变化趋势

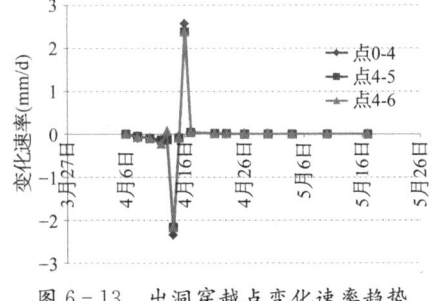

图 6-13 出洞穿越点变化速率趋势

构出洞并逐渐远离风井时,收敛变形逐渐趋向稳定,最后收敛值约为 0.50 mm。

由图 6-13 可知,盾构穿越前收敛变形变化速率较小,盾构穿越风井期间,变形速率变化很大,并正负跳跃,但最大变化速率约为 2.5 mm/d,随后变形速率很快降低,并趋向于零。

2) 进洞半圆风井测点

进洞半圆测点随时间的收敛变形变化趋势曲线如图 6-14 所示,出进洞半圆测点收敛变形随时间的变化速率曲线如图 6-15 所示。

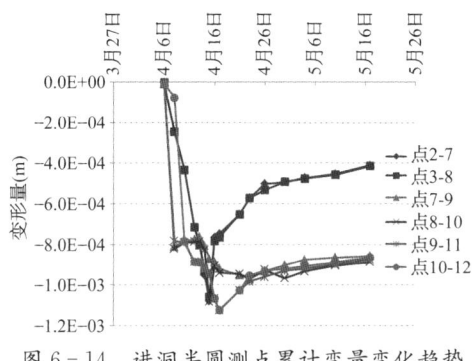
图 6-14 进洞半圆测点累计变量变化趋势

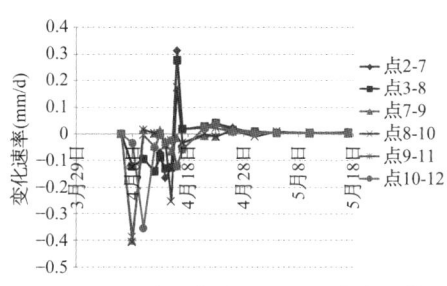
图 6-15 进洞半圆测点变化速率趋势

由图 6-14 可知,该区域共 6 个测点,整体变形趋势均为先快速增加(负号表示两收敛点距离急剧减小),盾构穿越后收敛变形有不同程度的减小。其中,测点 2~7 之间、测点 3~8 之间的收敛变形较为一致,且盾构穿越后收敛变形回升较大,穿越时为 1.11 mm,穿越后稳定在 0.42 mm 左右;测点 7~9 之间、测点 8~10 之间、测点 9~11 及测点 10~12 之间的整体收敛变形较为一致,最后收敛变形约为 0.83 mm。

由图 6-15 可知,盾构穿越前和穿越过程中的收敛变形变化速率均较大,且呈正负急剧动荡的趋势,最大变化速率约为 0.4 mm/d,随后变形速率很快降低,并趋向于零。

3) 出洞半圆风井测点

出洞半圆测点随时间的收敛变形变化趋势曲线如图 6-16 所示,出洞半圆测点收敛变形随时间的变化速率曲线如图 6-17 所示。

由图 6-16 可知,该区域共 4 个测点,整体变形趋势均为先快速增加(负号表示两收敛点距离急剧减小),盾构穿越后收敛变形有不同程度的减小。其

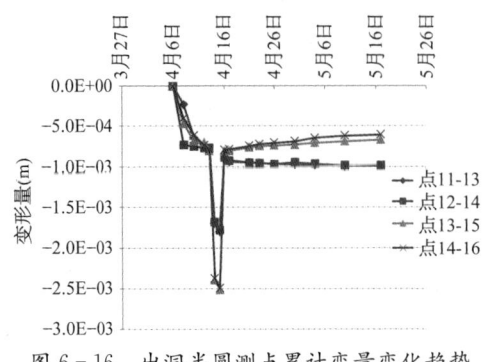
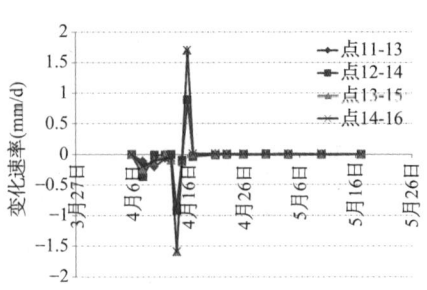

图 6-16　出洞半圆测点累计变量变化趋势　　图 6-17　出洞半圆测点变化速率趋势

中,测点 11～13 之间、测点 12～14 之间的收敛变形较为一致,盾构穿越时最大收敛变形约为 1.8 mm,盾构穿越后收敛变形逐渐趋向稳定,最后收敛变形约为 1.0 mm;测点 13～15 之间、测点 14～16 之间的收敛变形较为一致,盾构穿越时最大收敛变形约为 2.5 mm,盾构穿越后收敛变形逐渐趋向稳定,最后收敛变形约为 0.7 mm。

由图 6-17 可知,盾构穿越前变形变化速率较小,最大速率约为 0.4 mm/d,穿越过程中的收敛变形变化速率较大,且呈正负急剧动荡的趋势,最大变化速率约为 1.7 mm/d,随后变形速率很快降低,并趋向于零。

地下二层围护结构的整体收敛变形均不大:当盾构穿越时,进洞穿越测点的最大变形为 1.78 mm,出洞穿越测点的最大变形为 3.2 mm,进洞半圆测点的最大变形为 1.1 mm,出洞半圆测点的最大变形为 1.8 mm,量值较小,远远小于规范规定的累计变形 40 mm 的最低要求。

变形速率方面:盾构穿越风井时,进洞穿越测点的最大变形速率不超过 1.2 mm/d,出洞穿越测点的最大变形速率约为 2.5 mm/d,进洞半圆测点的最大变形速率约为 0.4 mm/d,出洞半圆测点的最大变形速率约为 1.7 mm/d。根据《建筑基坑工程监测技术规范》(GB 50497—2009)规范要求,围护结构的临界变形速率定为 2～3 mm/d,因此地下二层围护结构基本满足安全要求。

6.4.1.2　地下三层围护结构

1) 穿越测点

(1) 进洞穿越测点。进洞穿越测点随时间的收敛变形变化趋势曲线如图 6-18 所示,进洞穿越测点收敛变形的随时间的变化速率曲线如图 6-19 所示。

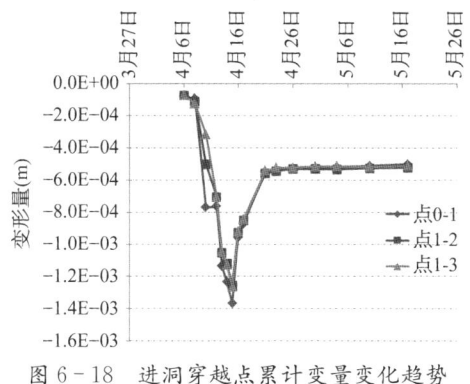
图 6-18　进洞穿越点累计变量变化趋势

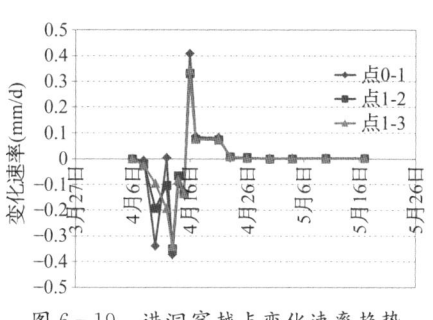
图 6-19　进洞穿越点变化速率趋势

由图 6-18 可知,测点在盾构进洞前变形不大,当盾构穿越时,收敛变形急速增加(负号表示两收敛点距离急剧减小),最大值约为 1.40 mm,随后,当盾构出洞并逐渐远离风井时,收敛变形迅速减小,逐渐趋向稳定,最后收敛值约为 0.50 mm。

由图 6-19 可知,盾构穿越前收敛变形变化速率不大,约为 0.2 mm/d,但盾构穿越时变形速率急剧增大,并正负跳跃,但最大变化速率不超过 0.4 mm/d,随后变形速率很快降低,并趋向于零。

(2) 出洞穿越测点。出洞穿越测点随时间的收敛变形变化趋势曲线如图 6-20 所示,出穿越测点收敛变形的随时间的变化速率曲线如图 6-21 所示。

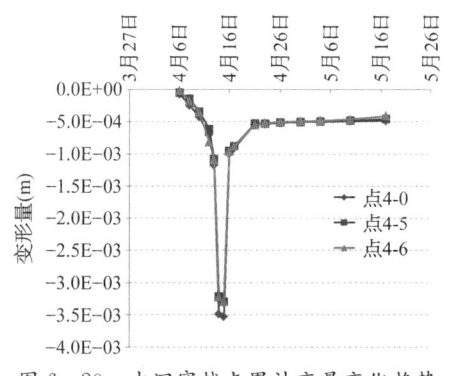
图 6-20　出洞穿越点累计变量变化趋势

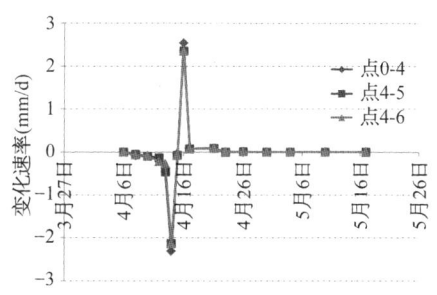
图 6-21　出洞穿越点变化速率趋势

由图 6-20 可知,测点在盾构进洞前变形不大,当盾构穿越时,收敛变形急速增加(负号表示两收敛点距离急剧减小),最大值约为 3.5 mm,随后,当盾构出洞并逐渐远离风井时,收敛变形逐渐趋向稳定,最后收敛值约为 0.50 mm。

由图 6-21 可知,盾构穿越前收敛变形变化速率较小,盾构穿越风井期间,变形速率变化很大,并正负跳跃,但最大变化速率约为 2.5 mm/d,随后变形速率很快降低,并趋向于零。

2) 进洞半圆风井测点

进洞半圆测点随时间的收敛变形变化趋势曲线如图 6-22 所示,出进洞半圆测点收敛变形随时间的变化速率曲线如图 6-23 所示。

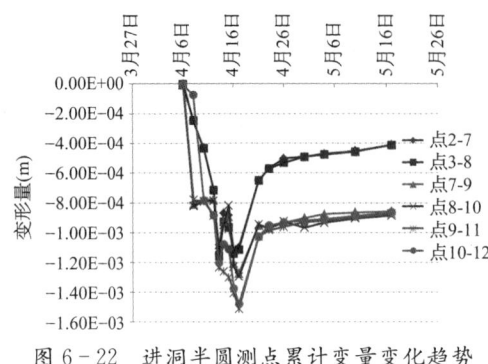

图 6-22 进洞半圆测点累计变量变化趋势　　图 6-23 进洞半圆测点变化速率趋势

由图 6-22 可知,该区域共 6 个测点,整体变形趋势均为先快速增加(负号表示两收敛点距离急剧减小),盾构穿越后收敛变形有不同程度的减小。其中,测点 2~7 之间、测点 3~8 之间的收敛变形较为一致,且盾构穿越后收敛变形回升较大,穿越时为 1.20 mm,穿越后稳定在 0.40 mm 左右;测点 7~9 之间、测点 8~10 之间、测点 9~11 及测点 10~12 之间的整体收敛变形较为一致,最后收敛变形约为 0.86 mm。

由图 6-23 可知,盾构穿越前和穿越过程中的收敛变形变化速率均较大,且呈正负急剧动荡的趋势,但变形速率量值不大,最大变形速率约为 0.4 mm/d,随后变形速率很快降低,并趋向于零。

3) 出洞半圆风井测点

出洞半圆测点随时间的收敛变形变化趋势曲线如图 6-24 所示,出洞半圆测点收敛变形随时间的变化速率曲线如图 6-25 所示。

由图 6-24 可知,该区域共 4 个测点,整体变形趋势均为先快速增加(负号表示两收敛点距离急剧减小),盾构穿越后收敛变形有不同程度的减小。其中,测点 11~13 之间、测点 12~14 之间的收敛变形较为一致,盾构穿越时最大收敛变形约为 2.1 mm,盾构穿越后收敛变形逐渐趋向稳定,最后收敛变形约为 1.0 mm;测点 13~15 之间、测点 14~16 之间的收敛变形较为一致,盾构穿越时最大收敛变形约为 2.8 mm,盾构穿越后收敛变形逐渐趋向稳定,最后收

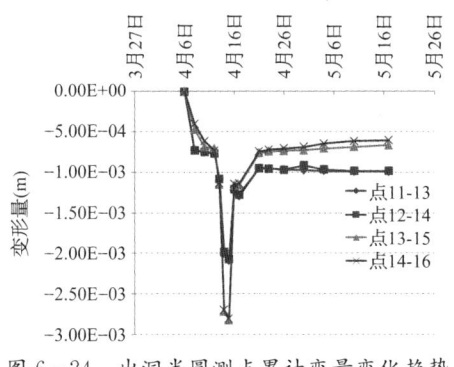
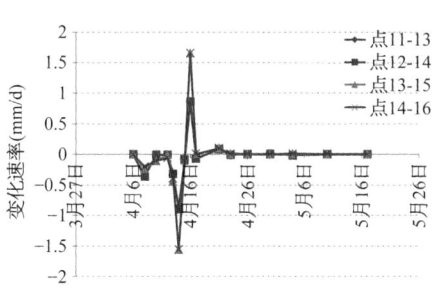

图 6-24 出洞半圆测点累计变量变化趋势　　图 6-25 出洞半圆测点变化速率趋势

敛变形约为 0.7mm。

由图 6-25 可知,盾构穿越前变形变化速率较小,最大速率约为 0.5mm/d,穿越过程中的收敛变形变化速率较大,且呈正负急剧动荡的趋势,最大变化速率约为 1.5mm/d,随后变形速率很快降低,并趋向于零。

地下三层围护结构的整体收敛变形均不大:当盾构穿越时,进洞穿越测点的最大变形为 1.40mm,出洞穿越测点的最大变形为 3.5mm,进洞半圆测点的最大变形为 1.2mm,出洞半圆测点的最大变形为 2.8mm,量值较小,远远小于规范规定的累计变形 40mm 的最低要求。

变形速率方面:盾构穿越风井时,进洞穿越测点的最大变形速率不超过 0.4mm/d,出洞穿越测点的最大变形速率约为 2.5mm/d,进洞半圆测点的最大变形速率约为 0.4mm/d,出洞半圆测点的最大变形速率约为 1.5mm/d。根据《建筑基坑工程监测技术规范》(GB 50497—2009)规范要求,围护结构的临界变形速率定为 2～3mm/d,因此,地下三层围护结构基本满足安全要求。

6.4.1.3　地下四层围护结构

1) 穿越测点

(1) 进洞穿越测点。进洞穿越测点随时间的收敛变形变化趋势曲线如图 6-26 所示,进洞穿越测点收敛变形的随时间的变化速率曲线如图 6-27 所示。

由图 6-26 可见,测点在盾构进洞前变形不大,当盾构穿越时,收敛变形急速增加(负号表示两收敛点距离急剧减小),最大值约为 1.47mm。随后,当盾构出洞并逐渐远离风井时,收敛变形迅速减小,逐渐趋向稳定,最后收敛值约为 0.55mm。

由图 6-27 可见,盾构穿越前收敛变形变化速率不大,约为 0.34mm/d,但盾构穿越时变形速率急剧增大,并正负跳跃,但最大变化速率不超过 0.65mm/d,

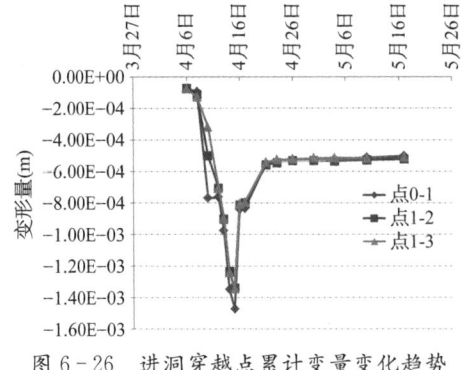
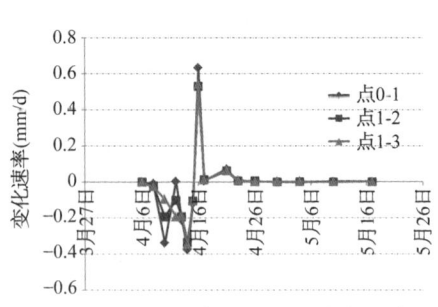

图 6-26 进洞穿越点累计变量变化趋势　　图 6-27 进洞穿越点变化速率趋势

随后变形速率很快降低,并趋向于零。

(2) 出洞穿越测点。出洞穿越测点随时间的收敛变形变化趋势曲线如图 6-28 所示,出穿越测点收敛变形的随时间的变化速率曲线如图 6-29 所示。

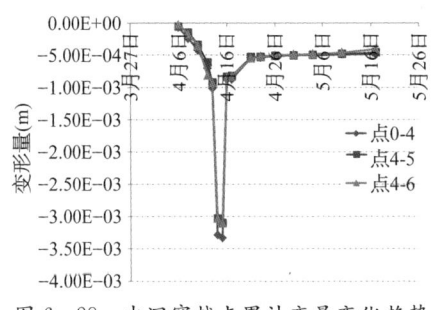
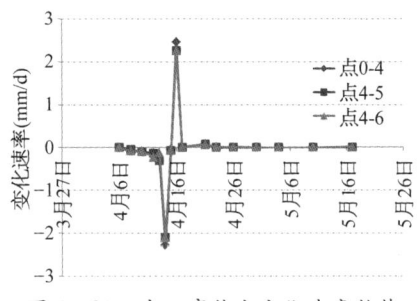

图 6-28 出洞穿越点累计变量变化趋势　　图 6-29 出洞穿越点变化速率趋势

由图 6-28 可知,测点在盾构进洞前变形不大,当盾构穿越时,收敛变形急速增加(负号表示两收敛点距离急剧减小),最大值约为 3.3 mm。随后,当盾构出洞并逐渐远离风井时,收敛变形逐渐趋向稳定,最后收敛值约为 0.50 mm。

由图 6-29 可知,盾构穿越前收敛变形变化速率较小,盾构穿越风井期间,变形速率变化很大,并正负跳跃,但最大变化速率约为 2.5 mm/d,随后变形速率很快降低,并趋向于零。

2) 进洞半圆风井测点

进洞半圆测点随时间的收敛变形变化趋势曲线如图 6-30 所示,出进洞半圆测点收敛变形随时间的变化速率曲线如图 6-31 所示。

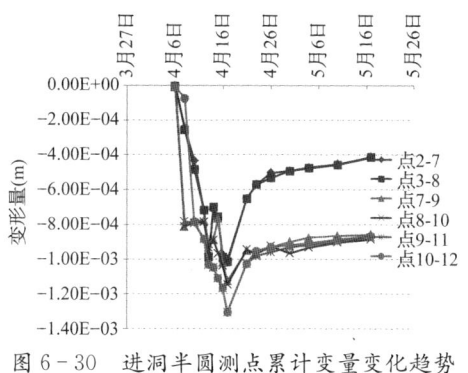
图 6-30 进洞半圆测点累计变量变化趋势

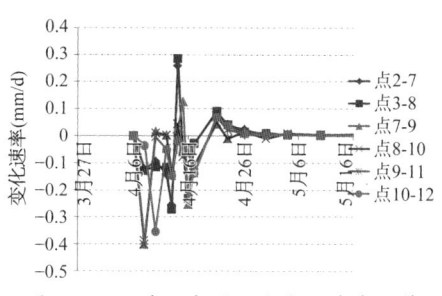
图 6-31 进洞半圆测点变化速率趋势

由图 6-30 可知，该区域共 6 个测点，整体变形趋势均为先快速增加（负号表示两收敛点距离急剧减小），盾构穿越后收敛变形有不同程度的减小。其中，测点 2~7 之间、测点 3~8 之间的收敛变形较为一致，且盾构穿越后收敛变形回升较大，穿越时为 1.10 mm，穿越后稳定在 0.40 mm 左右；测点 7~9 之间、测点 8~10 之间、测点 9~11 及测点 10~12 之间的整体收敛变形较为一致，最后收敛变形约为 0.85 mm。

由图 6-31 可知，盾构穿越前和穿越过程中的收敛变形变化速率均较大，且呈正负急剧动荡的趋势，但变形速率量值不大，最大变形速率约为 0.4 mm/d，随后变形速率很快降低，并趋向于零。

3）出洞半圆风井测点

出洞半圆测点随时间的收敛变形变化趋势曲线如图 6-32 所示，出洞半圆测点收敛变形随时间的变化速率曲线如图 6-33 所示。

由图 6-32 可知，该区域共 4 个测点，整体变形趋势均为先快速增加（负号

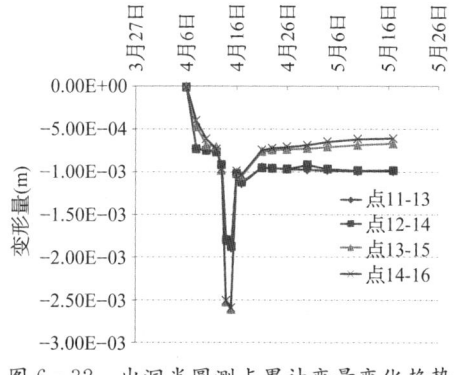
图 6-32 出洞半圆测点累计变量变化趋势

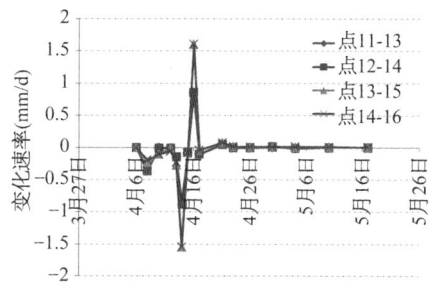
图 6-33 出洞半圆测点变形速率变化趋势

表示两收敛点距离急剧减小),盾构穿越后收敛变形有不同程度的减小。其中,测点 11~13 之间、测点 12~14 之间的收敛变形较为一致,盾构穿越时最大收敛变形约为 1.8 mm,盾构穿越后收敛变形逐渐趋向稳定,最后收敛变形约为 1.0 mm;测点 13~15 之间、测点 14~16 之间的收敛变形较为一致,盾构穿越时最大收敛变形约为 2.6 mm,盾构穿越后收敛变形逐渐趋向稳定,最后收敛变形约为 0.7 mm。

由图 6-33 可知,盾构穿越前变形变化速率较小,最大速率约为 0.3 mm/d,穿越过程中的收敛变形变化速率较大,且呈正负急剧动荡的趋势,最大变化速率约为 1.5 mm/d,随后变形速率很快降低,并趋向于零。

地下四层围护结构的整体收敛变形均不大:当盾构穿越时,进洞穿越测点的最大变形为 1.47 mm,出洞穿越测点的最大变形为 3.3 mm,进洞半圆测点的最大变形为 1.1 mm,出洞半圆测点的最大变形为 2.6 mm,量值较小,远远小于规范规定的累计变形 40 mm 的最低要求。

变形速率方面:盾构穿越风井时,进洞穿越测点的最大变形速率不超过 0.65 mm/d,出洞穿越测点的最大变形速率约为 2.5 mm/d,进洞半圆测点的最大变形速率约为 0.85 mm/d,出洞半圆测点的最大变形速率约为 1.5 mm/d。根据《建筑基坑工程监测技术规范》(GB 50497—2009)规范要求,围护结构的临界变形速率定为 2~3 mm/d,因此地下四层围护结构基本满足安全要求。

6.4.2 围护结构应力分析

根据围护结构收敛变形设计形式和监测点布置,得到地下二层、地下三层和地下四层不同区位的围护结构不同方向(竖向、横向和斜向)的应变变化趋势。根据规范资料,衬砌混凝土 C35 的弹性模量 E_c = 32.25 GPa,则根据式(6-1)可得到不同方向的应力随时间的变化趋势。

$$\sigma = E_c \cdot \varepsilon \tag{6-1}$$

6.4.2.1 地下二层围护结构

1) 穿越测点

进洞穿越测点竖向应力变化趋势如图 6-34 所示,出洞穿越测点竖向应力变化趋势如图 6-35 所示。

第6章 现场监测及监测数据分析

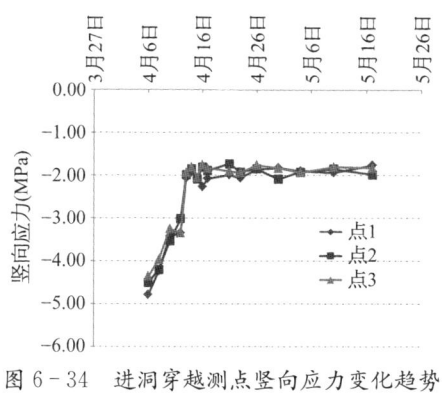

图 6-34 进洞穿越测点竖向应力变化趋势

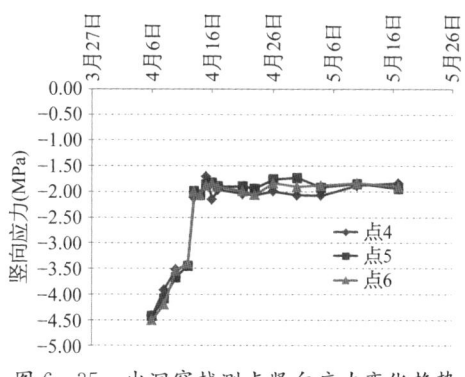

图 6-35 出洞穿越测点竖向应力变化趋势

由图 6-34 可知,进洞穿越的 3 个测点应力在盾构穿越前后呈现较为一致的变化趋势:盾构穿越时竖向应力(受压)急剧降低,约为 2 MPa,随着盾构后时间的增长,竖向应力趋于稳定。

由图 6-35 可知,与进洞穿越测点竖向应力变化趋势较为相同。整体而言,出洞穿越的 3 个测点应力在盾构穿越前后也呈现较为一致的变化趋势:盾构穿越时竖向应力(受压)急剧降低,约为 2 MPa,随着盾构后时间的增长,竖向应力趋于稳定。

2) 进洞半圆风井测点

进洞半圆测点竖向应力变化趋势如图 6-36 所示。

由图 6-36 可知,6 个测点均呈现盾构穿越时应力急剧降低,后慢慢趋于稳定的变化趋势。相对而言,点 7、点 8 竖向应力变形趋势较为一致,盾构后竖向应力介于 1.0~1.5 MPa;点 9、点 10 竖向应力变形趋势较为一致,盾构后竖向应力约为 2.0 MPa;点 11、点 12 竖向应力变形趋势较为一致,盾构后竖向应力为 2.0~2.5 MPa。

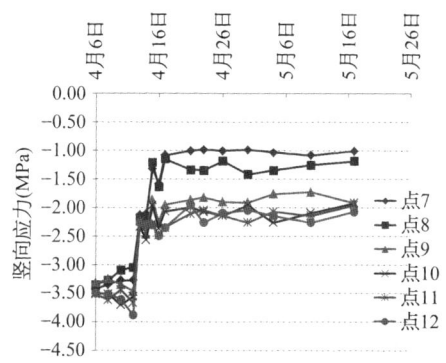

图 6-36 进洞半圆测点竖向应力变化趋势

3) 出洞半圆风井测点

出洞半圆测点竖向应力变化趋势如图 6-37 所示。

由图 6-37 可知,4 个测点均呈现盾构穿越时应力急剧降低,后动荡调整,最后慢慢趋于稳定的趋势。相对而言,点 13、点 14 竖向应力变形趋势较为一

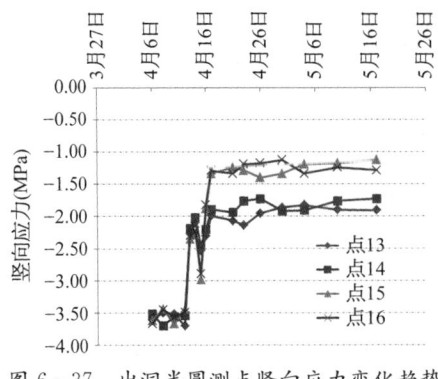

图 6-37　出洞半圆测点竖向应力变化趋势

致,盾构后竖向应力介于 1.5~2.0 MPa;点 15、点 16 竖向应力变形趋势较为一致,盾构后竖向应力介于 1.0~1.5 MPa。

地下二层围护结构的整体竖向应力均不大:当盾构穿越之前,进洞穿越测点的最大应力为 5 MPa,出洞穿越测点的最大应力为 4.5 MPa,进洞半圆测点的最大应力为 4.0 MPa,出洞半圆测点的最大应力为 3.8 MPa,量值较小,而且盾构穿越后的竖向应力均大幅度减小。因此,所受竖向应力远远小于规范规定的应力预警值抗压值 10.5~12.25 MPa 的要求,围护结构整体安全。

6.4.2.2　地下三层围护结构

1)穿越测点

进洞穿越测点竖向应力变化趋势如图 6-38 所示,进洞穿越测点横向应力变化趋势如图 6-39 所示。

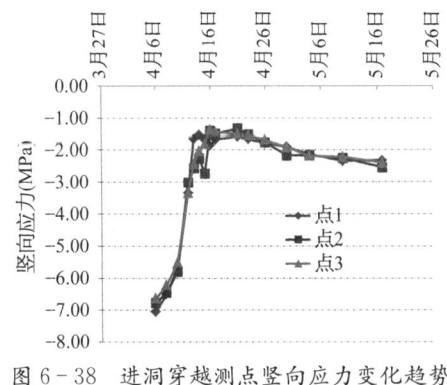

图 6-38　进洞穿越测点竖向应力变化趋势

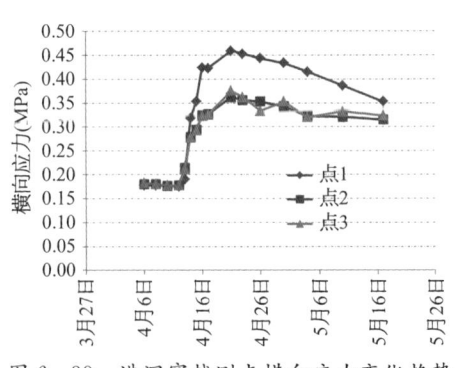

图 6-39　进洞穿越测点横向应力变化趋势

由图 6-38 可知,进洞穿越的 3 个测点应力在盾构穿越前后呈现较为一致的变化趋势:盾构穿越时竖向应力(受压)急剧降低,约为 1.3 MPa,随着盾构后时间的增长,竖向应力有所增长,并趋于稳定,最后竖向应力约为 2.4 MPa。

由图 6-39 可知,进洞穿越的 3 个测点应力在盾构穿越前后呈现较为一致的变化趋势:盾构穿越时横向应力(受拉)急剧增加,其中,点 1 最大值增加至 0.45 MPa,点 2、点 3 最大值增加到 0.35 MPa,随着盾构后时间的增长,横向应力有所回落,并趋于稳定,最后横向应力约为 0.35MPa。

出洞穿越测点竖向应力变化趋势如图 6-40 所示,出洞穿越测点横向应力变化趋势如图 6-41 所示。

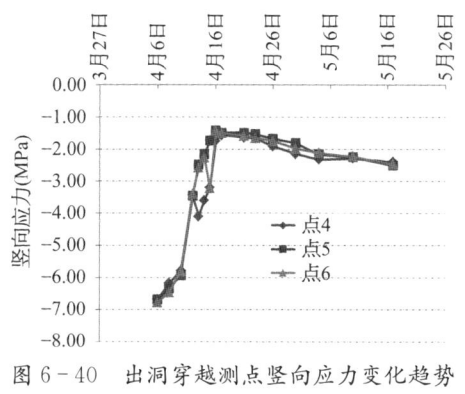

图 6-40　出洞穿越测点竖向应力变化趋势

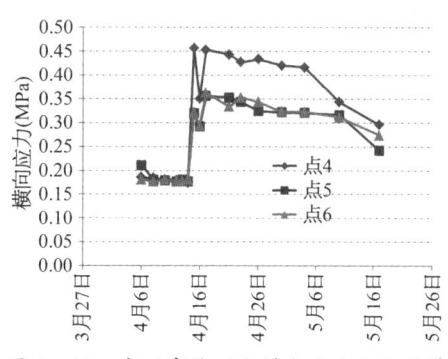

图 6-41　出洞穿越测点横向应力变化趋势

由图 6-40 可知,与进洞穿越测点竖向应力变化趋势较为相同。整体而言,出洞穿越的 3 个测点应力在盾构穿越前后也呈现较为一致的变化趋势:盾构穿越时竖向应力(受压)急剧降低,约为 1.5MPa,随着盾构后时间的增长,竖向应力有所增长,并趋于稳定,最后竖向应力约为 2.5MPa。

由图 6-41 可知,进洞穿越的 3 个测点应力在盾构穿越前后呈现较为一致的变化趋势:盾构穿越时横向应力(受拉)急剧增加,其中,点 1 最大值增加至 0.45MPa,点 2、点 3 最大值增加到 0.35MPa,随着盾构后时间的增长,横向应力有所回落,并趋于稳定,最后横向应力约为 0.30MPa。

2) 进洞半圆风井测点

进洞半圆测点竖向应力变化趋势如图 6-42 所示,进洞半圆测点横向应力变化趋势如图 6-43 所示。

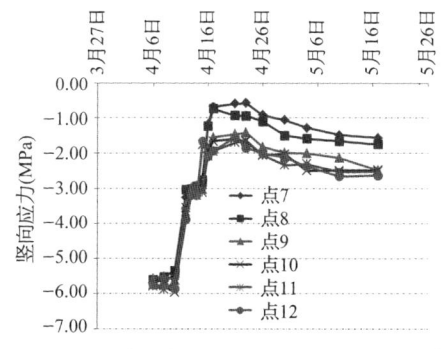

图 6-42　进洞半圆测点竖向应力变化趋势

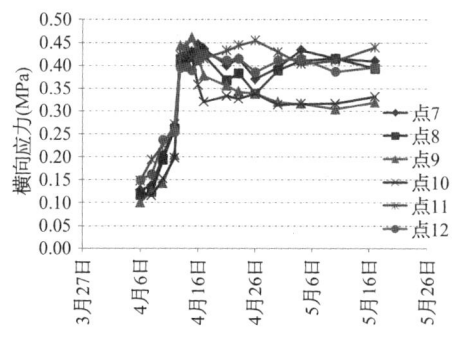

图 6-43　进洞半圆测点横向应力变化趋势

由图 6-42 可知，6 个测点均呈现盾构穿越时应力急剧降低，后慢慢趋于稳定的变化趋势。相对而言，点 7、点 8 竖向应力（受压）变化趋势较为一致，盾构后竖向应力介于 1.0~2.0 MPa；点 9、点 10 竖向应力变形趋势较为一致，盾构后竖向应力约为 2.5 MPa；点 11、点 12 竖向应力变形趋势较为一致，盾构后竖向应力也约为 2.5 MPa。

由图 6-43 可知，6 个测点均呈现盾构穿越时应力急剧增加，后慢慢趋于稳定的变化趋势，但最后稳定的量值各有不同。相对而言，点 7、点 8 横向应力（受拉）变化趋势较为一致，盾构后横向应力约为 0.40 MPa；点 9、点 10 竖向应力变形趋势较为一致，盾构后横向应力介于 0.30~0.35 MPa；点 11、点 12 竖向应力变形趋势较为一致，盾构后竖向应力介于 0.40~0.45 MPa。

3）出洞半圆风井测点

出洞半圆测点竖向应力变化趋势如图 6-44 所示，出洞半圆测点横向应力变化趋势如图 6-45 所示。

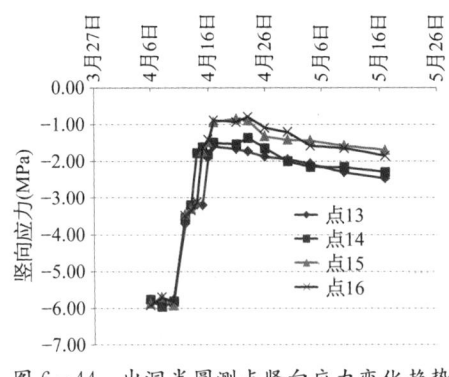
图 6-44　出洞半圆测点竖向应力变化趋势

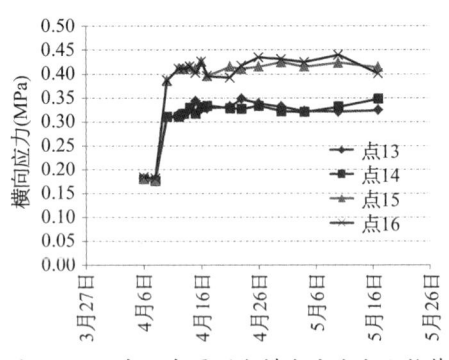
图 6-45　出洞半圆测点横向应力变化趋势

由图 6-44 可知，4 个测点均呈现盾构穿越时应力急剧降低，后动荡调整，最后慢慢趋于稳定的趋势。相对而言，点 13、点 14 竖向应力变形趋势较为一致，盾构后竖向应力介于 2.0~2.5 MPa；点 15、点 16 竖向应力变形趋势较为一致，盾构后竖向应力介于 1.5~2.0 MPa。

由图 6-45 可知，4 个测点均呈现盾构穿越时应力急剧增加，后动荡调整，最后慢慢趋于稳定的趋势。相对而言，点 13、点 14 竖向应力变形趋势较为一致，盾构后竖向应力介于 0.30~0.35 MPa；点 15、点 16 竖向应力变形趋势较为一致，盾构后竖向应力介于 0.40~0.45 MPa。

地下三层围护结构的整体竖向应力均不大；当盾构穿越之前，进洞穿越测点的最大应力为 7 MPa，出洞穿越测点的最大应力为 7.0 MPa，进洞半圆测点的最大应力为 6.0 MPa，出洞半圆测点的最大应力为 6.0 MPa，量值较小，而且盾构穿越后的竖向应力均大幅度减小，因此，所受竖向应力远远小于规范规定的应力预警值抗压值 10.5～12.25 MPa 的要求，围护结构整体安全。

地下三层围护结构的整体横向应力均不大：盾构穿越时，进洞穿越测点的最大应力为 0.45 MPa，出洞穿越测点的最大应力为 0.45 MPa，进洞半圆测点的最大应力为 0.40 MPa，出洞半圆测点的最大应力为 0.45 MPa。因此，所受横向应力均能满足规范规定的应力预警值抗拉值 0.91～1.06 MPa 的要求，围护结构整体安全。

6.4.2.3 地下四层围护结构

1) 穿越测点

进洞穿越测点竖向应力变化趋势如图 6-46 所示，进洞穿越测点横向应力变化趋势如图 6-47 所示，进洞穿越测点斜向应力变化趋势如图 6-48 所示。

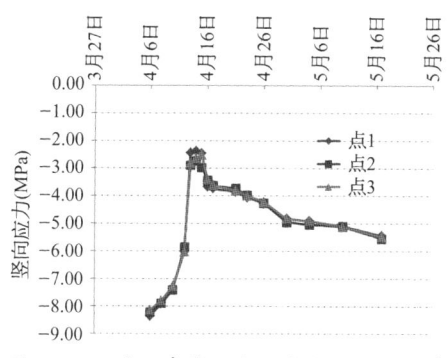

图 6-46 进洞穿越测点竖向应力变化趋势

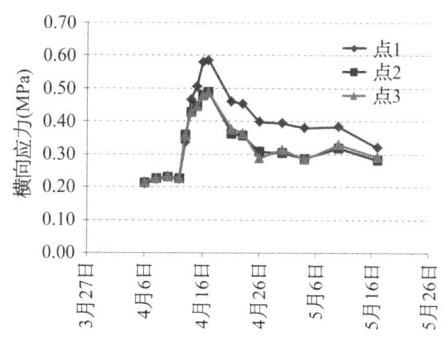

图 6-47 进洞穿越测点横向应力变化趋势

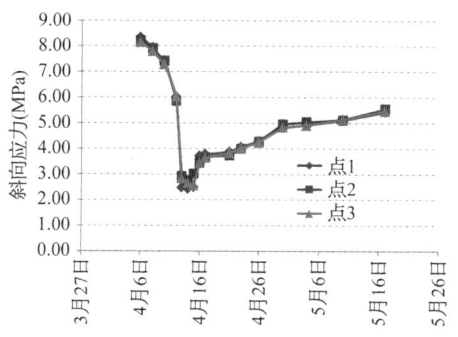

图 6-48 进洞穿越测点斜向应力变化趋势

由图6-46可知,进洞穿越的3个测点应力在盾构穿越前后呈现较为一致的变化趋势:盾构穿越时竖向应力(受压)急剧降低,约为2.5MPa,随着盾构后时间的增长,竖向应力有所增长,并趋于稳定,最后竖向应力约为5.5MPa。

由图6-47可知,进洞穿越的3个测点应力在盾构穿越前后呈现较为一致的变化趋势:盾构穿越时横向应力(受拉)急剧增加,其中,点1最大值增加至0.60MPa,点2、点3最大值增加到0.50MPa,随着盾构后时间的增长,横向应力有所回落,并趋于稳定,最后横向应力为0.30~0.35MPa。

由图6-48可知,进洞穿越的3个测点应力在盾构穿越前后呈现较为一致的变化趋势:盾构穿越时斜向应力急剧降低,最小值约为2.5MPa,随着盾构后时间的增长,斜向应力逐渐增加,且增幅趋于稳定,最后斜向应力约为5.5MPa。

出洞穿越测点竖向应力变化趋势如图6-49所示,出洞穿越测点横向应力变化趋势如图6-50所示,出洞穿越测点斜向应力变化趋势如图6-51所示。

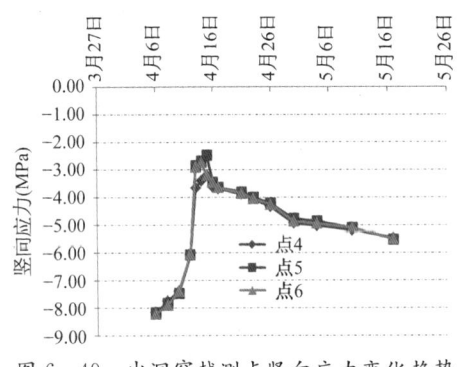

图6-49 出洞穿越测点竖向应力变化趋势

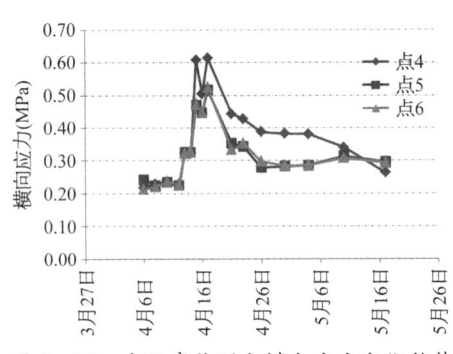

图6-50 出洞穿越测点横向应力变化趋势

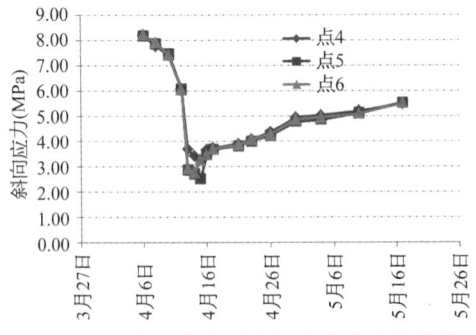

图6-51 出洞穿越测点斜向应力变化趋势

由图6-49可知,与进洞穿越测点竖向应力变化趋势较为相同。整体而言,出洞穿越的3个测点应力在盾构穿越前后也呈现较为一致的变化趋势:盾构穿越时竖向应力(受压)急剧降低,约为2.5MPa,随着盾构后时间的增长,竖向应力有所增长,并趋于稳定,最后竖向应力约为5.5MPa。

由图6-50可知,进洞穿越的3个测点应力在盾构穿越前后呈现较为一致的变化趋势:盾构穿越时横向应力(受拉)急剧增加,其中,点1最大值增加至0.60MPa,点2、点3最大值增加到0.52MPa,随着盾构后时间的增长,横向应力有所回落,并趋于稳定,最后横向应力约为0.30MPa。

由图6-51可知,进洞穿越的3个测点应力在盾构穿越前后呈现较为一致的变化趋势:盾构穿越时斜向应力急剧降低,最小值约为2.5MPa,随着盾构后时间的增长,斜向应力逐渐增加,且增幅趋于稳定,最后斜向应力约为5.5MPa。

2) 进洞半圆风井测点

进洞半圆测点竖向应力变化趋势如图6-52所示,进洞半圆测点横向应力变化趋势如图6-53所示,进洞半圆测点斜向应力变化趋势如图6-54所示。

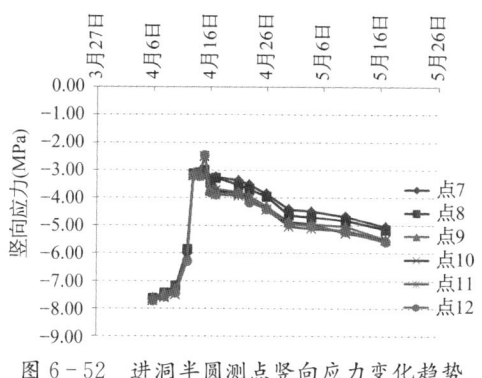

图6-52 进洞半圆测点竖向应力变化趋势

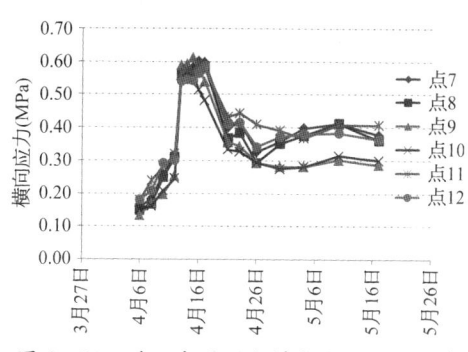

图6-53 进洞半圆测点横向应力变化趋势

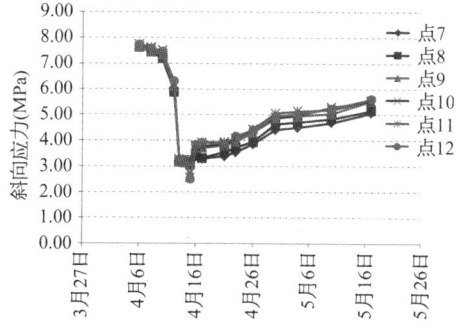

图6-54 进洞半圆测点斜向应力变化趋势

由图 6-52 可知,6 个测点均呈现盾构穿越时应力急剧降低,后慢慢趋于稳定的变化趋势。相对而言,点 7、点 8 竖向应力(受压)变化趋势较为一致,盾构后竖向应力约为 5.0 MPa;点 9、点 10 竖向应力变形趋势较为一致,盾构后竖向应力约为 5.5 MPa;点 11、点 12 竖向应力变形趋势较为一致,盾构后竖向应力也约为 5.5 MPa。

由图 6-53 可知,6 个测点均呈现盾构穿越时应力急剧增加,后动荡调整,并慢慢趋于稳定的变化趋势,但最后稳定的量值各有不同。相对而言,点 7、点 8 横向应力(受拉)变化趋势较为一致,盾构后横向应力为 0.35～0.40 MPa;点 9、点 10 竖向应力变形趋势较为一致,盾构后横向应力约为 0.30 MPa;点 11、点 12 竖向应力变形趋势较为一致,盾构后竖向应力约为 0.40 MPa。

由图 6-54 可知,整体而言,6 个测点应力在盾构穿越前后呈现较为一致的变化趋势:盾构穿越时斜向应力急剧降低,最小值约为 3.0 MPa,随着盾构后时间的增长,斜向应力逐渐增加,且增幅趋于稳定,最后斜向应力为 5.0～5.5 MPa。

3) 出洞半圆风井测点

出洞半圆测点竖向应力变化趋势如图 6-55 所示,出洞半圆测点横向应力变化趋势如图 6-56 所示,出洞半圆测点斜向应力变化趋势如图 6-57 所示。

由图 6-55 可知,4 个测点均呈现盾构穿越时应力急剧降低,后动荡调整,最后慢慢趋于稳定的趋势。相对而言,点 13、点 14 竖向应力变形趋势较为一致,盾构后竖向应力约为 5.5 MPa;点 15、点 16 竖向应力变形趋势较为一致,盾构后竖向应力约为 5.0 MPa。

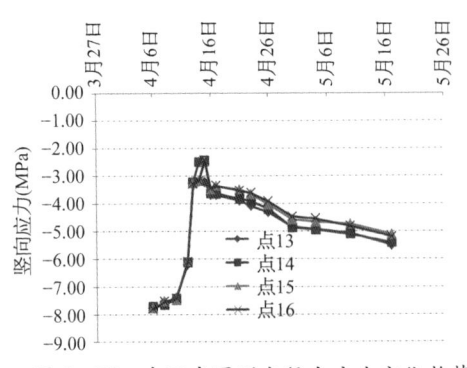

图 6-55 出洞半圆测点竖向应力变化趋势

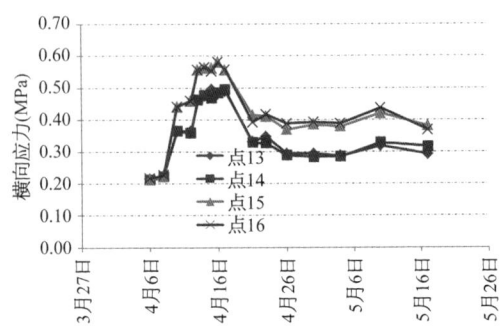

图 6-56 出洞半圆测点横向应力变化趋势

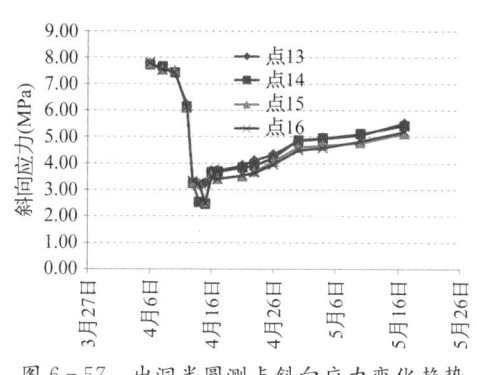

图 6-57 出洞半圆测点斜向应力变化趋势

由图 6-56 可知,4 个测点均呈现盾构穿越时应力急剧增加,后动荡调整,最后慢慢趋于稳定的趋势。相对而言,点 13、点 14 竖向应力变形趋势较为一致,盾构穿越时最大横向应力约为 0.50 MPa,盾构后横向应力介于 0.30~0.35 MPa;点 15、点 16 横向应力变形趋势较为一致,盾构穿越时最大横向应力约为 0.58 MPa,盾构后横向应力介于 0.35~0.45 MPa。

由图 6-57 可知,整体而言,4 个测点应力在盾构穿越前后呈现较为一致的变化趋势:盾构穿越时斜向应力急剧降低,最小值约为 2.5 MPa,随着盾构后时间的增长,斜向应力逐渐增加,且增幅趋于稳定,最后斜向应力约为 5.0~5.5 MPa。

地下四层围护结构的整体竖向应力均不大:当盾构穿越之前,进洞穿越测点的最大应力为 8.2 MPa,出洞穿越测点的最大应力为 8.2 MPa,进洞半圆测点的最大应力为 8.0 MPa,出洞半圆测点的最大应力为 8.0 MPa,量值较小,而且盾构穿越后的竖向应力均大幅度减小。因此,所受竖向应力远远小于规范规定的应力预警值抗压值 10.5~12.25 MPa 的要求,围护结构整体安全。

地下四层围护结构的整体横向应力均不大:盾构穿越时,进洞穿越测点的最大应力为 0.60 MPa,出洞穿越测点的最大应力为 0.60 MPa,进洞半圆测点的最大应力为 0.40 MPa,出洞半圆测点的最大应力为 0.50 MPa。因此,所受横向应力均能满足规范规定的应力预警值抗拉值 0.91~1.06 MPa 的要求,围护结构整体安全。

地下四层围护结构的整体斜向应力均不大:盾构穿越时,进洞穿越测点的最大应力为 5.5 MPa,出洞穿越测点的最大应力为 5.5 MPa,进洞半圆测点的最大应力为 5.0~5.5 MPa,出洞半圆测点的最大应力介于 5.0~5.5 MPa。因此,所受斜向应力远小于规范规定的应力预警值抗压值10.5～12.25 MPa 的要求,围护结构整体安全。

6.5 监测与数值计算结果对比分析

由于现场条件限制,本次数据监测仅限于地下二层、地下三层和地下四层三个高度范围内的圆形风井内衬墙测点布置。

采用数值计算方法,根据梅子洲风井建设的实际特点,依据荷载结构法建立风井结构的三维计算模型,如图6-58所示。

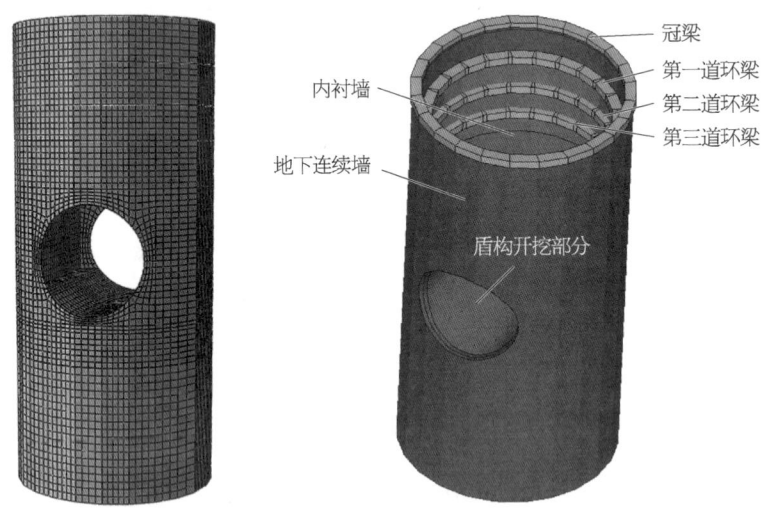

图6-58 数值计算模型

考虑梅子洲风井的实际施工开挖及支护工序可得到风井围护结构的受力及变形分布特征,将部分数值计算结果与现场监测数据进行对比分析。

图6-59为沿纵深方向上地连墙的收敛变形对比曲线,从曲线可看出,地下二层、地下三层和地下四层得到的三组数据与数值计算结果十分接近。

地下三层测点1处的收敛变形对比曲线如图6-60所示。

从曲线可看出,尽管监测数据相对数值计算结果数据量较少,但曲线分布形态与数值计算结果趋势较为一致,同样表明现场监测结果的正确性。

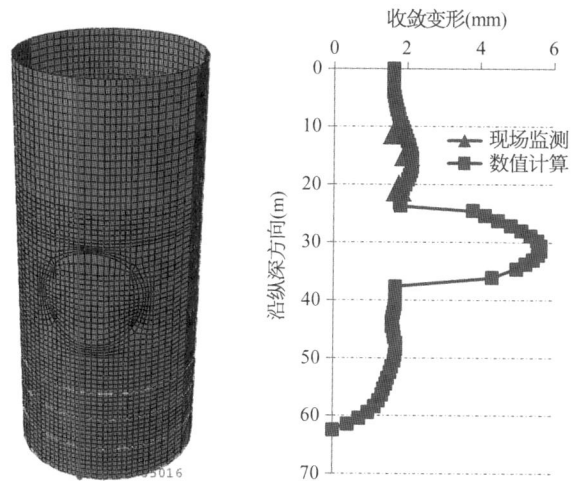

图 6-59 纵深方向上地连墙的收敛变形对比曲线

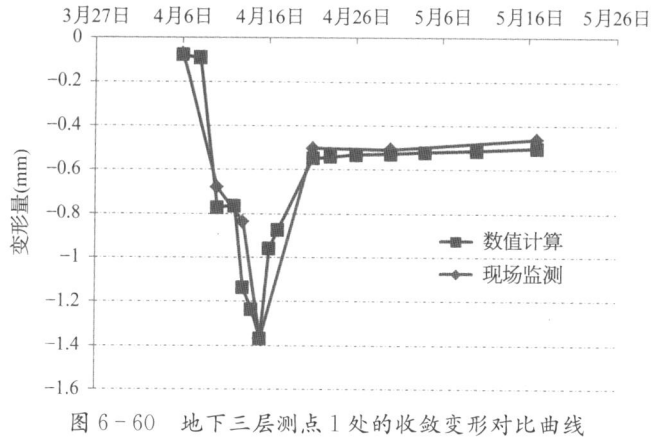

图 6-60 地下三层测点 1 处的收敛变形对比曲线

6.6 监测结论

1) 盾构穿越时围护结构收敛变形分析

围护结构的整体收敛变形均不大:地下二层的最大变形为 3.2 mm,发生在盾构穿越时的出洞穿越测点;地下三层的最大变形为 3.5 mm,也发生在盾构穿越时的出洞穿越测点;地下四层的最大变形为 3.3 mm,同样发生在盾构穿越时的出洞穿越测点。整体量值均较小,远远小于规范规定的累计变形 40 mm 的最低要求。

围护结构的收敛变形速率均处于预警范围之内：地下二层、地下三层和地下四层的最大变形速率均为 2.5 mm/d，发生在盾构穿越时的出洞穿越测点，均处于规范规定的临界变形速率 2～3 mm/d，满足规范要求。但由于量值已十分接近临界值，此时应加强观测。

2) 盾构穿越时围护结构应力分析

围护结构的整体竖向压应力均不大：地下二层的最大应力为 5 MPa，发生在进洞穿越测点；地下三层的最大应力为 7 MPa，发生在进出洞穿越测点；地下四层的最大应力为 8.2 MPa，也发生在进出洞穿越测点。应力满足规范规定的应力预警值抗压值 10.5～12.25 MPa 的要求，围护结构整体安全。

围护结构的整体横向拉应力均不大：地下三层的最大应力为 0.45 MPa，发生在进出洞穿越测点；地下四层的最大应力为 0.60 MPa，也发生在进出洞穿越测点，均能满足规范规定的应力预警值抗拉值 0.91～1.06 MPa 的要求，围护结构整体安全。

围护结构的整体斜向应力均不大：地下四层的最大应力为 5.5 MPa，发生在进出洞穿越测点，也能满足规范规定的应力预警值抗压值 10.5～12.25 MPa 的要求，围护结构整体安全。

综上所述，梅子洲风井整体围护结构应力变形均能满足规范要求，结构整体处于安全状态。

第7章 总结与展望

本书系统总结了南京纬三路过江通道大直径盾构隧道穿越梅子洲风井工程实施过程中的科研攻关成果及工程实践经验,全面介绍了大直径盾构隧道穿越圆形风井施工新技术,主要包括临江敏感环境超深圆形风井基坑围护体系施工技术、水下开挖及水下大体积混凝土封底施工技术、盾构机适应性改进及穿越风井施工技术、工序转换过程超深基坑稳定性控制技术等四个方面。这一系列施工新技术实现了盾构机在不换刀具前提下对掌子面混凝土结构一次性立体切削,成功规避了系统风险,为国内首创大直径盾构一次性穿越圆形风井工程案例,确保了工程的顺利、安全、如期实施,节约了工期和费用,取得了极大的社会效益和经济效益。

目前,我国大直径盾构隧道圆形风井的建设及盾构穿越案例较少,仅有的一些相关案例也是轨道交通这类小直径盾构隧道,施工难度、综合风险与超大直径水下隧道相差较大。然而应当认识到,随着我国盾构法水下隧道不断朝大直径、长距离方向发展,大直径盾构隧道穿越圆形风井的工程将会越来越多,目前已知的正在规划中的多条大直径盾构隧道均设置有江中风井,且受条件限制需采用一次性穿越技术,因此大直径盾构隧道穿越圆形风井施工技术的应用将会越来越广泛。考虑到本书结合南京纬三路过江通道工程案例进行阐述,地质条件、施工工况单一,在普遍意义上的代表性方面有所欠缺,我国的大直径盾构隧道穿越圆形风井施工技术仍需要在今后的工程实践中不断积累、改进和探索。以下几个方向将可能成为新的发展趋势:

1)水中围堰筑岛技术在大直径盾构隧道圆形风井施工中的应用

目前我国大直径水下盾构隧道以越江隧道为主,越江隧道长度相对有限,且大多数能够选取江中沙洲作为风井选址场地,如南京纬三路过江通道工程利用长江上的梅子洲作为风井选址场地。随着交通需求的加大,我国诸多长距离跨海隧道将会提上日程,如青岛第二海底隧道工程、琼州海峡跨海通道工程、台湾海峡隧道工程等,这些跨海隧道长达数十千米甚至上百千米,风井建设数量多,缺乏既有风井选址场地,需先构筑水中围堰、填海造岛之后,才可实施风井。因此,水中围堰筑岛技术在大直径盾构隧道圆形风井施工中的应用将会是一大发展趋势。

2) 百米级超深地连墙技术在圆形风井中的应用

目前我国最深地连墙为上海苏州河段深隧工程试验段 SS1.1 标圆竖井,该项目采用高质量泥浆护壁技术、1/1 000 成槽垂直度控制技术、两期槽段铣切不均控制技术,于 2019 年年底完成了 103 m 超深地连墙实施。随着盾构隧道断面越来越大、埋深越来越深,百米级别的超深地连墙施工技术将会得到更多应用。

3) 大直径盾构隧道洞内垂直顶升技术的发展

盾构竖井垂直顶升法指在已建隧道内部,通过液压千斤顶等设备,将竖管朝上闷顶并穿出土层,形成竖向工作井。相对于传统的地面往下大开挖施工,该工法因施工速度快、对环境影响小、节省工程投资等诸多优点,近年来在小直径的排水隧道中得到了越来越多的应用。由于垂直顶升施工不可避免会对隧道结构产生影响,其在大直径盾构隧道中的施工工艺和结构设计尚不成熟,但随着工程技术的发展,未来的洞内垂直顶升技术将在大直径盾构隧道的圆形风井建设中广泛应用。

参考文献

[1] 孙恒,冯亚丽.全球超大直径隧道掘进机数据统计[J].隧道建设(中英文),2020,40(6):8.

[2] 王吉云.直径14 m以上盾构机在国内的应用[A]//中国土木工程学会第十五届年会暨隧道及地下工程分会第十七届年会会议论文集.昆明:中铁西南研究院有限公司,2012.

[3] 张亚洲,温竹茵,由广明,等.上软下硬复合地层盾构隧道设计施工难点及对策研究[J].隧道建设(中英文),2019,39(4):669-676.

[4] 袁竹,王波,张曾强,等.大直径土压平衡盾构在狭小风井的分体始发技术[J].建筑技术开发,2019,414(12):137-138.

[5] 黄春来,于海涛.地铁盾构隧道近距离侧穿暗挖隧道施工竖井施工技术[J].中国住宅设施,2018,176(1):59-62.

[6] 陈馈,李荣智.地铁隧道穿越地下连续墙的处理技术[J].建筑机械化,2004(7):26-28.

[7] 陈金刚,刘春光,槐文宝.盾构穿越区间风井施工技术优化[J].中国安全生产科学技术,2019,15(S1):136-141.

[8] 陈应举.盾构穿越区间隧道中间风井施工新技术[J].铁道建筑技术,2016(12):51-54.

[9] 崔怀春.盾构穿越中间风井围护桩施工技术[J].市政技术,2016,34(z1):81-83.

[10] 张晓春.盾构隧道穿越已施工风井工程风险分析及应对措施讨论[J].城市道桥与防洪,2019,247(11):16,151-154,158.

[11] 矫伟刚.盾构推进对在建地铁风井或车站结构的影响研究[D].北京:中国矿业大学(北京),2012.

[12] 李应姣.复杂环境下盾构过曲线风井关键技术[J].铁道建筑技术,2019(2):110-112.

[13] 常鑫.富水卵石层泥水盾构过风井施工关键技术研究[J].现代工业经济和信息化,2017,7(01):61-63.

[14] 张晓刚,孟宪忠,李阳,等.高承压水复杂地层条件下盾构连续穿越多个预填土竖井的施工技术[J].建筑施工,2016,38(3):263-265.

[15] 刘滨.高富水复杂地层中泥水平衡盾构机穿越风井施工关键技术[J].铁道建筑技术,2019(2):102-105.

[16] 张勇,谷志民,陆奕廷,等.地铁隧道大断面风井开挖施工技术[J].城市建设理论研究(电子版),2019,310(28):43-43.

[17] 张晴斌,李晓钟,孙彩云.地铁隧道风井施工安全风险评价[J].兰州工业学院学报,28(2):6.

[18] 俞建娟,王春歌.地铁长大区间中间风井建筑设计探讨[J].现代城市轨道交通,2020,000(003):62-66.

[19] 朱建峰,干艳斌,节青岑.富水砂层"先隧后井"方案风井基坑支护关键技术研究——以佛山地铁二号线南庄站~湖涌站为例[J].工程技术研究,2019,4(13):30-33.

[20] 马家志,刘星.厚桔区间中间风井超深基坑两级开挖施工技术[J].居舍,2018(8):27,57-58.

[21] 姜志威.软土地区复杂环境下地铁区间风井基坑设计及研究[J].城市道桥与防洪,2019,239(3):23-24,234-237.

[22] 许明中.砂卵石地层超深风井荷载模式及结构简化计算方法研究[D].成都:西南交通大学,2017.

[23] 王立宏,郭锐.厦门临海复杂地质条件下大型风井结构设计[J].山西建筑,2018,044(009):178-179.

[24] 苏保柱,傅鹤林.长沙市轨道交通3号线阜灵区间西岸风井主体结构施工方案探讨[J].企业技术开发,2019,38(4):22-25.

[25] 张具寿,黄沛,钱水江,等.超大直径圆形无支撑深基坑施工技术[J].岩土工程学报,2006,28(z1):1737-1741.

[26] 王卫东,朱伟林,陈峥,等.上海世博500 kV地下变电站超深基坑工程的设计、研究与实践[J].岩土工程学报,2008(S1):564-576.

[27] 李劭晖.锚碇基坑嵌岩支护结构受力特性和施工技术研究[D].上海:同济大学,2007.

[28] 王江涛.南水北调中线穿黄工程泥水盾构施工技术[M].郑州:黄河水利出版社,2010.

[29] 张亚洲,夏鹏举,魏代伟,等.南京纬三路过江通道泥水处理及全线路废弃土再利用技术[J].隧道建设,2015,35(11):1229-1233.

[30] 许伟良,杨俊龙,陈东鲍,等.复兴东路220 kV电缆隧道工程工作井深井降水法[J].地下工程与隧道,2001(3):20-26.

[31] 刘建航,侯学渊.基坑工程手册[M].北京:中国建筑工业出版社,1997.

[32] 姚占虎,伍国军,陈卫忠,等.盾构穿越对圆形风井结构的变形内力影响分析——以南京纬三路过江通道工程盾构穿越梅子洲风井为例[J].隧道建设,2015,35(11):1127-1133.

[33] 徐会斌,高俊华,赵晓鹏.盾构穿越梅子洲风井围护结构的变形监测分析[J].公路,2016,61(8):245-251.

[34] 钱新,黄雪梅.盾构下穿建(构)筑物控制沉降注浆技术研究与应用[J].现代隧道技术,2010(4):85-89.

[35] 廖少明,徐意智,陈立生,等.穿越不同建(构)筑物的地铁盾构选型与控制[J].上海交通大学学报(自然版),2012,46(1):47-52.

[36] 朱合华,丁文其,乔亚飞,等.盾构隧道微扰动施工控制技术体系及其应用[J].岩土工程学报,2014,36(11):1983-1993.

[37] 陈健,闵凡路,王守慧.大直径水下盾构隧道施工技术[M].上海:上海科学技术出版社,2019.